セレクション 竹内敏晴の「からだと思想」

1 主体としての「からだ」

藤原書店

竹内敏晴

（1996 年 2 月）

セレクション・竹内敏晴の「からだと思想」 1——目次

I　ことばが劈かれるとき

ことばとの出会い……11

失われたことば　11　発語への身悶え　22　敗戦　33
物語と音への目覚め　40　師・岡倉士朗との出会い　50
他者のまなざし　68

からだとの出会い……74

解体することば　74　野口体操との出会い　81
演技＝行動するからだ　91　祝祭としてのレッスン　96
弓の修行から　101　こえとの出会い　107
話しかけのレッスン〈ことば――こえによるふれあい〉　121
他者との出会い　127

治癒としてのレッスン……133

竹内演劇教室のはじまり　133　「ふれる」ということ――Sの場合　137
吐くということ――Oさんの場合　141
引き裂かれたからだ――Nの場合　144
こえの治癒――GとSの場合　150

対人恐怖について――WとMの場合 162
現代社会とこえの歪み 170　明示性と含意性の統一 182

おわりに……………………………………………………189

II 「私」をつくり、「私」が超えようとしたもの

ことばとからだに出会うまで――わが敗戦後史……………………195
この人は「ことばがない」のだ 195　聴覚障害と失語症 198
一高という場 201　天皇って何だろう 203　盛岡と京都での体験 205
敗戦前後 209　世界の二重性 212　二度目の失語体験 215
魯迅の姿勢 218　竹内てるよのいのちの闘い 222
「民主主義」と「人間」の虚妄 224　作業仮説としてのデモクラシー 228
体験をどうことばにするか 230　内発性を求めて 233
『土』の主人公の怒り 236　スタニスラフスキーのアクション 238
主体としての「からだ」 241　相手が一人だと話せない 242
追いつめられた「からだ」 246　ガラスの壁が吹き飛ぶ 248
「仮設でない生」の現われ 252

III　演劇人・竹内敏晴

私の新劇解体史……257

「アングラ以前」——あるいは「前期アングラ」として……275

はじめに　275　一　わたしの出発　276

二　安保闘争の敗北を契機として　280

三　一九六〇年代——代々木小劇場（演劇集団変身）　281

四　演出の例　285　おわりに　289

演技者は詩人たりうるか……291

からだの変容——憑依と仮面……342

一　炎　342　二　仮面の二種　346　三　世界の変貌　350

四　観阿弥のからだ　356　五　仮面がからだにふれるとき　362

演劇を壊し、関係をつくる——私のワークショップ考……367

発端——アングラの前史にからめて　367　現象学的身体　369

他人に働きかける　370　ファシリテーターとしての演出者　372
セラピーとワークショップの違い　374

竹内敏晴の人と仕事1
「竹ちゃん」の予見——**福田善之**　377
ファインダーから見た竹内敏晴の仕事1　**安海関二**　389
編集後記　394
初出一覧　398

セレクション・竹内敏晴の「からだと思想」

1　主体としての「からだ」

編集担当・刈屋　琢
編集協力・今野哲男
写真提供・安海関二

I　ことばが劈かれるとき

自己は自己のこえを聞いてはいられぬ、自己のこえを聞くときは自己の内に留まることだから。自己がこえとして、行動として他者に向かって働きかけるとき、自己は自己を超え、自己を意識することを放棄するということである。私流に言えば、私が真に私として行動する（ことばを発する）とき、私はもはや私ではない。

（『ことばが劈かれるとき』）

ことばとの出会い

失われたことば

一九四五年九月、旧制高等学校の生徒だった私は埼玉の実家に帰っていた。敗戦の一カ月あとのことである。私は一日中何もしなかった。リルケの詩集を持っていたはずだけれども、ろくに開けもしなかったに違いない。まわりでは人々は忙しく働き、汗をふき、タイプライターを打ち、活字をひろっていた。予科練帰りの弟は、軍刀をわしづかみにして、母と別居していた父を殺してやるとわめいて追いまわす。そんな間を私は影みたいに歩いて、町の外れの高台の雑木林をさまよい、古い小学校の、人気のない庭に入りこみ、夕陽が富士の横に沈むのを見ていた。

ある日父が私を呼びとめた。いやにあらたまった顔つきをしている。少し話があるからまあ坐れ、と言う。八畳の、まあ書斎にあたる部屋にがっしりした卓がある。その向こうに床柱を背にして父が坐る。しばらく間があって、父が、それが癖の少しせっかちな口調で言い出した。——おまえは少し異常だ。どうかしている――私はたぶん黙っていたと思う。父はつづけていろいろと言ったようだった――世の中がこうだから、おまえが考えこんでしまうのはわかる。が、少し運動もし、健全にならなくてはいかん。第一からだをこわしてしまう――。最後に父はとうとう、といった調子で、少し言い難そうに、こういうことを言った。

「おとうさんは気味が悪いのだ。お前は確かに異常だ。昼間は一言も口をきかない。帰ってきてから今まで一度も話さなかった。それなのに、夜、眠ってるときに笑っている、毎晩、必ずだ。同じ蚊帳の中に寝てる身になってみろ。もうがまんができない」。

私は茫然として父の顔を見ていた。実のところ私は、昼間一言も口を開かなかったという自分に、そのときまでまったく気づいていなかった。そのことにはっとすると同時に、夜、暗闇の中でげらげら笑っている自分のこえが、いきなり頭の中でがあんとこだましたみたいな気がした。

あとのことはよく覚えていない。今から考えてみても、私が口を開いてことばを話し始めたのは、たぶんもう半年かそこらあとだったろうと思う。例えば、お茶を、とか、おかわり、とかいった日常語でさえ私は一切発しなかった。思い出せる発音といったら、駅で切符を買うとき、行先の駅名をつぶやくことくらいしかない。それも必ず一度か二度聞き返されるのが常であった。

敗戦のときにことばを失った人は、きっとたくさんあるに違いない、と私は思う。そしてそのほとんどは生活の必要の中でいやおうなしに恢復していった。しかし、たぶん、その後三十年近く、日常生活に最小限必要な単語だけを残して、なにも語らなくなったまま今日まで生き続けている人がかなりいるのではないか、と私は想像する。

しかし、私の場合には、ことばを失ったということは二重の意味を持っていた。私にとっては、いわば、あらかじめ失われていたことばを、その遅い恢復の途次で、ふたたび決定的に失ったということだった。

私が耳の病で苦しむようになったのは、たぶん、生後一年にならぬころからだったようである。飲んでいたお乳が、せきこんだかして、耳に廻って炎症を起こした。医者につれていけば治療のたびに火のつくように泣くので、母は、どうにか耳の痛みがとれたようすになると、病院通いをついやめてしまったという。完治しないままの耳が、その後ぶり返し、また完治せぬまま治療がストップし、というくり返しで悪化していった。といってもストマイもペニシリンもないころで、化膿を癒す方法を医者が持っていたかどうかあやしいものである。幼い記憶の中にくり返し浮かぶのは片耳に枕許の器具から吊るした氷嚢をあて、絶対安静でただじいっと耳の痛みにたえたまま、こえも出せず、飲みも食いもできず（のどが動けば痛みが走るから）、かわき、腹ペコのまま、熱にうかされて横たわっていたふとんの感触である。夜中に熱がたかまってくると、耳がうずき、悪夢にうなされて、開いた目にうつるのが、幻のようにきらめく赤い球で、化け物の目玉らしくくるくる廻っては襲いかかってくる。思わずこえを出したのか、母の手が胸をはだけ、汗をふいてくれるころになると、やっと赤い火の玉が、暗い六燭くらいの電球だと見定められてくる。熱にうかされたこの幻視は私の幼年時代を彩る暗い郷愁の一つだが、とにかく氷で冷やすことしか治療法はなかったようで、小学校高学年になって、自分を苦しめるこの病の名を正確に知ろうとしたときには、慢性中耳炎急性発作症という奇妙な名前がついていた。

友だちの子どもたちは容赦なく、私をツンチャンと呼んだ。ツンボと言わなかったのは、いくらか対等に扱ってくれていたのだろう。しかし、いたわってくれるなどということはなかった。私の耳は難聴だったが、発熱してないときには外見上は何のこともなかった。この外見上はなにごともないということが、ツンボにとってはまことにおそろしいカセ、あるいはワナになる。めくらならいいなあと子ども心に思ったことがある。めくらはめくらだと目に見える。だがツンボはわからない。だから期待はずれの意外さが、話しかけ手にいっそう軽蔑感を強く呼びさますのだ。発熱のたびに絶対安静を強いられるのだから、からだが丈夫になるひまはない。運動会では——参加できた場合の話だが——いつもビリかビリから二番目だった。

それでも私はそれほどいじいじせずに暮らしていたように思う。仲の良い友だちを家へ呼んできては遊びもした。しかし、母に聞いたところでは、友だちを遊ばせておいて、自分は一人で本を読んでいることが多かったという。話しことばが不充分である限り、孤独の方向は避けられない。

状況が大きく変わったのは、小学校五年のときに小学校にプールができたことだ。工兵隊（だと子どもたちは聞いてきた）が雨の中を走り爆薬が轟いて巨木が倒れたあとに、はじめて見るプールというものができた。それに入って泳ぎを教わるというとき、私はかかりつけの医者に見てもらわなかった。校医の検診を通過したのだから、と自分になっとくさせて、怖いところにふれずにすごしたのだ。その年はどうしたことか、耳はそれほど悪化しなかった。泳ぎはひどくうまくてほめられた。

だが次の夏、事態は一気に悪くなった。発熱、長期の病臥。小学校を卒業して中学に入ったころには聴力は決定的に低くなっていた。

中学一年の秋から四年の冬まで、私はほとんど完全なツンボだった。教室では最前列に坐らされ、手を伸ばせば届くほどの距離に立っている先生のこえが聞きわけられなかった。英語に至っては、授業に出席している意味がないような有様だった。私の中学校ではどういうものか、成績順にうしろから前に席がきめられていたから、先生によっては私をビリの生徒よりなお低い席次と思いこんでいたという。無理はないので、何を質問しても茫然とした顔で見返されるだけでは、知能が低いとしかとりようがない場合も多かったろう。中学生はツンチャンなどとは呼ばなかった。ツンボ！　そのうち、おいツン！　とどなるものが出てきた。顔を目の前に突き出し、歯をむいて、ツン！　とわめいてみせるのである。

この時期の鋭い思い出を二つばかり記しておきたい。

その一つは、何度もくり返し起こったことだ——例えば私が歩いてきて校舎の角を曲がる。と友だちの一群が集まって、げらげら笑いながら話しあっている。ふとその一人の目がこっちを見る。笑いが一瞬止まる。すぐみんなの方を見る。ふたたび爆発的な笑い。もし笑いながらそのうちの何人かがこっちを向いたら、それこそ破滅的なことになる。――かれらは、私を笑っているのだ！　かれらの話しごえは私には聞こえない。かれらはそれをいいことに私を槍玉にあげ、嘲笑している、目の前で！

私は引き返すこともできず、立ち止まることもできず、できるだけさりげなく横へそれ、逃げ出す。

このひけめは、くり返しやってきた。確かに最初は、はっきりと意地の悪い友人たちが、あからさまにやったことだった。しかし、それが一度心を傷つけると、その傷のうずきは、次の似たような情景を同じ意味でとらえる。やがて友だちの、私にけっして聞こえない、そしてよく見える笑いは、私を刺すとげになった。それはまるでエコーするように、私の中にひけめを拡大し、私を伏目にし、おじけづかせ、孤独にしていった。

二つ目の思い出――私は一人で学校から帰ってきた。耳の聞こえぬ人間特有の、閉鎖された世界に閉じこもって考えこみながら歩いていた。目の前に踏み切りがあった。近頃できた新しい駅のホームの端に作られた新式の踏み切りで、当時まだ珍しかった昇降式の梯子型の遮断機がついていた。私は目を伏せたまま軌道に入った。そして数歩歩いたとき、何か妙な感じがして目を上げた。遮断機が下りてきている！　その向こうでだれやらが手をふって何か叫んでいるらしい。しかし、私には何も聞こえない。私はきょとんとした感じであたりを見廻しかけた。右をふり向いたとき、たぶん三、四十メートル先にまっ黒く立ちはだかって突っこんでくる機関車が見えた。あとは覚えていない。私はふっ飛ぶように逃げ、遮断機に体当たりしたらしい。目の前を轟々と動いていく巨大な動輪を見ながら、私は怖さではなく、はげしい恥辱感に身がすくんでいた。人々の視線が矢のようにからだに刺さる。

集まってきた人々の中には同級生もいた。その目に好奇とあわれみの色を見たとたん、私は猛烈な勢いで逃げ出していた。くそっ！　くそっ！　くそっ！　とこえを出して泣きながら走っていた。

私は、毛を逆立てたはりねずみのように生きていた。外部のものがすべて怖かった。自分にとってコミュニケートできぬもの、異形のもの、おのれに向かって矢を射かけてくるものだった。このおびえている少年の世界へやわらかくふれ、入ってくる友だちは何人もいなかった。

しかし、自分を傷つけない、と信じられる相手に対しては、私は無際限に近づきたがった。たぶん甘えたかったのだ。だが、そうした数少ない友だちが、私を除外してピクニックの相談をまとめていたことを知ったとき、私は黙って離れ、ふたたび近づかなくなった。閉鎖された人間にとっては、他者に対して拒否し退避するか、全面的同化に憧れるか、どちらかしかないのだろう。少し先走りして整理すると、このとき、私にとっては、閉ざされた〈自〉と、その外にある見透せぬ怖い総体としての〈非自〉だけがあった、と言えるだろう。まだ〈自と他〉という意味での〈他者〉は、私にとって存在していなかった。ここではコミュニケーションという問題は、成り立つ地盤を用意できない。

耳だれがつづき、その悪臭が友人をへきえきさせた。左の耳がことに悪く、数分間日光をあびるときまって熱をもってきてうずき、膿が出た。

私が中学四年のときに新薬が開発された。ズルフォンアミド剤でテラポールといった。これは副作用があるとかで後に製造が止められたというが、私のからだにはよくあっていたらしい。秋から冬にかけて膿が止まった。右の耳の聴力が恢復し始めた。

五年生になると、病状ははっきり安定した。少し悪化の兆候があると、すぐ錠剤を服用した。痛みは一定時間でピッタリと止まるようになった。体力が少しつき始めた。私は弓術の選手だった。十六歳で三段、確か当時全国最年少だと聞いた。孤独な集中癖が、弓には向いていたのかもしれぬ。実弾射撃も優秀だった。

聴力は正常人に比べて五、六十パーセント恢復してきた。しかし、聴力が恢復することと、聞くことができる、ということとは別のことである。なぜなら、音は、注意をほかに奪われているときには、聞こえない。私たちのからだは、聞く、つまり音を選んでいるのであって、無差別に音が飛びこんでくるわけではない。だからよく「聞く」ためには、持続した注意の訓練がいるのだ。(だが、それにもかかわらず、音は、外のものとして「聞こえてくる」と「聞く」主体には感じられる。このことも重要なのだが、今はふれない。)

まして、話をすることは、聴力が生まれてからやっと始まる――ちょうど赤ん坊のヨチヨチ歩きのような――長い努力の先のことになるのだ。困難は二つある。一は、こえを出して発音できること、二は、自分の発したこえを、外からの音として(これはほんとうは正確な言い方ではないが)聞きわけられること。

私は第一高等学校へ入学した。これほど耳の悪い、会話のできぬ男が進学できたということは、当時の教育が、書物と文字によるもの、もっぱら暗記と応用を方法とするものであることを示している。人間関係の有機性の障害、とくに、コミュニケーションの最大の方法である話しことばの欠如がまったく無視されていた、ということの、皮肉な証明だと言えるだろう。人間性を劈くこと、他者に働きかけ、相手を変え、自分も変えられてゆくという意味での人間関係のダイナミズムから生み出される創造性、そのようなことは、まったく無視されていた時代だった。はたして、「だった」と言い切れるかどうかは、私には今自信がない。戦後の教育が、多くの努力と成果の事例を持ちながら、結局は大差ないのではないかという感を強く持つからだが、そのことを語るには別のデータを必要とする。

高等学校には例のコンパというやつがあった。四月のある夜、十七歳になったばかりの私ははじめてそれに出席した。新入生七、八人を囲んで上級生、先輩たち十五、六人が車座に坐り、次々に自己紹介してゆく。大げさに言えば、私は生まれてはじめてオフィシャルな場に出て、個人として、発言しなければならぬ立場におかれたわけであった。先輩たちが軽妙な話上手であることに私は驚嘆した。どうしたらあんなふうにスラスラしゃべれるのか見当もつかず、私は魔法でも見ているように茫然としていた。しかし、新入生が話し始めたとき私は愕然とした。みんなちゃんとしゃべれるのである。もちろんぶっきらぼうなものもいる。先輩そこのけの語り口のもいる。だが、みんな、話せるのだ！　私の番が来て、私は立ち上がった。名前を言った。何？　もう一度！　といったこえが聞こえた。私は何を話したらいいかわからなかった。とにかく少し話してみた、と言った方が正確だろう。上機嫌な笑いごえとからかい気味の激励が、ガンバレ！　と飛んできた。しかし、もう一言つづけようと努力していったとき、それは止まってしまった。ヘンにシンとした感じだった。うろたえて見廻したとき、上級生の一人、その人は秀才で有名だったが、ななめに私の顔をふりあおいで、無理に笑顔を作りながら、「おいおい、何言ってるんだ。わかんねえ……聞こえねえぞ」と、みょうな言い方だが、遠慮して抑えたどなり方で叫んだ。その顔を見たとき、恥ずかしさでのどから胸がスッと凍ったような気がした。こえが出せなかった。あわててことばを探したが、ちりぢりばらばらなことばは、少しもつながらず、こえになって外に出もしなかった。

私がそのとき自覚したことを、なんと言ったら正確に現わせるだろうか？　私は、自分がことばを使えない、と感じた。いな、ことばを持っていない、と感じた。また、ことばを持たない、ってことは、考えを持っていないということだと感じた。私の中にはいろんな、見定めきれない感動が動いているのに、それがなんであるのかを、私は言えない、ということは、知らない、わからない、見定められない、ということだ、と感じた。ことばを見つけなければ、私は、ほかの人とまじわることができない、一緒に生きることができない……。

そしてこの思いは絶望的だった。たとえ私が心の中でことばを見出しても、それを発音したとき、それが相手に届かないのだ。いや正確に言えば届いたかどうか判断できないのだ。聞きとれないのである。ことばは音声として相手に届き、相手から音声として返されてくるのを受けとってこそ、ことばとなる。

私の作業は、まず、自分の見たもの、感じたことを表現する単語を見出すこと、次にそれをどう組み立てたならば他人に理解できるかを発見すること、そして第三に、それをどう発音したら他人に届くのかを見出すことだった。しかし、私はどこからこの作業を始めたらよいか、かいもく見当がつかなかった。

第一の作業は、心の中で始まった。自分の心の動きを見つめながら、それにふさわしいことばを見つけ出してゆく。そのとき、自然に、心の中で、発音せずに口にしている。そして一つずつ単語を選んでゆく——それは孤独な作業であって、ことばは、日常的慣習的な用い方を離れて、独自の光彩と意味を帯びてくる。たぶん、詩の生まれるところの一つは、このような場所からであろう。じっさい、私は、詩と短歌とを（もしそう言ってよければだが）書いた。

第二の作業は、ずっと困難だった。これは人が大ざっぱに考えるような、論理学や、まして文法の問題ではまったくない。一つの、私に固有の「言語構造」がどうやって生まれうるか、形成されるかという問題で、それは、ほんとうは第三の作業の問題と深くかかわっているはずなのだが、今、さしあたっては、具体的な事実過程だけを追ってみる。

例えば——話しかけ始めようとしている、この主体自体を、まず、なんと呼んだら（呼ぶという言い方自体がすでに何かを規定し前提としているのだが）いいだろう？　といった疑問から、それは始まらなければならなかった——。

発語への身悶え

ツンボはオシである。

オシはツンボになるということは生理学的にありえないことだろうが、ツンボは話しことばを拒否されることによって、必然的にオシにならざるをえない。つまり私は十二歳から十六歳までの五年間、ほぼ完全なオシであった。

十六歳の終わりごろ、ようやく耳が聞こえ始めたときから、私はおずおずと、しかし、いやおうなしに、会話、あるいは対話の世界へ入りこんでいかざるをえなかった。まず、音としてことばをとらえなければならない。私はいつのまにか次のような努力をしていた。

第一は、相手の口をまっすぐに見つめて、唇の動きと、わずかに鼓膜に響いてくるこえとを重ね合わせて、音を聞きわけること。これは、まずひどく恥ずかしいことだった。だが、相手の好奇心を正面からあびながら、しかし、視線を合わせるのを確実に避ける方法でもあった。だがこれは持続するひどく苦しい緊張を必要とした。よく読唇術などというが、普通、人々は発音の際にそれほど明確な唇の形を示すものではない。発音を明確にするためには唇の形を大きく動かすことと教えこまれ、学校には、口の形を発音別に図示した掛図がかけてあったし、学校の演劇部などではいまだに見よう見まねでそんな練習をくり返しているところがあるが、日本語の場合、発音発声は、普通思いこまれているほど唇の形に依存しているわけではなく、むしろ口腔内の形と、舌の動きに多くを頼っていることが最近ではほぼ明らかになっている。だから、当然、唇を見つめるということは、唇の形自体よりもそのうしろにある相手の顔やからだの微細な動きを感じとるということになる。ペナルティ・キックを迎えるゴールキーパーのように、ある可能性に向かって身構えるのだ。そして、はりつめた、暗い、可能性の領野に、わずかな発音の切れはしが突き刺さってきたとき、それを核にして、ある意味が一挙に結晶し、姿を現わす。相手のことばをとらえ、理解することは、だから、常に一種の賭けである。ことばとは決して一定の意味を運ぶ安定した通貨ではなく、一つの結晶作用だ。この相手の唇を見つめる姿勢はその後およそ二十五年間つづいた。そしてことばについての私の姿勢にたぶん決定的な支配力を持ったと思う。

第二は、次のように発音すること——「耳が悪いので、すみませんが、大きなこえで話して下さい」——これはかなり勇気がいった。だが、どうしても必要な「ことば」だった。これが、私の、話しことばをあらためて習得し始めた際の、最初に訓練したことばだったと言っていいわけだ。たぶん、私の発音はとてつもなく大きかったり小さかったりする、不明瞭な音のかたまりだったに違いない。実感からいうとこえというより、のどから出る擦過音みたいな感じだった。「すみませんが……」は発音が明瞭でなくとも、話しかける態度からだろうか、かなり相手に通じやすかった。しかし「ミミガワルイノデス」に至ってはおよそ可能性はゼロに近かった。聞き返され、耳を寄せられ、そして、きまって疲れたようなあわれむような目付で見つめられた。だが、その度に、私はさらに力を入れて大ごえ――と思われるこえ――でどなるしか手段がなかった。ひょっとするとことばというより、けだものの吠えるこえに近かったかもしれない。分節化がおよそ成り立っていなかったに違いない。だが、私は、どう訓練したらいいのかわからなかった。自分が発する音をよく聞きとれない以上、訓練の手がかりがあるはずがなかった。

およそこんな状態で私は第一高等学校に入り、そしてコンパに出会ったのだった。

私は十七歳だった。自閉的な孤独の中で、生まれてはじめての離郷。何よりも、やがて来る徴兵と戦死への暗い畏怖が、すべての思念をわしづかみにしていた。そしてその中でのセックスと愛へのひそかな暗い憧憬。だが旧制高校の寮生活は、軍国主義的な少年の自己抑制を真向からぶちこわしにかかった。未成年のまま、まず酒。そして、「すべてを疑え」。至高なるもの――自由。ベートーベンとゲーテ、ドストエフスキーとマラルメ。人類の輝く文化のきれはしが、ごたごたになって一挙に襲いかかった。その集中的な例がコンパでありストームだった。私が育ってきた下町風の家庭の雰囲気とそれはかけ離れすぎていた。なにかの折りに、執拗に既成概念を問いつめ破壊しようとする先輩に腹を立てた私は、当時暗誦していた海軍兵学校の生徒訓をどなり返すことで相手を唖然とさせたことがある。かれらのことばは、あまりに文化至上主義的で、私を生み育てた人々の生活感とまったく無縁だった。だが、「コンパ」のあと、私がなんのことばも持っていないことを自覚していったとき、今まで無自覚に話せていた、あるいは話してないことに気がついてもいなかった、自分の親兄弟たちとの間に、自分がコミュニケートすべき何ものも本質的に持っていないことに、気づいていかないわけにいかなかった。

まずことばを見出さねば――私のあがきはこの一点に集中していたと言っていい。だが、少年の情念の氾濫をなんとかしてとりおさえ、混沌に形を与え、秩序づけ、ことば＝表現を見出そうとすること――いくらあがいてもこれらは私の手にあまり、私は、授業にもろくに出席せず、一人閉じこもることが多くなった。

いつごろかよく覚えていない。私はそんな混乱の中で、デカルトの『精神指導の規則』にめぐりあったのだ。デカルトの名は知ってはいたし、有名な「われおもう（疑う）、故にわれあり」（その当時はこう訳されていたように記憶している）も、なんのことやら見当もつかず、しかし、目にしてはいた。だがこの書を手にしたのは、デカルトの思想を知るためではなかった。ただ「精神指導の規則」という題名が、あまりにも、そのころの私の欲求に応えるものだったからである。溺れるものがつかむ一本のワラのように、私はしがみついてページをくった。

――規則第四　事物の真理を探求するには方法が必要である。

このことばが私を撃った衝撃を、私は今でもおぼろにからだに感じることができる。方法がいる！必死になって探し求め、うろつき廻っても、方法がなければ、何もはっきりしたことは把握できない。こういう考え方は、私だけでなく、当時の少年たちにとって、おそらくまったくふれたことのない思考方法だったろう。方法！　では方法とはどんなものか。鮮明に私をとらえ、私に思考の手がかりを劈いてくれたのは次の文章だった。たぶん私にとって、思考と言いうるようないとなみの第一歩は、このときから始まったと言えるだろうと思う。

——例へば、私が色々な操作によつてまづAB二量の間に如何なる関係があるかを知り、次にBとC、更にCとD、そして最後にDとEの関係を知つたとしても、だからといつて、AとEの間に如何なる関係があるかを見るとはいへず、また既知のものに基いて正確に理解するともいへない。それには尚それらすべてを記憶して居らねばならないのである。この故に私は、一々を直観すると同時に他に移り行く一種の連続的な想像の運動によつて、幾度もそれらを通覧するであらう。そして遂には始めから終りまで極めて速かに移り行くことが出来るやうになり、以て記憶の役割を殆んど残さずして事物全体を同時に直観すると見えるに至るであらう。実にかやうにして人は、一方記憶に助力を与へながら、他方精神の遅鈍をも矯正し、精神の把握力を或る意味で増大するのである。

（野田又夫訳「規則第七の解説」より）

当時は確か落合太郎氏の翻訳で、『方法叙説』と一緒になっていて、AとB、BとCのつながりが本文と別に図で示されていたような記憶がある。その図を見たとき、なにかしらホッとするような感触があったのを覚えている。デカルトという世界の大哲学者でも、やっぱりこんなふうに、一つ一つをつなげてゆくことで考えを進めてゆくのか、といった、奇妙な親近感であった。と同時に、少しずつ自分のことばを見つけ出し、文（句）にしてゆこうと模索していた自分のうごめきに光を当てられ、はっきりと方法として目の前に突きつけられた、といった感じでもあったようだ。

――事物の認識を求めるに当つては、常に最も単純最も容易なものからはじめて、もはやそこにこれ以上望むべきことが残つてゐないと思はれるまでは、決して他へ移り行かぬ――

以来私は、ただ、ものごとも、心の動きも、まずはっきりと見ること、見えたものを見えたままに語りうることばを見つけ出すこと、を第一の準則とするようになった。明晰かつ明確に、ことばによって、言い現わしうるまではっきりと見つめること。そして、見えたものと見えたものが、光の点のように離れてある、その間の暗闇を視力をつくして見ること。そして次第に明るくなってくる風景を一つ一つつなげては、くり返し記憶を反芻すること――幾何の証明のように。

私は、心の中で思いめぐらしながら、ものごとを、的確に言い現わせた、と感じることばを見つけたとき、それを片っぱしからメモすることにした。一つの事象について、断片的なことばがたくさん列記されてくると、その連続を考え、すきまを埋める作業をする。連鎖をバラして入れかえもする。こうして一つの事象について、まとまった考え＝ことばが見出せるまで、くり返しことばを探ってゆく。これができたとき私ははじめて、ある自信を持って話し出すことができた。だから私の話しことばは、まず文、それから発語という順序で訓練された。だがこの「文」は、文章ではなかった。発見された話しことばを、文字によって記録することだった。この訓練のせいか、私はどうやら、本質的に文章語を書くことができなくなっているようである。私の文章は、文章でなく、話の文字化にすぎぬと言えそうに思う。

渦巻く情念や混沌とした思念を、できるだけ単純かつ明晰な一つのことばに還元し、さらにそこから連鎖的に逆行して、ついには混沌の全貌をことば化し、あるいは把握するに至ること。他人のことばを聞きわけ、理解するにも、一つの書物を読むにも、これが私の基本的な思考の方法となった。それは、のちに演劇の仕事に携わったとき、戯曲理解から演出＝上演に至る作業過程にも現われ、あるいは、それによって強化されたとも言えそうである。

こうして私は少しずつ「話す」ことを試みていった。しかし、内語として一つの文がどれほどリアリティを持っていても、それを発音するということは、まったく別の次元の作業である。発音したとたんリアリティは裏切られる。発音したことばのリアリティは、その音自体の充足性と質量とでもいうべきものに支えられるのであって、想念自体がいかに力強く烈しかろうと、発語のリアリティを創り出すものではないことを、私はこの経験によって、痛いほど知らされたのだった。

話し出そうともがいている主体がある。それは発語という大事業を目前にして身構えているだけに、ほとんど肉体的苦痛としてそこにあった。これが、いわば、私にとってのデカルト的「われあり」であった。だがその主体は、自分から外へ出てゆくための的確な手段を持っていない。他者への通路をふさがれたままであった。

話し出そうとするとき、いちばん大きな課題は、「私は（かりにそう言っておく）こう考えます――」と言い出さねばならぬ、ということの発見であった。

日常生活では、ものやことを指示する単語があれば、ほぼ用は足りた。第一高等学校には、確か二千人を容れる大食堂があったが、食事どき、そのぶ厚い板のテーブルに向かって、「メシ！」とどなれば、たとえその発音が、ｍｅがほとんど発音されずｓｈｉまたはｚｉであろうと、たちどころに「オーッ」と返事があって、屈強の給仕が、二段にも三段にも積み上げた飯櫃をかつぎ上げ、小走りにやってくると、ドンと投げ出すようにおいてゆく。「シル！」も同じこと。ことばは一つの叫びに還元されていたわけである。

　このとき、事象はすべて明るくそこにあった。だが、それを指示する主体はかくれており、いわば「負のもの」として、闇の中に沈んでいたと言えるだろう。

　だが、からだの中で悶え、表現を求めているものをことば化して外へとり出すことは別の次元に属するということを私は知った。まずこの悶えており、他者にコミュニケーションを求めている主体を、なんと名づけて発音するか。それを私は意識し、命名しなければならぬ。「わたしはこう考えます――」と発語するとき、話そうとしているこの主体に「わたし」と命名するのは、闇の中に沈んでいた主体を明るみへ引き出し、それを一つの対象と化すことであり、命名という行為によって、いわば自分を自分から引き離して、もの化することである。そして、その「わたし」を光にさらし、おずおずと相手に引き渡す、これはなんと恥ずかしい行為であることか。

　いわば「わたし」と自らに命名する行為によって、はじめて自（自我）は現われるのであり、それを引き渡すべき他者も、同時に出現してくる（ある程度までだが）と言えるのではあるまいか。

　この「わたし」は、英語ならＩ、ドイツ語ならＩｃｈであるが、日本語の場合はもっと厄介だ。自分と呼ぼうか、私にするか、僕、おれ、わたくしとたくさんの、いわゆる一人称があり、状況によって使いわけなければならない。鈴木孝夫氏によれば、日本人は自らを呼ぶのに、その場にいあわせる人々との身分関係によって、先生、おとうさん、おじさん、兄さんなど、さまざまな語を使い、本質的に、ヨーロッパ語でいう一人称は存在しない、ということのようだ。これは別の次元から言えば、日本語が、日常的な次元での言語場に制約され、ないし埋没していることの現われと見ることもできる。しかし、私がこの時期に求めた命名としての「わたし」はやや意義が違っていたようである。日常次元での自己を呼ぶことばではなく、いわばウル（原）言語（あるいはメタ言語と言ってもいいかもしれないが）としての「わたし」、英語で言えばIになるところの根源的な自我であったと言える。

結局私は「わたし」を選んだ。僕という呼び方は、幕末あたりから漢学者の書簡などに用いられ、高杉晋作が奇兵隊に採用したと言われているもので、当時の小、中学校ではもっとも普通の呼び名だったが、結局は、君と僕という上下関係をつねに逆転しあうことによって平等関係を作り出すという作用を持っている。その上下関係の匂いが気にさわるし、何よりも「ぼく」という音が汚くイヤだった。おれ、がいちばん気持に近かったが、これはある特定の人間関係でしか使えない。ということで、結局いちばん抽象性の強い呼び名として「わたし」を選んだという結果になった。これもほんとうに好きではない。第一、音が多すぎる。結局ウル言語、あるいはメタ言語としての日本語の一人称はまだない、少なくとも私にとっては。

つけ加えて言えば、日本語に一人称がない、という主張はその通りだと思うが、本質的に言えば、語ろうとする主体に「わたし」と命名したとたん、それは本来三人称なのである。heの代わりにIと言うのであって、自分=主体は、「かれ」からも「わたし」からも等距離にある。そのようなものとして「わたし」ということばを使えるようになったとき、メタ言語が成立する。これは、大変あやふやな、たよりない手探りであったが、私は少しずつ慣れ、訓練をつづけ、習得していった。

現在でも私は、例えばまだ小学生の息子に対してでも、あらたまって、ちゃんとした話をしなければならないときには、「あなたは」と呼び「わたしは」と名乗る習慣がある。

しかし、このようにして選ばれ、構成され使われた日本語は、はたして普通の人が日本語と呼ぶような実質を持っているのかどうか。私にとって、それは新しく習得された、いわば外国語と同じものであり、人が母国語に持っている親しい、自然発生的関係を、ある部分でまったく欠落しているのではないか、という疑いが私にはある。私にとって日本語は、それ以外には選びようがなかった一つの言語体系であって、他の人のように呼吸やからだの動きと同じように自然なものではない。私のことば、私の思考は、しいて言えば私の自我は、だから、本質的に、常に仮設的であり、実体的ではない――と言えるように思う。だが、これは、敗戦後の体験と一つになって的確に形成されてきた、と言えるだろう。

耳痛―発熱のくり返しがなくなって二、三年たつ。体力がぐんとついてきた。生まれてはじめてのびのびと運動できた時期である。体力証検定などというものがあったが、二千メートル競走では駅伝の選手と互角に走った。

弓術部選手であり、寒稽古のときに、一念発起して夜中の零時から二十四時間、つづけざまに弓を射て、一万一本を引く、というむちゃをやったのが、かなり語り草になった。たぶんこれは明治以後私一人の持つ記録ではないかと思っている。弓術の修行につれて、からだの動きの精密さが、いろいろな形で自覚されてくるようになったことは、こえの問題と関連があるが、今は省いておこう。

私はよく寮歌を歌った、というよりどなっていた。こえを出すことを試みる時期の、唯一の発声訓練でもあったのだが、寮の廊下を歌いながら歩いてゆくと、コンクリートの壁と木タイルの床に反響したこえが返ってくる。自分のこえを自分の耳で聞くことが、生まれてはじめての経験だけに、喜びでもあった。自分のこえは、はっきりしない、悪いこえで、音域も狭い、と思いこんでいたから、自分がらくにいきなり歌い出せる音階をくり返し探した。仲間たちと一緒に歌うとき、仲間に合わせるとこえが出なくなるから、必死になって、自分の音階を保持し、どなり、呼吸の切れ目で先手をとって、自分の歌える音域に引っぱりこむ。寮歌祭など、夜を徹して歌い舞うとき、私はかがり火のほてりで汗みずくになりながら、こえを保とうと努力していた。

このおかげで声量だけは大きくなったらしい。敗戦後のことになるが、全寮生千何百人に寮歌の指揮をとるのに、こえは通った。学校の本館に入っていた第一師団のトラックが、糧秣倉庫への坂道で動かなくなってしまったとき、兵士たちがトラックにロープをかけ、引っぱり上げようとしても動かなかったのを、私が号令をかけたらなんとかなったことがある。このどなりまくった発声法が、ことばの発声発音として、どれほど間違っていたか、あるいは正しかったかは、まだよくわかっていない。

だが、会話となるとまだまったく駄目だった。何度も聞き返され、ついにはあきらめられることが多かった。

敗戦

破局が近づいていた。上の弟は予科練に行った。次の弟は航空整備兵になった。B29の連日連夜の空襲が始まった。委員だった私は、毎夜、地下道にある本部にかけつけた。時計塔の頂上からひそかに火の手の方角を測っては、東京の各地域が次々に抹殺されてゆくのを地図に記した。当然昼間は少しずつ組まれていた授業など出席できる余力はなかった。五月の大空襲で寮の委員室も焼けた。二万坪といわれるグランド一杯に燃えていた油脂焼夷弾の炎の美しさ、黒煙の中からぬっと現われたB29の、炎に映えたまっ赤な腹。便所の水が止まり、うずたかくなった糞を掃除し、庭に穴を掘って便所を仮設したが、大豆食ばかりの下痢便がたちまち次の便所を掘らせる仕儀になった。動員先の工場に憲兵が現われ、学生たちに、ポツダム宣言を知っているか、意見はどうか、とたずねてまわり、校長が自由主義思想のゆえに拘置された。

八月十四日の夜九時すぎだった。一人の友人がこっそり私を廊下へ呼び出した。ひどく思いつめた顔をしている。耳に口を近づけて「今賀屋の家から来たんだ」と言う。元大蔵大臣の賀屋興宣がかれの保証人なのだった。「日本がポツダム宣言を受諾した。明日正午に天皇の放送がある」。

私は一瞬ぼんやりしてかれの顔を見ていた。灯火管制で、つきあたりの窓からわずかに入ってくる光だけが頼りの暗い廊下で、かれの瞳ばかりが彫ったみたいに強くそこにあった。ポツダム宣言……受諾……てことは、つまり……。「どうしよう?」とかれのこえが言った。どうしようったって……。

私たちは、当時空襲で焼け出されて構内に住んでいた安倍能成校長を訪れた。それから教授と委員の中の主だったものを呼び集めた。学校の本館は第一師団司令部に接収されていたから、明日敗戦が発表されたとき、軍がどういう行動に出るかまったく予測がつかなかった。とにかく軽挙妄動しないように、というのが校長のことばだった。海軍の将校が数人乗りこんできて、委員の一部を一室に閉じこめ、万一日本が敗れたら学生は軍と共に決起するか、とつめよっている、という情報も入ってきた。動き廻り、相談しながらも、私には事態がよくわからなかった。戦争に敗ける、ということもリアリティがなかった。私だけではなかったろう。みな眼を血走らせながら、しかし、まったく見当のつかぬ視線で闇の中をのぞきこんでいたのだった。

たぶんあけ方、私は部屋へ帰った。まっ暗な廊下の窓。いつか、そこが明るくなり始めた。淡い美しい青い空だった。熱いものが突然私の胸にふきあげてきた。世界は変わってしまったのだ——まったく。だのに、だのに、どうして太陽がやっぱり東から昇ってくるんだ！　なぜ、今日が昨日と同じなのだ？　それはなんとも言いようのない絶望感だった。

いつのまにか、明るくなった銀杏並木に人影が出てきて、兵隊たちが並び始めた。その横を黒いマントに身をつつんだ同僚の生徒たちが三三五五動員先の工場へ出かけてゆく。やがて兵隊たちは体操を終わり、整列した。号令が響いた。「キュージョーニタイシタテマツリー、ササゲーッツツーッ」。木銃の白い木肌が朝日にきらきら光って、体格の悪い補充兵たちが懸命になって動いていた。

不意に視界をさっと一刷け翳がかすめたみたいだった。目の前の風景が、そのまま凝固したみたいに遠くなった。私の中で何かがくるりと反転して抜け落ちた。

世界は変わってしまった。世界中の人々が、日本は敗けたことを知っている。世界は次へ向かって動いている。だのに、この目の前では人々が、昨日までのまんまのリズムで同じ生活を果たしている。これはなんだ。これは事実。間違いのない、手にとれる、鮮かな。だが同時にこれは、もう意味の失われた、架空の、幻影にすぎない。必死になって私は目の前に見える世界が崩壊し二重うつしになってゆくのに耐えていた。ほんとうの世界とはいったい何か。これほど確実な目の前の事実、手にとれるものが、まったくにせものなのだというのは、どうしたらいいのか。

そのとき私の中で起こったことは限定しにくい。だが、はっきりしていることの一つは、そのとき以来私にとって事実と真実とが分離していったということだ。事物の真の姿とか、リアリティとかいうものは、常に二重の構造を持ち両義的なものとして私に立ち現われた。そして、また存在するもの、ではなく、発見されるもの、としてある、ということも。ひょっとすると、私が当時思いもかけなかった演劇などという芸術のジャンルに身を潜めたのも、このほんとうのものがほんとうのもののままで偽りに化してゆくという体験が、私を誘い笛で呼んだのかもしれない、と思うときがある。

新しい衝撃は、たぶん一、二日あとにやってきた。突然それはやってきた。「ああ、生きてもいいのだ！」。まるで目の中に太陽のかけらが飛びこんだように目の中がまっ赤になり、眩んだ。「戦争で死ななくてもいいのだ！」。十年のちに、私が生きているということがありうるのだ、ということに気がついたとき、私は頭がくらくらした。どういうことだか見当もつかず、ただあえいでいた。それまでの私は、私だけではないが、ただ死だけを見つめていた。たぶん半年あと、長くても一年ぐらいあとには、確実にやってくるものとしての戦死を。それまでの一分一秒をどう埋めていくかだけが私の見える領野だった。一挙に生命は無限大になった。私はただあえぐばかりで、とてもそんな大きな烈しいものに耐えられそうになかった。

ドストエフスキーがペトラシェフスキー事件に連坐して死刑を宣告され、執行の直前に助命された体験について読んだのはかなりあとであった。『白痴』の中の有名な死刑囚のエピソードを、私は突然よみがえった私自身の体験として読んだ。これを語るには、もうことばは、明晰な、論理言語ではおよばない。もっと別の、おそらくは文学のことばしかないのだろう、とそのときになって私は感じた。たぶん今でも、ことばは体験のこの部分において、消えたままでいる。

ある日食堂に大きな檄が張り出された。「人民の英雄を迎えに行こう」と大書されてある。人民とは、英雄とは、なんだ、そしてだれのことだ？　読むと、豊多摩刑務所を出獄するのだ、という。刑務所にいるのは悪いことをした奴じゃなかったのだろうか？　素朴すぎる疑いが私を混乱させた。日本共産党ということばも見える。とまどいながら私は、そして人々はその文を見つめ、そして離れた。民主主義とか軍閥とか新しい事象とことばが氾濫し、だがその意味は一つも埋まらぬまま、飢えばかりがただ一つまがいなく切実だった。ハラがへったとか飢えとかいうことばは、なくなった。あまりに事実が明白で大きいときことばはなくなる。

　闇市と進駐軍とパンパンの街、私は栄養失調になり、実家へ帰った。この章の冒頭に書いたように、沈黙がつづいた。毎日さまよいながら、私は何一つ語ることができないことを、だんだん強く感じていた。語ることができない――語ることがないのだ。

　私は自殺しようとしていた。これが最初ではない。戦争末期に私はかなり沈静した思いのままそれを思いきめていた時期があった。今度は、もっと混乱し、そして疲労困憊していた。実家の両親の不和も私の心の傷を深くしたことは確かだった。私はある山へ行った。谷へ身を投げるつもりだった。こっそり宿を出、人の見えぬ山道をたどって、ある谷川の崖へ出る。だが、どういうものか、人が現われるのだ。しょい籠をせおった農婦だったり、鉄砲うちらしい男がキセルをふかして話しかけたり。毎日私は死に場所を見つけ、そして人に出会って、ややいら立ちながら帰った。あとで知ったのだが、実は、宿の人が気配をさとってずっと人に見張らせておいたのだった。谷川のふちでじっと水に見入っていると、死はひどく近しかった。

　私は詩人竹内てるよの養子になっていた。結核性の脊椎カリエスで二十年来（そして現在まで約五十年間）ほぼ絶対安静をつづけているこの詩人は、しばしば容態が急変して、呼吸困難から脈搏が止まることも珍しくなかった。人工呼吸と皮膚のまさつと、静脈注射とをくり返していると、何十分後にまた生命がもどってくる。「デスクロス」も何度か越え、死の宣告、と言うより実際死んだことが何度かあると言っていい。それだけに、この詩人の生命感覚はすさまじい鋭さと強さがあった。かの女は私を引きとり、医者に見せ、詩を書くことを勧めた。私の自殺への志向をかの女はとり立てて止めはしなかった。だが理解されているという感触と、目の前に見る生きようとする必死の闘い、むしろ喘ぎのすさまじさとが、私を次第に、いのちというものに対してめざめさせていった、という感じであった。かの女が思想的には、素朴だがアナキスト系であっただけに、戦後の民主主義あるいは社会主義的潮流に対処する視野を持っていたことが、私への小さな指標となりえたこともある。石川三四郎氏や、高村光太郎氏にふれ、米よこせデモのあとその議長をつとめた宮島義勇氏にあったことなども私を変えたであろう。だが私はまだ語れなかった。

次の年の四月だと思う。私は本郷の東大構内で一枚の立看板を見た。「中国における近代意識の形成——魯迅の歩いた道」。魯迅という名はもちろん知らなかった。ただ、「中国における近代……」ということばが私の目を射た。中国に近代があった、という考え方を私は持っていなかった。日本よりはるかにおくれた国としてしか見ていなかった——大部分の日本人と同じように。そして日本はヨーロッパ近代をまねて、ついにおよばなかった封建的な社会だということを。その封建的な社会で育ち、戦後のヨーロッパ式のデモクラシーに追いつけないでいる青年が、どこに自分の出発点を見出したらいいのか？　その問に対して中国の近代ということばは暗示的だった。ひょっとすると自分にもつかめる手掛りがあるかもしれない。私は、うすぐらい確か二十五番教室の階段状の席に坐って竹内好氏の、その記念すべき講演を聞いた。何を聞いたのか、私はまるで覚えていない。ただ私に一つことだけが耳の底に響いていた。――魯迅は自分を新しいものと考えたことはなかった。いつも古いものとしてとらえた。そしてその自分の古さを徹底的に憎むことによって、中国の社会の古いものと闘った。――竹内好氏が実際こう語ったかどうか、とにかく私にとっては、ただこの一事だけが残った。古いものは、自らの古さを憎み、それを見すえることによって、新しい時代に生きてゆくことができうるという発見が私の心を重く、しかし、わずかに輝かせた。

私は道傍で遊んでいる子どもを見た。ふいに涙が流れた。おれはもうダメだ。新しく生きられない。しかし、もう二度とこの子どもたちに、おれと同じ教育はさせない。おれの歪みをてこにして、おれと同じように人間性を圧殺する教育を子どもたちに向けようとするものを嗅ぎわけ、そして闘い殺してやる。私ははしり廻る子どもの肢を見、歓声を聞き、息がつまりながら立ちつくしていた。

私はそのまま神田へ廻り、戦前の改造社版の大魯迅全集を買って帰った。ひどく安かった。中は伏字だらけだった。そして私は『吶喊』を読み『野草』を読み、『花なきバラ』を読んだ。

「絶望の虚妄なること、まさに希望と相同じい」。このことばは、もう人に知られすぎている。だがはじめて読んだ私は鈍器で心臓をなぐられたような気がした。絶望が虚妄だと言い切っていること、これがまず私の心を切り裂いた。絶望は虚妄ではない。なぜならそれは私の心を占め、うずかせ、私に生きていることを感じさせる唯一の痛みだから。だが、にもかかわらず、それは確かに虚妄なのだ。「絶望」と一言それに名づけたとたん、その心の痛みを対象化したとたん、それは実体化し、私たちをその限定によって支配し始める。そんな、固定化した実体としての「絶望」などはないのだ。こういうことだろうか？　絶望が虚妄であるかないか、ではなく、「虚妄だ」と言い切ること、これがすべてなのだ、と。

普通に読めばこのことばは、絶望も希望も両方とも虚妄だ、ということだ。そこに立ちつくし、覚悟し、希望を持ったってダメ、絶望したってインチキ、と一歩の脚を上げうるか、ということだ。だが、実はもう一つ含んでいる意味があるのではないか。つまり私はこう読んだのだ、「虚妄の虚妄なることもまた相同じい」と。虚妄の語を確定して安定したとたんに堕落が始まる。「虚妄」という実体はないのだ。虚妄だと見すえたとき、その視線は真実であると言ってもいい。だが「虚妄であることは真実だ」と言ったら、その刹那にすべては虚妄に化す。この油断のならぬ角逐に、おまえは耐えてゆけるか？　と私は、疲れた私は自分に問いかけていた。だが、私は、どうやら私自身を出発点とし、虚妄という虚妄を出発点として歩き出す手掛りを、探りあてかかったようであった。

物語と音への目覚め

養母は疎開の折に知りあいになった親戚同様の知人を山梨に持っていた。季節の変わりめ、とくに食糧の苦しいころだ。養母は何カ月かそこに滞在していることがあった。私もときにそこを訪れた。多くはそのまま一人旅に行くか、数日いては東京にもどるのだった。

その家には小学校二、三年から下の子どもたちがいて、いつのまにか私になついた。学校の教科書を墨でぬりつぶさせられた時代である。学校は開いてないみたいだし、子どもが読む本などはまだ世の中に現われてもいなかった。子どもたちは、いつのまにか私にお話をせがむようになった。

どんなきっかけで私が童話を話し始めたのかは覚えていない。親たちは生活に追われて子どもたちはほっぽられっぱなしの感じだったから、なんとなくお兄さんみたいに頼られたのかもしれない。自分はもうまっすぐ生きられない、だが子どもたちは、というあの気持が底にあったことは確かだろう。とにかく、ある晩ふと童話を話してやった。たぶん宮沢賢治の何かあたりだったろう。相変わらず発音の不明確な、のどで押し出すような私の話し方に、しかし、子どもたちは意外にしいんとして聞き入り、わからないときは遠慮なく質問し、すると年上の子が、口を出す子をたしなめる、という具合で、ああおもしろかった、ということになった。

次の日もお話をねだられて私は当惑した。ボソボソ、人の前ではろくに顔も上げずに、二言三言言ってはやめてしまうのが常の私である。しかし、しゃべってみた。

二、三日いて帰ったあと、月に一回ぐらいはそこへ行くようになっていたので、また現われたとき、私は忘れていたが、子どもたちはお話を忘れていなかった。毎晩のお話が始まった。これが二、三度つづくと、近所の親戚の子どもたちが聞きつけてやってくるようになった。しまいには小さな部屋に子どもたちばかり十五、六人もすしづめになった。目を輝かし、息をつめて、しいんとして聞いている。私は赤いローソクと人魚の話をしたのを覚えている。子どもたちの要求はとめどがなかった。たちまちタネがなくなると、古い記憶を引き出して、あやふやに話を始めなければならない。途中まで行くと、わからなくなる。そのときは創作しなくてはならぬ。とても童話だけではまにあわぬので、コナン・ドイルやポーの推理小説やラフカディオ・ハーンの怪談まで持ち出した。

なぜ子どもたちがあんなにも熱中したのだろう。今はもう子どもが高校へ行こうという母になっているその当時の子が、あのとき聞いたお話はおもしろかった、と今でもためいきまじりに言うのである。テレビも本も遊びと言いうるものがまるでなかったからだろうか。それとも、話し手と子どもたちの間に何かが成り立ったのか。私が抱いていたことばにならぬ孤独と絶望とが、子どもたちの魂とふれあい、はじめて動きと呼吸とを見出しかけたといったことがあったのだろうか。

とにかく私にとって、一つのまとまった話を、ある時間、聞き手の興味をかき立てながらつづけてゆくという経験は、このときが生まれてはじめてであった。相手の目の色によってわからないなと思えばこえを高めもする、説明もつけ加える。一年くらいの間に話した数を数えてみたら二百を超えていた。こうして私は子どもに対しては、ことばを、話し方を、回復——獲得——していったのである。なぜこういうことが起こったのだろう？

どっどど　どどうど　どどうど　どどう
青いくるみも吹きとばせ
すっぱいかりんも吹きとばせ

どっどど　どどうど　どどうど　どどう

うろ覚えをたどって語るのだからもちろんこの通りではない。『風の又三郎』の冒頭である。唇をほとんど開けず、頬はぺたんと伸ばしたまま、一途に腹に力を入れ、のどをこすって出てくる音の圧迫感だけを頼りに話す。子どもたちに音がどれほど届いているかは、相手の瞳の色を見て察するほかはない。こんな話し方を、今試しに復元してみようとすると、「どっどど」は「どァっだど」みたいに濁り、「青いくるみ」は「あァいぇくぅみ」に近かったろうと察しがつく。

聾唖者にとってこえを発するということは、ふだんなんのことなくしゃべり笑いころげて暮らせる人々にとっては、およそ想像のつかない苦行なのである。「ど」という文字に現わされた音が、どのような腹圧によって息を送り、どのようにのどを動かすことによって、可能なのか、それを探るいとなみが、瞬時にからだをかけめぐる。発せられた音はからだの内に響きわたるが、それは、私のイメージと重なりあうのみだから、私にとっては「ど」だが、他人にとってどんな音なのか、まったく判定のしようがない。まるでこれは闇夜の鉄砲である。当たった！　らしい、と思うことだけが、次の手掛りになる。

こんな不明瞭な話を、子どもたちがなぜあれほど熱心に聞いてくれたのか。そしてまったくことばを失っていた私、他人の瞳さえ見ることができなくなっていた私が、なぜ子ども相手には発語することができたのか。

子どもたちに童話を語り始めたとき、その内容は物語であって、私の自己を語るものではなかった。これがおそらく決定的なことの一つだろう。自己を語ろうとするとき、私の目は内へ向き、闇と混沌をのぞきこみ、形のないものに形を与えようとしてあがく。だが、物語を物語るとき、私は自己の記憶をたどり、イメージを充実させ、相手の理解の水準をはかり、その世界へ入ってゆき、そこへイメージを再構築する。努力はいわば主に外に向かうのである。折口信夫によれば、歌うとは訴えることであり、物語るとは他者を感染させ支配することだというが、自己を語るとは、結局訴えること、叙情であり、だから恥ずかしいことであり、それをいかに対象化するかに、デカルト的に語ろうとする努力は傾けられた。これに反して、物語るとき、自己は物語のイメージに託されて運ばれ他者に手渡される。自己はむき出しになることはない。自己とはむき出そうとすればかくれ、光を当てれば白けてしまうものであるかもしれない。

私のことばは、自己を語ることではなく、物語を物語ることによって、回復の緒につき始めた。たぶん子どもたちの、まったく無垢な信じ方、イメージの感染力と共有力、むしろ想像力が私を助けてくれたに違いない。こうして私は、ものごとを具体的に語ることを、描写することを、学び始めた。私はこのときまで、とくに話しことばにおいて、叙事ということにまったく慣れていなかったのだった。

だが、同時に、別の事態も進行していた。

ゼネストが叫ばれ、日本人民共和国といったことばも耳に入る。そして占領軍による中止命令。これらの時期に、私の中で、「日本の人民」ということばのイメージは複雑に錯綜し屈折して、私に発語する力を失わせた。

　魯迅に触発された私は、中国の近代について読み始めた。やがて私は東京大学の東洋史学科に入学することになる。私は中国が列強に征服された半植民地であったことを知った。列強とはヨーロッパ諸国であり、だから中国人にとっては、ヨーロッパ近代は、日本人におけるように憧憬と尊敬の的ではなく、むしろ収奪者の武器であり、仇敵であったことを知った。そして、最後に、日本が、ヨーロッパ近代を真似た以上、おくればせの中国の侵略者加害者たらざるをえなかったことを知った。かつて中学以来教えこまれたように「アジアは一つ」ではない！　第一高等学校には特別高等科があり、中国の留学生が学んでいたが、常ににこやかだったかれらの心の裏側にいかなる屈辱感と憤怒とが秘められていたか、私は歯がみして思いみた。まだ南京大虐殺のことなどはよく知らなかったと思う。だが私には充分だった。日本人が、そしてその一人である私が、加害者であったこと、そして、日本はアメリカの近代兵器生産力に負けただけではなく、まさに被害者だった中国人民に負けたのだということ。知りあいの朝鮮人たちの反応もこれに加わった。私は人民とか、民主主義とか、世に氾濫してそれなしでは何一つ語れないように思われる基本語を、まったく発語することができなかった。それは、ある限定のもとでのわずかな例を除くと、いまだにつづいていると言ってもいい。

　養母の丹精で、かなりひどい栄養失調がようやく回復してきた。左の耳はまだ日が当たればほてって痛んだが、膿は時折しか出なくなった。戦争末期に私は大学の宗教哲学科へ進む決心を固めていた——これは理科生の徴兵延期の特典を放棄することを意味していた——が、社会科学に変更した。

次々にさまざまなタブーが破られ、狂暴に自由になってゆく時期だった。が、私は動けなかった。なんといってもこえがうまく出ない、話ができない。養母に発声訓練を勧められて、同居していた知人に喜多流の謡の手ほどきを受けた。なんともホラ貝の唸るような按配で、頼りないこと頼りないこと。近所の人が竹内さんでは近頃御信心を始めましたかと聞いたという。だがやがてガラスがビリビリ響くようになってきた。腹に力を入れるのは、弓の修行以来慣れてもいた。

音感教育は自分で希望して始めた。はじめ近所の人にピアノを習ったが、一年半ばかりでやめた。目でスコアを見て、指でひく。耳は働かせなくてもなんとかひけるのでは、音感教育にはならなかったからである。

そこでバイオリンを習うことにした。この先生がいい先生だった。宮内庁の楽長をつとめた人でドイツ系の厳密な演奏であり、教え方だった。私がはじめて訪れたとき、先生はピアノでポンポンと二つの音を叩いて、「どっちの音が高いですか?」と聞いた。私は答えた、「あの、高いってどういうことですか?」。先生は苦笑してピアノの蓋を閉めた。バイオリンは、ピアノと違って、まず四本の弦の音を調節しなければならない。私の聴覚器官は生まれてはじめての課題にとまどい、あわて、集中し、難行苦行した。先生の教え方は厳格で、この音痴のシロウトにも、まったく容赦なかった。二年くらいたったある日、調弦していると「今のあなたは、二サイクルまで聞きわけられますよ」と言われたとき、どきんとした。嬉しかった。当時アメリカのA音はヨーロッパのA音より五サイクル高いと聞いたばかりだったから。

ある日私は発熱して寝ていた。三畳の部屋の枕許に小さな机がありラジオがのっていた。それが鳴っていた、はずなのだが、私は何も聞いていなかった。熱にうかされてぼうっとしたまま、喘ぎながら、窓ごしに松の梢と青い空を見ていた。

突然、音楽がサァーッと流れこんできた。私のからだの中へ。鳴っていた、響いていた、そして流れ動いていた。ウックシイ！　音楽は微妙なメロディを幾重にも重ね、流れ、あふれてとどまることを知らない。私は音に浸され、ゆすられ、運び去られた。私は生まれてはじめて音楽の美しさを感じたのだった。天啓のようにそれは外からやってきて私を撃ち、私を浸し、私をつかんでしまった。ストコフスキーの編曲指揮によるドビュッシーの「小舟にて」だった。その日以後、私は音楽に溺れこんだ。音楽会に行き、レコードを買いあさり、モーツァルトと、当時はあまり買い手のなかったらしいバッハについては、新宿近辺のレコード屋の主人でも太刀打ちできる人は少ないくらいに熱中した。私の大学時代は音楽で塗りつぶされる。

私は第一高等学校に五年いた。入学したときは戦時の特別制度で在学期間は二年半に短縮されていた。ついで二年制になり、さらに敗戦によってまた三年制にもどった。この間に私は落第し、二年生を三回やり、委員長をつとめた。私はいやおうなしに仲間や後輩たちの相談相手にされ、ことばを交していた。とくに新しく入学してくる人々には、自分が何を言い現わしたいのか、うまくことばが見出せず身悶えしているものが、けっして少なくなかった。それに立ちあい、その舌足らずのことばを聞いていると、その裏から現われたがっているものが痛いほどわかる。心の志向を理解し、相手の見つけられぬことばを、こうじゃないか、と指摘してやることは、一つの共同作業である。私は話すことは下手だが、聞き上手だということになったようだ。だが、これは、他者と自との関係から言えば、まだ自己の模索の論理を相手に投影しただけであったろう。相手がその瞬間どんなに鋭く自己発見し、愕然として喜んだとしても、それは私の自己投影が、相手の混沌にある刺激を与え、ある地紋を浮かび上がらせたにすぎない。私にとって、相手はまだ独立した一つのもの、あるいは一つの世界——すなわち他者ではなかった。

「他者」が私に現われたのはいつのことだったか。ひょっとすると、もっとずっとあと、芝居に入ってから数年たってからだったかもしれない。どちらにせよ、それは、くり返し寄せてくる波のように、いく度かの回帰があり、そのたびに、点が線に、線が面、そして立体へと動いてゆくようにはっきりしてきたことは確かである。

そのうちいちばん鋭い瞬間は、次のようにしてきた。私はある友と話していた。不思議に、友の名も話の内容も陰画のように抽象化された感触としてしか記憶に残っていない。例によって相手の唇を見つめ、耳をせり出して、音からことばを聞きわけようと努力していた。私の発することばは、くり返し聞き直され、眉をしかめられ、やっとうなずかれながら。そのくり返しの努力に私は疲れを感じた。ふいに、相手の姿がすっと遠くなった。相手のことばが、今まで感じたことのないある距離から、空間を超えて、ひどく明瞭に聞こえてくる。私は一種畏敬とでもいうに近い気分でそれを見た。今まで無意識ではあるが、夢中になって近づこう、同化しようとしていた相手のからだが、劃然として超えられぬ空間の彼方に、ある。それへ向かって私はおずおずとこえを発した。空間を超えて私のこえは相手へ向かっていった。暗い、超えがたい空間を超えて行きかうこえを媒介として、私のからだと、相手のからだは、無限に遠く、かかわりなく、向かいあって立っていた。「他者」が私に現われた。単なる「他者＝非自」ではなく。あれは自己を投影することも、同化することもできぬ、一個の独立した、ふれることのできぬ、まして内部へ立ち入ることのできぬ、理解などという自己投影は拒絶するところの一つの世界、ものであった。そしてその「他者」に向かっている「自」も、また私に現われたのだ、と言える。たぶんこえが届くとき、そこに「他者」が現われるのだ。「他者」と「自」が現われたとき、あるいは分化したとき、孤独が始まる。

一度「他者」が現われた以上、「自」はもはや「他者」なしでは成り立たぬ、生きられぬ。「他者」とは何か。それの構造を理解し共有することはできないものなのか。私にとって他人はふたたび、ただし前と違った貌で、ふれがたい怖いものとなった。

芝居の仕事に入ったのは、いわば「他者」との真のふれあいを求めて共同の創造に立ちあうことを願ったのだった。

師・岡倉士朗との出会い

一九五一年、私は大学を卒業して、養母の知りあいだった山本安英さんの紹介で、演出家の岡倉士朗氏をたずねた。

演劇の仕事を選んだのは芝居が好きでたまらなかったからではない。今から見るとトッピな話だが、当時私は長野県のある農民組合に行こうか、芝居に入ろうか迷っていた。自分を、新しい時代には生きられぬもの、死んだもの、として感じることは変わらなかったが、なおかつ、意識され覚悟された「死んだ」は、刻々に鮮かに脈打っていなければならなかった。でなければ単に生理的に生きることにさえならない。なんらかの意味で創造的でなければ生きられないことを私は感じ始めていた。戦争と、私を戦争へ追いこんだもの——それは軍閥や支配層だけではなかった。生みの母さえ、私にとっては、拒否しなかったものとして、その一人だった——への強い怒り、というよりむしろ怨みがそれを支えた。だが私は、私一人のからだの中に力を見出すことができなかった。私にとっては、農民組合も芝居の集団も、協働して人間的なものを創り出してゆく、という意味で同じ次元のものだったのである。

私は生まれてはじめて日本橋の三越へ行った。金ピカの唐草風の模様が浮き彫りされた劇場では、武者小路実篤作の「その妹」を上演していた。昼すぎ、マチネーの開場前に行ってエレベーターの前に頑張り、パンフレットの写真と首っ引きで、楽屋入りする演劇人たちを見張っていたが、マチネーが終わってもそれらしい人が来ない。夜の部が始まっても現われない。劇団の人に聞いてもわからない。とうとう閉幕直前九時近くになってやっとつかまえた。岡倉先生は、劇団民芸（当時はまだ「民衆芸術劇場」だったかもしれない）の主任演出者であったから、若手の助手や弟子はたくさんいたけれども、個人で弟子になったのはたぶん私一人だったのではないかと思う。

とにかく稽古を見にきてみろということで、本郷にあった、ぶどうの会の稽古場へ次の日から通うことになった。そのころ私はセビロを持っていなかった。東大時代も、学帽も学生服も買わなかった。しかし、どうにも恰好がつかないというので、養母が、吊るしの、アメリカ軍の放出品のセビロを買ってきてくれた。私はなんてことなく着ていったのだが、ひどく大柄な派手なチェックだったので岡倉先生はじめひどく驚いたらしい。「アプレゲール」が来たぞということになったと、これはあとで聞いた。

若手を訓練して木下順二作「山脈（やまなみ）」の稽古に入っているところだった。

「山脈」は木下順二氏の出世作で、戦時中から戦後にかけての山村を扱っている。前年滝沢修と山本安英中心で上演されたのを私も見ていたが、かなり大幅なアレンジがあった。岡倉先生は、木下氏の世界を原作に忠実に厳密に洗い直してみようとするのと、戦前からのベテランの演技を超える新しい演技のリアリズムの一歩を若い人々によって築こうとするのと、二つの狙いを持っておられたようだった。まったく無名の若者たちに何かを賭けようとする先生の意気ごみは、私にまったく新しい世界、なまなましい人と人とのぶつかりあいの次元を劈いてみせた。ひょっとすると私はこのとき、演劇にではなく、演劇を創る人間のふれあいに魅せられたのかもしれない。

二カ月くらいの間、私は毎日ノートをとりながら稽古を見つづけた。ある日の稽古でこんなことがあった。

農家のかみさんを演じた若い女優はよく勉強しており、正確なニュアンスでセリフをしゃべっていたが、噂話の中で「うちの爺さまが、おおい、山田さんが嫁さま連れてきただぞぉって、おらぶでねぇかよ」、ワッハッハァと笑う場面になって、演出者はまるでダメだと言い出した。爺さまがどんなふうにどなったかやってみろ、「百姓がそんなこえを出すか!」。ところがその女優が、「イヤだあ」と顔を覆った。「嫁さま連れてきただぞぉー」なんて恥ずかしくって、と身をよじって笑っている。今だったら高校生だって平気なセリフだろうが、まっ赤になってはにかんでいる。そんな慎ましやかな人であり時代だったんだなと思う。「何を言ってる、どなれ!」。顔をひきしめてかの女は始めたが、なんべんやらされてもか細いきれいなこえである。岡倉先生は容赦しない。まだ、もっと、もっとでかく、のくり返しで、とうとうかの女は泣き出してしまった。だが、まだやめない。しゃくり上げながら、ことばも不分明なまま、わめきにわめいて、やっとこえが大きくなってくると、今度は笑え……である。一日中このくり返しで終わってしまった。私は感動した。ことばとはこういうものだ、と思った。

話すとは、部屋の中でか細いこえで深刻めいて論理やイメージを探りあうことではない、からだ全体をふりしぼって「他者」へ中身を叩きつけることだ、ということを、私はこのときはっきりと見た。

このことの意味を、私はもっとあとになって、演技の問題を考える過程で発見することになる。

ぶどうの会は、近代のリアリスティックな演技術の一つの頂点であるスタニスラフスキーのシステムを研究するグループであった。

かれの「ことば」についての考えを一言で言えば、「ことばは行動である」ということになるだろう。ことばには、意見の表明もあれば、感情の隠蔽もある、命令もあれば哀訴もある。だが、基本的には対象（他者）に働きかけ、その行動、あるいはイメージとか意見とかを含めてもいいが、それらを変えることが、ことばの働きだ、ということである。ことばは、例えば手によって肩を叩いたり、一緒に車を引いたり、あるいはなぐりあったりするのと同じことで、「おい」という呼びかけから、二時間三時間にわたる大演説まで、みんなこえによる、「他者」に対するからだの働きかけである。これは、セリフといえば、一人よがりの感情表白や空疎な雄弁調に堕してしまうのが常である日本の芝居にとって、そして私にとって、ことばの、人間関係における意味を明確にし、ことばの働きの構造を理解する基礎を据えてくれた尖鋭的な考え方だったと言えるだろう。

もう一つ、ことばについて考えるたびに、何度も立ちもどって思い返した経験がある。「山脈」の稽古を見学しているうちに、突然舞台監督をやれということになり、さらに「夕鶴」の演出助手兼舞台監督をやり、で数カ月すぎたころ、ぶどうの会の研究生の試験があった。舞台監督をやって、いまさら研究生も変だが、やはり集団の中に入った方がよかろうというので試験を受けた。ところがぶどうの会は俳優のグループだから演技の試験が主だ。朗読の課題は島崎藤村の「千曲川旅情の歌」であった。私は、やっと人とことばを交せるようになったばかりのころだから、朗読などどうやったらよいか見当もつかぬ。そのときふと思い出したのは、中学時代の親友で俳句をやっていたEのことだった。かれは二十歳にならずに結核で亡くなったが、かれが国語の時間に指名されて和歌を朗読したとき、私は胸を衝かれた。普通の生徒が声高に流暢に読み上げるのをまったく無視して、かれは、低いこえで、途切れ途切れに、一種語尾を投げ出すような息合いで、朗読というよりは、むしろ、語った。そのポツリと読んだあとの間に、不思議なリアリティがあって、教室中が不意を打たれたようにシインとした。ああ、あんなふうに、自分が感じたものを投げ出せばいい、と私は思った。はじめっからうまくいくはずのないものだし、オレは演出部なんだからかまうこたねえ、と居直って、さて当日練習のしようもなく、山本安英、岡倉士朗両試験者の前で紙をひろげて、私はこえを出した。不細工なこえなのは、はじめから知っていた。恥ずかしいなんてものではなかった。やるよりしかたないからやるだけだった。だが、こえを出し始めたときから、私には浅間山のなだらかなスロープが見えてきた。前の年だったか小諸城の裏手から千曲川を見下ろしたときの視野である。川ぞいの畑の中を細い道がうねっていた。川の音が鳴っていた。

次の日また芝居の稽古に出た。岡倉先生がふっと近寄ってくると、「昨日の朗読はなかなか良かったよ」と言った。「また！」と私は思った。岡倉先生はしばしば何気ない顔で痛烈な皮肉を投げる。

私は稽古に立ちあっていてそれが怖かったから、「そらきた！」とピンと来たのだ。つづいて岡倉先生は顔を寄せてニヤッとすると、小さなこえで「山本安英調でなくてね」。私はカッとした。完全にトドメを刺された感じだった。山本安英の朗読といえば自他共に許す絶品だし、まして当のぶどうの会の指導者だ。なにもそれを引き合いに出すことはないだろう。オレはどうせしゃべれないよ、コケにするのもいい加減にしやがれ、こえは出せなかった。私はただフンゼンとしたまま部屋を出てしまった。

数年たってから、私はようやく、あれが必ずしも皮肉ではなかったのだということを理解した。岡倉先生が探り求めていた演技（とことば）のリアリティがどのようなものかをおぼろげに気づき始めたころのことである。

芝居の仕事に入ってしばらく、血のメーデーのころである。稽古の帰り、四谷、市ケ谷間の国電の中で私は友人と熱中して話していた。突然友人が手をふってまわりを見廻した。口に指を当てる。びっくりしてことばを止めた私の耳に、かれは口を近づけてこう言った。「きみと話するのは恥ずかしいよ。とんでもないこえを出すんだから」。そしてかれは窓の外に目を向けた。電車の轟音で私には相手の発音がなかなか聞きわけられない。もっと大きなこえで、と思う、その気持が、ついこっちも轟音に負けぬ大ごえを、と気張ってどならせる結果になるらしいのだった。

新劇の世界には戦前から積み重ねられてきた発声発音の訓練のいくつかのパターンがある。腹筋を瞬間的に引きしめ引きしめ――これがいわゆる腹式呼吸で、これがいちばんいい呼吸法なのだと思いこまされている人がいまでもどのくらい多いことか――スタッカートふうにア、イ、ウ、エ、オとどなるといったやり方から、早口ことば、ういろう売りの口上までさまざま。それと、すべて西洋音楽による歌のレッスン。

私もそのいくぶんかを学んだ。だがやがてやめてしまった。これらは、私から見ると、すべて、よくこえが出、よく話せ、よく歌える人が、多少それを美しくかっこよくするための技術にすぎなかった。声楽のレッスンによって、こえの出ない人がうまくこえを出せるようになった、という例など聞いたことがない。むしろ逆に、声楽を習いに行ってこえがよく出なくなった人なら何人か知っている。第一、教える先生が生来らくらくといいこえで歌える人なのだから、こえが出ないとはどれほどつらいことなのか、どういう筋道を通れば出てくるのか、自分のからだで苦労していない。こちらがなぜこえが出ないのか、見当もつかないのだ。まだヨチヨチ歩きの赤ん坊に百メートル競走のスタートのしかたを教えているみたいなものである。

とくにまいったのは早口ことばだ。一所懸命早く、はっきりと、しゃべろうと努力すればするほど舌がもつれしゃべれなくなる。努力が足りないのではない。やればやるほどダメになるのだ。今になってみれば理由ははっきりしている。頑張れば頑張るほど、それだけ舌と顎に力が入りこわばるために、ますます口が動かなくなり、しゃべれなくなり、こえがのどにひっかかる。舌の力の抜き方を訓練することが根本なのだが、私は、音を発し、ことばを交してゆくための訓練をまったく自分一人で見つけるよりほかはなかった。

雑誌『文学』に、岡倉先生が「昭和十年代の新劇」という文章を書かれたときのことである。手伝えと命ぜられたけれども、こちらは、戦前のことなんかなんにも知らない。しかたがないので岡倉先生のお宅の二階に閉じこもり、片っぱしから文献を読んだ。岡倉由三郎先生時代からの大きな古い書斎に天井までくんである本棚にぎっしりつまっている古い本やら雑誌やらパンフレットやら、手当たり次第に見て、ピックアップしては並べる。それを朝から晩まで読んでいる。夜になって岡倉先生が帰って見えて、夜中の十二時か一時ぐらいから、話をされるのを、ノートをとる。途中で必ずわからないことが出てくる。質問をする。文献を調べ直す。ときには討論というのはおこがましいが暁方までくい下がったこともあった。次の日、先生が出かけられた後、また文献を調べる。一週間から十日くらいそれを続けて下稿を書いた。

そのときの岡倉先生の話の中で忘れられないのは「土」の演出についての打ちあけ話であった。新築地劇団で、長塚節の『土』を脚色して上演した。これは、新築地劇団の当たり狂言で、戦前における岡倉演出の代表作と言っていい。当時の批評に「岡倉士朗の地を這うようなリアリズム」ということばがあったのを覚えている。山本安英主演だった。築地小劇場以来翻訳劇主体だった新劇は、プロレタリア演劇運動を経て、この時期、弾圧下における抵抗の再編成と、日本人としての演技のリアリズムの確立を手探りしている時代だった。「土」はそれの最初にして、最高の成果の一つだったと言えるのだろう。この台本をはじめて読んだとき岡倉先生はつまらないと思ったと言う。「どうしてですか」と私がたずねると、「うまく言えないんだけれども……」——先生はいつもそういう言い方だったが——この脚色は地主と小作人の階級的な対立に焦点を当てているのだけれども、ただそれを客観的に並べてみたところでおもしろくも、なんともない、と言う。こういう言い切り方は今ではむしろパターン化してしまったが、私が聞いた当時でさえかなり異端に聞こえた。まして戦前の新劇界では、非常な勇気がいったに違いない。私は戦前のプロレタリア演劇にはリアリズムについての問題意識はあったが、ドラマとは何かという問題への視野が乏しかったために、台本が状況の説明に傾き、人間のドラマティックな行動が喚起されてこないということだろうと推測した。ではその「つまらない」台本のどこを手掛りに先生は「土」を演出したか。岡倉先生の言い方によると——小作人の勘次は人間じゃない。まるで「土くれ」だ。ただ土に這いずり、どんなことがあろうと口もきかない。ところが、それが、地主の「おかみさん」の強要に対して、はじめて怒りを発する。その瞬間、自分でも知らずに土くれがはじめて人間性を宿す。人間になる。自分はそれを描き出したいと思った。——こうであった。

「これならやれる」という感じが閃光のようにからだを貫いたのを私は感じた。「死んだもの」が生きることができるか、人間は変わることができるか、どこから変われるのか、変われたと思うのは錯覚なのではないか、そういうことを扱えるのが演劇ならば、私も演劇をやれるかもしれない。演劇をやることによって「生き」られるかもしれない——この発想がたぶん私の仕事の方向を決定した。今思い返してみると、私の演劇生活を通じてこのモチーフが主調低音のように鳴りつづけてきたような気がする。私は専門演劇人としての仕事と併行して常に、職場サークル、小・中学校の演劇教育などとの接触をつづけてきた――それはしばしば先輩や友人からやめろと忠告され、自分でも決意したことがあるにもかかわらず、どうしても切れることがなかった――が、それもたぶん、私のライトモチーフがひそかに私を誘って離さなかったのでもあろう。

二年ばかりあと、ぶどうの会は、木下順二作の戯曲「風浪」を上演した。幕末から明治への転換期における青年たちの悩みと行動とを描いた、深い感動を湧き起こした芝居だった。日本青年館での公演を見終わった観客がまっ暗な神宮外苑を黙々と帰ってゆく。普通の芝居を見たあとは、笑いさざめく人々の群れがあるものだが、圧しつけられたようにだれ一人口をきかない、咳一つ聞こえない。ただ頭を垂れた黒い影が動いてゆく。その風景が異様な圧迫感として私の記憶に残っている。

上演の一週間くらい前だったろうか。進歩的な学者の集まりである民主主義科学者協会の歴史部会から、演出者に会いたいという連絡がきた。木下順二氏は民科の学者達と常に連繋を持っていて、非常に友好的な関係であったのだが、このときはちょっとようすが違った。問題は「風浪」の結末にあった。この劇の中心人物である佐山という青年が、いくつかの思想的遍歴を経て、最後に西郷軍に加担する。「俺ァもう、精神ば尽して考えるだけ考えた。議論もしつくした。俺ァもう頭の中だけで考える事ァやめにした。人と議論する事も止めにした。俺ァもう逆賊でンよか。暴徒と呼ばれてン構わん。とにかく大義ばうち忘れとる今の政府ば倒そうちゅういくさに俺ァ飛び込んで行く。それから先は……道が開くるか、絶ゆるか、そらァその時の話たい。（去る）」。あとで、一人だけ残った男が新聞をひろげて「上からは明治だなどと言うけれど、治まるめいと、下からは読む」、これで幕が切れる。民科の申し入れは、西郷軍は歴史の進歩に反対して、それを押しとどめようとした、反動勢力である、あれほど誠実に苦しんで思想的に発展してきた主人公が最後に反動の側に身を投じるということになるのは理解に苦しむ、なぜ自由民権思想の方向へなり発展してゆく姿を描けないか、こういうことだったと記憶する。木下順二氏も苦慮して、書き直そうと考えもしたけれども、どうしても今の自分の力では書き直せないということでお鉢が演出者に廻ってきた。

ところが岡倉先生は、すまないけれども、竹ちゃん行ってくれ、とこう言われる。おまえは歴史が専攻だから歴史学者と談合するには都合がいいだろう、と。まあ先生もずいぶん都合のいい使い方をするもんだと思ったけれどもしかたがない、岡倉先生と向こうとぶっつけても、これはどうしようもないだろうと目に見えているので、若輩ながら代理で出かけて行った。ただ、なにかネタがなくてはしようがない。困ったあげくに岡倉先生が、ノートにメモしてあったことばを見つけ出して、それを書き写して持って行った。

佐山をどうしても西南戦争にとびこませたくなったと、終始作者が考えてる。これは何故か。この執拗さは何故なのだろう。（中略）勉強会の時の演出では、佐山が藤島を斬った（自己を斬った）ところから佐山は前に出られると信じていたと考えていた。いや考えたかった。――それは佐山を積極的な人間と考えたかったから――この劇を明るいものにしたかったから――佐山をそうすることによって、これからの自分に、いや観た人々にも勇気を持ってもらいたいと思っていたから——そのために、その斬った意味を本当の意味を——観念でなく全身体的に知ることをやめてしまった僕は——（中略）五幕の終りで（中略）痛い目をしないで生きさせたいあいまいさがでてきた（中略）。

佐山を西南戦争におもむかせよ。そして死なせよ。佐山に自己の頭と体を分裂させよ。明日僕達は佐山のこの矛盾にぶつかるかもしれない。その場に立たせよ。そして身をもって佐山はまちがっていたと証明せよ。（自己にうそをつくな。誠実に生きよ。）

これがこの戯曲のテーマである。

最後の数行が私には重かった。一九五三年のこと、戦争が終わって八年、朝鮮戦争がすぎ再軍備が始まっていたときである。西南戦役は明治以後十年であった。「明日僕達は佐山のこの矛盾にぶつかるかもしれない」、そのとき私は……。

だが、学者たちは、一枚の紙片を見つめて不満気に黙っていた。私はおたおたしながらも、心情的な解説を試みた。——現代から百年前のその時点を眺めれば、西郷軍は反動であったと評価することができる。しかし、その時代に生きていた人々に、その視点を持つことがどれほど可能だったろうか。私たちは固定した過去を見ている。しかし、かれらは流動する渦の中にいて、なんとか頭を上げて行方を見極めようともがいている。例えば私たちにしても、今進歩だと信じていることが、百年の後には反動であった、と評価されることにならぬとは限るまい。こういうことを言うと、社会科学的認識の不足、あるいは、歴史的必然性への確信のなさ、と非難されるだろうけれども、歴史の中に今生きている自分たちにとって、一足先の所がそんなにハッキリ見えるものかどうか。歴史の必然とか進歩の段階というものが、ちょうど敷かれたレールのようにハッキリ見えていて、その上を歩いて行くというようなことではないのではないか。本当の道はこっちかもしれないけれども、しかし、自分にとっては、今はこれしか見えない、という暗闇に一歩踏み出して行く、その決断にドラマがあるのではなかろうか。——私のことばはついに了解を得られなかった。

二十年たった今は、あべこべに一足先はまっ暗闇でござんす、というのが、一般的心情になりすぎているけれども、私のことばは、当時の学者たちにとってはかなり反動に近く聞こえたかもしれない。日本は、今後どんどん、民主的な良い社会になっていくのだ、いやいかせねばならぬという素朴な信頼感がまだゆるがぬ時期であったのだなあ、といまさらのように思い起こされるのだが、学者たちの意見に基本的には賛成しながら、どうしてもかれらが納得するような形では、結末を描くことができなかった作家木下順二、演出家岡倉士朗、そしてそういう形でかれらが表現していた矛盾の予感——あれこそが芸術家の役割ではなかったか。事実、何年か後に、まさに、佐山がおかれた矛盾の中に多くの青年たちは立たされることになったのだ。

この事件の後、岡倉先生は、私にこう言われた。ぼくなどは歴史的事実や理論を、アイデアを発展させるためのヒントとして無責任に使うだけだが、竹ちゃんはそうはいかないね、と。このことばは、私には痛烈な皮肉にも、重い負い荷ともなった。後に私がはじめて大公演の演出をしたとき、それは戦前の東大の自由主義教授河合栄治郎追放事件を扱った戯曲だったが、先生は舌代を書いて下さって、その中でこんなことを述べられた。

竹内君の専攻は東洋史だ。（中略）アリストテレスの「詩学」の中にたしかこんなことばが書いてある。「歴史家は実際にあったことを描き、詩人はあり得ることを描く。詩は普遍性を描き、歴史は個性を描く」と。この歴史と詩との矛盾というか対立を竹内君のなかでどうなずませているか。（中略）今度の演出ではっきりそれが竹内君の個性としてあらわれて来るのだろうと思う。あったこととあり得ることとのちがいをどうみきわめるか、それが始めての演出の仕事の彼の課題であるべきだ。（後略）

「風浪」のときから、先生は一貫した課題を私に課しておられたのだな、と今にして思う。ものやわらかな師であったが、その厳しさは亡くなられたあとになって鋭く響いてくる。

岡倉士朗とぶどうの会を語れば「夕鶴」を抜きにするわけにはいかない。

戯曲「夕鶴」でははっきりした問題意識に立ってことばが使われている。鶴の化身である女主人公「つう」はいわゆる標準語（共通語）を話す。しかし、夫の与ひょうほか村の男たち、子どもたちは方言（地域語）を話す。一つの戯曲の中で、標準語と方言とが風俗として入りまじっている例は多いが、ドラマの構造を作り出す要素として方法的に使いわけられている例は、「夕鶴」がはじめてだろう。

まず、与ひょうをはじめ村の人々は、当然生活で使われていることばとしての方言を使う。ただし、この方言は、ある特定の、例えば青森とか熊本とかの地域語ではなく、さまざまな地方の方言を含んで、それにいろいろな地方の人々が生活感情を感じとることができるようにした木下氏創作の「共通方言」である。

それに対してつうはこの土地に住む人間ではない。だから土着性がないからその地域の通用語を使うことができない。それだけでなく、鶴の化身だから、人間でさえないわけで、そもそも人間のことばを話せないのだ。その意味で、「つう」のことばは日本語とか英語とかいうことさえ超えたことばの原形質みたいなものだ。確か木下氏は初演のころ純粋言語と呼んでいたように記憶するが、それを表現することばとして標準語が選ばれているわけだ。

さらに、標準語は、「つう」のモノローグを構成する。これは近代人の心理表現であって、心の中のことばだから、まだ音声として外に発せられない原初のことば、それを表現するにも標準語しかなかったということだろう。

近代国家が形成されてくる過程で、民族のことばは、統一した国語＝共通語を形成していくわけだが、日本では形成されるのを待たずに、中央権力によって標準語が定められ、それが地方へ押しつけられた。そのために、標準語は、生活感をどうしてもうまく表現できず、方言は、抽象的な思考を操作することができない、という乖離が起こり、統一した共通語が生まれ切れなかった。「夕鶴」の悲劇の言語的構造はその乖離の上に成り立っており、かつその現状を克服するための一つの実験が共通方言の試みであったろう。

この「つう」の使う標準語はまことに美しい。かつて書かれたもっとも美しい日本語の一つと言えるだろう。「夕鶴」の魅力の大きな部分は近代日本語としてのこの標準語の精緻な美しさにあると言える。

だがそれに比べて「共通方言」はイメージと韻律の美しさにかかわらず、なんとも力が弱いと言わざるをえない。いわば抽象語としての標準語がみごとなリアリティを持ったのに対して、抽象化された方言は、固有の生活感という素朴、かつ根源的なリアリティを喪失したのだ。

当時稽古に立ちあいながら、私は「つう」のモノローグの美しさ、ひいては近代心理を表現する標準語の的確な使い方について感覚を深めさせられたと同時に、方言のイメージの豊かさ、リズムの美しさについて目を見張らされる思いを味わった。あとで気がついてみれば、それは方言の、というよりは、本来日本語が持っているにもかかわらず、現代において失われかけている形象力のみごとさということにもなるのだが。例えば機の音の擬音化をとっても、地域によって選ばれるさまざまな音色の美しさには心を奪われてしまう。一例をあげれば、キリリコバッタン、カランコカランコといったような澄んだきれいな音を出している機が、邪慳な扱われ方をされたとたんに、ドッチャラバッチャライ。ひどく汚い音に一変してしまう。このような音やことばをくり返し重ねながら木下氏は文章のリズムを作ってゆく。それを音声化していくに当たっては、一つ一つの音を非常に大切に扱わなければならない。木下氏は、大変聴覚的な作家で、かれの戯曲を読んでいて、視覚的なイメージはなかなか見えてこないけれども、聴覚的なイメージはたちまち浮かんでくる。だからラジオドラマに秀作が多いのだろうと思うのだが、私は木下氏の戯曲の舞台化・ラジオ化によって、どれほど耳を研ぎすまされたかしれない。

ただ、現在の私は、「ことばの原形質」として標準語が選ばれた、ということに疑問を持っている。内容――ジャック・デリダのいう、内なる「こえ」は、共通語でなく、本源的に、地域語として現象してくるはずである。それをとらえるのに、木下氏が東京育ちだから東京弁になったということだとすれば、「つう」のことばは、山の手弁だと言った方がいい。山の手弁が地域語と言いうるかどうか。それは、原初的なことばの動き出すイメージ、肉感性、一言でいって、ことばのいのちを根こぎにされた、いわゆる標準語の性格を強く持っていることは確かだろう。だが、山の手弁は確かにあるのであり、それしか近代心理を語ることばは日本において成り立たなかった。似てはいても、これはいわゆる標準語とは違うものだと私は考えている。こちらは抽象性の強い、制度としての共通語であり、人は、私的な領野にもどれば地域語を使うことによって、失われたものを補償していたのである。標準語は一人歩きできないことばだったのだ。

「つう」は、山の手弁を成立させた近代主義を吸収している、なまなましい近代人＝東京人＝都のひと、であって、抽象的普遍的な透明な美的存在ではないだろう。

一九五九年二月、岡倉先生が亡くなられた。岡倉士朗は私にとって単に演出者であるにとどまらなかった。師であり、父であり、何よりも、私が人生ではじめて出会った、全身をぶつけて共に働き、したがい、批判し、叱られる相手であり、かつ、すべてを受け入れてくれた人であった。私にとってこの出会いはあまりに突然打ち切られた。私は飢えをいやすことを知りかけたところでほうり出された野良犬のようなものであった。

さしあたって「夕鶴」の演出は私が担当しなければならなかった。岡倉演出の基本的な形は変えず、私は竹内という名前を出さなかった。その、確か最初の稽古だったと思う。演出者の弔い合戦といった緊張がスタッフにもキャストにもはりつめていた。いよいよ演出者席に坐ってみたところで、何百回も上演し、演出プランも変えてきたあげくのことだし、まして先生である山本安英さんを相手に何も言うことがない。山本さんという人は、演出者を非常に大事にする人で、何かと意見を求められるのだが、二回目の稽古になってはじめて、私は一言だけ意見を述べた。

「おかね、おかね、どうしてそんなに欲しいのかしら」とつうが嘆くセリフがある。その、「おかね、おかね」の言い方が少し違うような気がすると私は言った。山本さんは不思議そうな顔を少し傾けて黙って見ている。——聞いていると、おかねとはどういうねうちのあるものか知っていた上で、どうしてそんなにたくさん欲しいのかしらと言っているように聞こえます。しかし、「つう」はおかねの機能をまったく知らない、ただピカピカ光る硬いものとしてしか感じていないのだから、この場合「おかね」という名詞は意味を含まない記号としての音でしかないのじゃないか。だからその言い方はただ、オカネオカネという、非常に単調なくり返しになるべきではないか、こんな気がするんですけれども、どうなんでしょうか。——山本さんは、一瞬、はっとしたように顔を動かしてしばらく黙っていてから、「そうですね」と顎を引くようにして返事した。私は嬉しかった。やっと「聞く」能力がある線を越えたという実感がからだをほてらせた。

他者のまなざし

芝居の仕事、とくに演出の仕事をしているうちに、どうやら他人と会話を交せるようになってきた。発音のくぐもりは相変わらずだったが。だがどうしても怖い、くたびれる。大事な用件は文章にして渡す。電話はなるべくしない。

当時、他者との関係で苦しんだことを二つ書いておく。

その一つは冗談が言えぬことであった。冗談というやつは、とてもありえないようなナンセンスなこと、野放図なことを、ぽんと投げかけるから成り立つ。ところが、やっとのおもいでことばを口にしている身にしてみれば、ことばの一語一語はひどく重く、緊張の結果である。とても、無責任なことは口に出せない。「なあみんな、こいつだけにゃ食わせねえことにしようぜ」なんて程度の軽い冗談でも、まじめに考えれば実現不可能なことである。それを口にすることは、ウソをつくことだ、という感じなのだ。

ことばを発しようとする。まず集中して自分の考えをまとめる。発語する。相手を見ない。多く下を向いている。こえが相手に届いたかどうか確かめようとする。相手を見てないのだし、自分のこえを正確に聞けないのだからわかるわけがない。先廻りをした堂々めぐりが心の中で始まる。こう言ったらあの人は傷つくだろうか、だとすれば……この言い方ではあの人にはわからないかもしれない、それならまずこっちを言っといて……二重三重に思惑が重なって、前提が長くなり、言い切りができなくなる。こういう私にとって、はじめて芝居の仲間内で冗談を言っている自分に気づいたのは、もう三十歳をすぎていたろう。お、おれが冗談言っている、という驚きと喜びと、なんとも言えぬ不安定な感じとを持ったことを鮮かに思いだす。

もう一つのことは、今はもうよく思いだせない。おおまかに言うと次のようなことである。

他者のまなざしの前に身をさらして話をしている。それは苦行である。そのとき、奇妙な感覚がやってくる。「こうして話しているこの私の話を、この人は感心して聞いている。しゃべっている私を私だと信じて疑わない。ところが、こうしてしゃべっているオレは、あなたの目の前のあなたのためのオレ、にすぎないのさ。ほんとうのオレは、ほれ、あなたには見えやしない。オレはあんたの目の前でかくれおおせてるんだ」。

だれでもこういう「演技」の感じは持ったことがあるものさ、と言われるかもしれぬ。だが私にはことばが、私自身と、どこかで乖離していること、だからことばを生み出している私が、どこか、仮設のもの、構築されたものであって、「自」ではあり切れないという感じとして、返ってくるのだ。

この感じは、私が「からだ」について考え始め、動き、レッスンしてから数年していつのまにか消えていた。

一九五八年、福田善之戯曲「長い墓標の列」。私にとってはじめての大公演演出。

一九五九年、岡倉士朗歿。

一九六〇年、安保闘争。新劇人のデモに殴りこんできた右翼のため右腕負傷。耳は無事だった。訪
　中新劇団の一員として中華人民共和国公演。

一九六一年、ぶどうの会分裂。

一九六三年、田中正造を扱った宮本研戯曲「明治の柩（ひつぎ）」演出。ぶどうの会再建軌道に乗る。


このころ私の耳はほぼ十年間安定していた。ときたま痛んだりほてることもあったが、一、二度薬を飲めば鎮静した。右耳の聴力は、常人のほぼ百パーセント近く回復していたし、左耳は七十パーセントぐらいだったが体調によって増減した。何よりも物心ついて以来離れることのなかった耳だれが止まったこと、そのなつかしい悪臭から解放されたことが、私の心を軽くした。

演出者は組織者だ、語る力を持たなければならない。私はえっちらおっちらそれを身につけかけてきた。だが話す場によってひどく話し方が違う。それが私を苦しめた。

五十人、百人、あるいは数百人に向かって話すのは、私は不思議にうまくなった。のどにつまったボケたこえに違いないのだが、大勢にゆきわたっていると自信を持てる声量は出せた。聞いた人の意見では、何より話がわかりやすくて、おもしろい、というのだった。デカルトに学びながら思考をことばにしてゆく努力を始めて以来、私は自分に間違いなくほんとうと感じられることから出発して、一つ一つ確かめつつことばを組み合わせたり論理を発展させることにつとめてきた。それによって

やっと私はあるまとまった長さの思考＝ことばを語ることができたし、またその段階が確実にはっきりしないと、私は「わかった」と言えなかった。わかりやすいと言われたのは嬉しかったが、それは「わかりやすく話した」のではなく、自分がわかった筋道を語っていったに過ぎない。おもしろい、というのは、子どもたちにお話をしてやって以来の話し方の苦労と共に、劇的な構造や観客への訴えかけについて多少知り得たことが役に立っていたのだろう。大勢を前にした場合は私は自信を持って話すことができた。

十人位から以下の小人数になると、私はどうもうまくいかなかった。もちろん、うまくいく場合もある。自分の思考とイメージの構造が、途切れることなく相手に受け入れられてゆく場合である。反論討論が交じっても、このとき私は心はあたたかくなり熱が入り、その場にいて人々と一つになれたと感じる、幸福である。聞きとれない発音を聞き返されることも苦にならない。だがかすかな不安がどうしても消えない。自分のこえが、どこかあてがなく響いている、という感じである。相手の目を見ることによって、自分のことばが、思考が、相手に伝わっていることは、明瞭に確かめられる。だが……。これは、こえが充分に劈かれたあとではじめてわかったのだが、こえが相手にしっかり届いていない、それを聞くことができない不安だった。

この不安は、自分の思考とイメージが中断され、異質な思考で攪乱されると、たちまち拡大して、恐慌状態を来たした。しかし、話しあうとは普通異質な論旨の衝突のことだ。私は二つの反応を示した。口ごもり、目を伏せ、水を向けられるまで沈黙を守りつづける。あるいは一度口を切るととめどない饒舌に押し流される。

一つのシーンの稽古が終われば、演出者は必ず感想を述べ指示を与えなければならない。ときには俳優との討論になる。私は「いい」とか「悪い」とか自己の判断を言い切ることができなくなるときがあった。しかし、演出者は黙っているわけにはいかない。私は、「悪くない」という言い方をした。自分ながら奇妙な、中途半端なことばだと思う。だが「いい」と言い切ることは自分を、人々の目の前に裸にすることであった。どこかに一枚ヴェールをおいて、それにかくれることがないと、私は口を開けなかった。こういう場合は「……した方がいい」とか「……しろ」とかも言い切れない。「……してもいいね」と勧める形になる。これは普通の言い方なら、自信がない、ということになるが、自己の判断の当否に自信がないのではなかった。自分のことばが相手に拒否されるかもしれないという怖れでもなかった。ただ相手のまなざしの前に姿を現わすことができなかったのである。この心の動きは、ほかにもことばづかいの特徴としていろいろ現われたろうと思う。私の話しことばには「……というような」という言い方がかなり多い。これは一つには正確なもの言いをするためには、断定を慎重にし、かつ誤差を含むことを考慮に入れなくてはならぬという心づかいの現われでもあるが、もう一つは、人に対するとき、ことの判断を言い切れない心動きの後遺症であるらしい。

これがひっくり返ると饒舌になる。饒舌は苦しいものだと私は生まれてはじめて知った。いくらしゃべってもしゃべっても、相手との間はつながらない。むしろ、距離がずんずん遠くなって、黙りこくった黒い影がじっと目ばかり光らせている。たまらなくなってしゃべるのをやめる。黙っているのが怖い。なんとか相手が話し出すまで待とうとするのだが、間を持ち切れない。つい、つんのめるようにしゃべり出す。別に相手が仲の良くない人である場合とはかぎらない。仲が良いなら良いで、黙っていると相手に冷たくしているような怖れを感じて、ついサービス過剰になって、とめどがつかなくなる。「どうして竹ちゃんはこんなに熱中してしゃべるんだろう」とあっけにとられて見ていたことがある、とある俳優があとで洩らした。

自己知覚としては、話す、という行為は、私にとっていつもこのように苦しく動揺常なきものだった。しかし、客観的には、たぶん少しずつ、落ち着いた筋の通った話し方になってきていたのだったろう。

仕事の範囲はずっとひろがった。歌舞伎やオペラの演出も手がけ、職場サークルや演劇教育の分野に助言し、国民文化会議その他政治活動とも多少のかかわりを持ち、演劇の仕事でも、在来のリアリズム理論を超える新しい方向に手応えを感じ始めていた。

からだとの出会い

解体することば

一九六四年、ぶどうの会解散。私はふたたびことばを失った。多くの友人たちと離れ、私は閉じこもった。一九六五年、代々木小劇場創設参加。これは、小劇場運動、あるいは、アングラ演劇の先駆けとなった。

一九六〇年と七〇年の安保闘争の過程で、ことばの崩壊に愕然とした人は数多かったはずだ。自分が偽りのない真情をこめて語ったことばが、相手にまったく無視され、相手が語ることばの論理が、自分にはおよそ成立の基盤がわからず、互いにただいら立つほかなく、遂には人間に向かって語っているとは思えなくなってくる経験。一つの組織が自己を防衛しようとするとき、いかに非人間的な論理と行動と、そして閉鎖した言語を分泌するか。それは、たとえ仮設された論理にせよ、階級や思想の差を越えて、一応の共通理解は成り立つ枠組みとしていつのまにか信じこんでいたヒューマニズムの論理が、まったく無効であること、むしろ自己欺瞞にしかすぎなくなっていたことの自覚でもあった。その衝撃の中でことばを失った多くの人々があった。かつての敗戦時のように。

私の場合、それはぶどうの会の解散および、代々木小劇場における演劇の実験とに深くかかわりあっており、まだ充分に語ることはできないけれども、その一つの指標だけたどってみよう。


私はこのころ次のように書いた。

「たとえばサルトルの戯曲の上演を見ていると、サルトルは、かれが書いた言葉の意味やイメージがそれと確実に等量のものとして観客に伝わるものだという、まったくゆるぎない信念の上に立っているように感じられてくる。実のところ、これはサルトルのせいか、上演主体の責任なのか、私には判然としないのですけれども、とにかく、そう感じられる。まあ、この信念が古典的な演劇を支えるわけだが、ベケットの場合には、これは、まったく否定されているものではないか」。


いわば、この素朴な「信念」の上に、私の、耳が聞こえ始めてから十数年の努力は、築かれてきたわけだが、これが崩壊したとすれば、ことばとはいったいなんであるのか。

ベケットは、ナドーという評論家のことばをかりれば「ウィと言ったかと思うと、ノンと言う。どうしてもしゃべらなければならないなら、すくなくとも、なにひとつ意味のあることを言わないようにしよう」とする。「ベケットは、おそらく一切の言葉と物を、そのある場所からひき離して、バラバラにして置きかえてしまう。そのことで一切の人間的な意味を変質させ、剥奪してゆく」。

なぜかれはこんなやり方をするのか。

ことばが思考や心理の安定した通貨として流通している間は、私たちは「サルトル」流の「信念」に無自覚に頼っていられる。しかし、ことばの交換価値が崩落し始めるとき、ことばは人間に対してどんな貌を見せるか。人間は、ことばは自由に使えるものだと思っていた。つまり、ことばは人間に従属するものとして見えていた。しかし、今やことばは、人間の好むようには働かない。人間と切り離され、人間と関係なく、独立し、一つの「もの」としてそこにある。これが親しかったはずのことばだろうか？

「——ということは、人のほうから言うと、〈物〉の上に見出す自己の痕跡から自己をひき放し、〈物〉そのものへ向わざるをえなくさせられ、一つの未知の〈物〉の前にいるというおどろきに、くり返し立たされるということになります」。

ことばは、もう安定した通貨としては解体してしまった。それでは、ことばとは何か、と見つめる、もてあそんでみる。しかし、それでは人と人との間をつないでいた架け橋はもう再建できないのか。これが現代の——も少しひろげて言えば、近代の崩壊としての現在における、ことばの問題ではないか。こう書いてくれれば、今こうして素朴に考えたことをあらわにしようと書きつづっている努力自体が、きわめて不安定な仕事でしかないし、こういう素朴な文体が何も語れはしないのだとも思う、その不確かさに耐えながら、今私は書いているわけだ。

専門的なことになるが、ぶどうの会の終わりごろからの私の課題は、戦後新劇が、そして自分もその一員として築き上げようと努力してきた近代的なリアリズムの演劇、とくに演技を、どのように批判し、超えたらいいか、ということであった。リアリズムの演技とは、大ざっぱに言えば、劇の登場人物（役）の性格を細かく分析し、状況による反応を計算して、肉体（表情もふくめて）を動かし、ことばを発してみせるという方法だと言えようか。それでなんでいけないのだと問う人も多いだろうという気がする。事実、舞台、映画、テレビで見られる演技はほとんどこのやりかたの亜流なのだから。

だが、これはどれほど努力し精密にやってのけても、この人はこういう性格だとすればたぶんこうだろう、とアタマの中に描いたお手本に無限に近づく努力にすぎない。行為の蓋然的ななぞり、でなければ干からびた押し花。大きな人間的情熱や行動が直接舞台で開花爆発するにはほど遠い。それでも、ことばが伝わるものだと信じていられる間はまだごまかしもきいた。自分（役）も相手役も見通しがついた。人と人とが何をもってふれあえるのか、つながりあえるのか、その基盤が崩れつつあるとき、リアリズムを成り立たせてきた「客観的」な「性格」などというものは、霧の中にまぎれてしまう。「近代の崩壊」は目の前の事実そのものとして私たちを渦に巻きこんでしまっていた。

それでは、演技とは、いやそれよりもっと根底的には、人間の行動とは、何か。私は十数年の間に身につけた考え方や演劇の技術を、根本から一つ一つ点検し直さなければならなくなった。それは自己を解体してゆく作業であり、見通しがつかず、ひどく辛かった。

代々木小劇場は、有名なアルフレッド・ジャリの「ユビュ王」はじめアラバールら前衛作家の戯曲の日本初演や「冬眠まんざい」「ザ・パイロット」など、若い劇作家作品の実験的上演が、熱狂的な人気を集めて、前衛劇運動の名を冠せられたけれども、私自身はそんなカッコイイ運動をやっているわけではなかった。やるたびに苦痛が強くなっていった。

メルロ゠ポンティの『知覚の現象学』をはじめて読んだとき、私は今まで少しはなじんできた哲学の書と、あまりに発想や文体が違うのでひどくとまどった。だが難解な文体は不思議な魅力にみちていて私を離さなかった。古典心理学からゲシュタルト心理学ひいては古典的自然科学の思考に至る精細な批判と症例を読みつづけていくうちに、私の中に、人間の意識とからだについての、まったく新しい視界が急激にひろがってくるのを私は感じた。

同じころたまたま私は野口三千三さんと共同のある小さなレッスンの場を持った。野口さんは私の師の岡倉士朗が新劇界に紹介した人で、ぶどうの会の体操指導をされたのだが、数年おいてあらためての再会であった。メルロ゠ポンティに導かれて、からだについて新しい視野を持ち始めた私のからだは、野口さんの体操に新しい意味を見出し、かつてと異なる敏感さで反応した。また野口さんの、からだについての考え方を聞き、レッスンで感じたことが、メルロ゠ポンティの理解を急速に発展させもした。

その小さなレッスンの場は学生やサラリーマンなどまったくのしろうとのために始められた。私は長い間考えつづけてきた演技と人間行動についての考察を一ぺんここで捨ててみようと決意した。演技を極度に単純な、基本の要素に還元して考え直してみよう。岡倉先生がかつて、「ぶどうの会は何年もスタニスラフスキー・システムを研究してきた。このシステムは演技の基本だと言われているけれども、基本とは一体何だろう」と問いかけられたことがあったが、だれ一人はっきりした返事ができなかった。あの問に、今から答えてみよう。

私はとりあえず、一、からだがよく動く、二、ことばがよく話せる、三、すばやい反応で行動できる、という三つの要素にしぼって出発してみることにした。

演技の訓練と言えば、普通の養成所だったら、台本を与えて、役をふって、どういうふうにしたらばうまく演じられるかというテクニックを教えこむわけだが、規格化した技術のパターンこそ真の劇的な行動＝アクションを殺してしまうものだと考えたから、既成概念は一切、切りすててかかることにした。さてそうすると、どこから始めたらいいか……。

このレッスンの場は日曜日一日だけで、はじめの二時間が野口さんの体操、次の二時間がその体操を基礎とする増位禎紀、野村洋子両氏の発声、最後の二時間を竹内が演技を指導するという時間割が組まれた。しかし、この三つがどのようにして関連するかということは、実をいうとはっきりわからない。どこの劇団でも研究所でも、基礎として体操や発声をやるけれども、それと演技とがどう関連するかということは、外部の人が聞けば意外だろうが、充分つきとめられているとは言い難い。ただ経験的に当然利点があるとされているにすぎない。体操はうまいが演技はダメとか、歌はうまいがセリフはゼンゼンという人がいくらもいるのだ。そこでとにかく月に一回、講師会議を開いて、各自の方針の点検、および調整をやった。この講師会議はある意味で真剣勝負であった。例えば増位氏は、発声といってもいかに音をきれいに早口でしゃべれるかということは二の次だ、まず充分なこえが出るようなからだ＝楽器を作ることに眼目をおく、と主張する。とすれば演技担当としても、王女や年よりの物まねをすることでなく、アクションがすっと起こるようなからだ、基本のからだをどうやって作っていくかという方向に向かって、レッスンを組み立てねばならぬことになる。それには野口さんの体操をどう理解し、どう関連づけるか——。

しかし、一、二回の打ち合わせを経ると、討論はまったく具体的に、生徒一人ひとりの変化の進度とそれへの対応策に集中していった。例えば、非常にはにかみ屋でひっこみ思案で、どうしても人に溶けこんでいけない女性がいる。当然こえも小さいし、演技も固い。それはどのようなレッスンによって変わっていけるだろうか、という討論になる。あるいは、ある青年は、足に緊張があって、どうも足が地について、すっきり立っている感じにならない、体操でなんとかならないか、というこえが出る。また、けっしてタイツやショートパンツ姿にならない少女がいるけれども、何かコンプレックスがあるように観察される、あれを取り除かないと、という報告がある。こえがどうしてもすっきりと出ない青年がある。この人の場合は、発声訓練はしばらく中止しよう、体操でもっとからだの中の「軸」を通すことが先だ、でないとのどをつぶすだろう、という観察が出される。一人ひとりの生徒について討論しては次の課題を見つけ出し、かつあの子は大分変わってきたと講師全員が喜び合うという形が定着していった。講師たちが目ざしていたことは俳優養成とは言えないだろうと思う。あまりはっきりした自覚はまだなかったが、ただ一人の人間として生活表現を豊かにすること、今まで閉ざされていた可能性を劈くことだけを希っていた。

野口体操との出会い

数年ぶりに野口さんのレッスンに出た。機縁が熟さなければ、見ていても何も見えぬものだ。今度経験するレッスンがなんと新鮮だったことか。

たぶん最初の時間だったろう。野口さんは、平べったい箱をかかえてきた。大切そうに蓋をあけると、むちが出てきた。細い鎖。そして、不思議に精妙な感じのする蛇のオモチャ。「これは私の宝物です」と野口さんは言う。これは紙を折って作ったもので、作った人はもう亡くなってしまった、二度と作れないものだと言う。美しいつやのある細かい肌をうねらせて、蛇は自在に、軽く動く。野口さんはむちをやわらかく動かし、ついでピュウピュウとふってみせた。むちはどこにもかたいところがないからこそ、波を打って自在に大きく動き、はげしい力で打ちあたることができる、むちの動きは、生きものの動きの基本である、蛇はその典型だ、という話であった。腕は鎖のようにぶら下がっている。からだは、鎖をぶらさげたのを逆にしたように、地球の中心から外へぶら上がっているとき、もっとも自由で、楽で、もっとも大きな運動量を蓄えることができる――。

この話が次の段階では発展して「ネニョロ」と名づける体操になった。二人組になって一人が床に仰向けになり、その足首をもう一人がつかんで軽く持ち上げる。そこで、野口さんはこう言う。――人間のからだは、普通こう考えられている。骨が中心にあって、そのまわりに筋肉がついており、それに支えられて内臓があり、いちばん外側を皮膚がつつんでいる。解剖学的に言えば確かにそうであるけれども、それは死んだからだの説明だ。生きたからだはもっと違った自由なとらえ方ができるのではないか。そしてこういうイメージを提出する。例えば、からだとは一つの皮袋の中に体液がいっぱいつまっているものだと想像してみたらどうか？　それにぷかぷかと筋肉やら内臓やらが浮かんでいる――。ではやってみよう、ということばで立っている人が足首を持って軽くゆすり始める。小さな波動がユラユラと胴から首、腕と伝ってゆく。するとちょうど皮袋につめられた水が揺れるように、ゆすり方によっては、まことに複雑怪奇な形に変化する。ゆすられてみると、ゆらりとひどくいい気持になって、からだをまかせたまま、今まで味わったことのない感覚がからだに満ちてくるのを感じる。自分がとけていくみたいだ。固体であるという感じが消えていって液体がゆすれているだけになってしまう。そのうち、自分がなくなってゆき、ただ「ゆすれ」だけがひろがって遍在しているみたいになる。

立ったまま自分で自分のからだをゆする「ゆすり」一名「上下跳び」も同様だ。左右の足を肩幅位に開いて軽く上下に跳ぶ体操である。それには、まず、床にまっすぐ、すっきり立つ。「すっきり」

ということばは野口さん独特のことばで、これはまずは、自分が主観的にそう感じさえすればいいわけだが、しかし、やってみると「すっきり」と感じるようにはなかなかならない。「すっきり」ということを確かめてみようとすると、自分の中にすっきりとならないものがいろいろ発見されてくるという仕掛けになっている。さて、一応すっきりと立ったところで膝をゆるめる。すると足の裏に自分の重さがぐうんと移って、床にふれた部分に重さを感じる。そうすると床、言いかえると大地から、ぐうんと力がこちらにもどってくる。大地から力をもらって上へはずむと、こういう感じで跳ぶ。跳ぶというよりは、重さを下に投げかけてそのお返しで自分の体がはずみ上がる。そして、肩胛骨をゆする。肩胛骨をゆするということはそこから鎖のようにぶら下がった腕全体もゆすることになるわけだ。こうしてからだをゆすっていくと、皮袋の中の水のようにからだの中も腕の中もゆすれる。お腹の中もゆすれる。太腿の中も、頭の中も、外も、という具合でからだ全体がゆらゆらとゆすれていく。そのうちリズムが変わると、液体でなく気体に感じることがある。皮膚＝袋ももう半ばなくなっていく。

こうして体操をやっていると、からだの感じ方が変わってきた。野口さんが指摘するようなイメージをそのまま感じることができない場合もあるけれども、今まで自分で自分のからだをながめたり、感じたりしたことが一度もなかったような気がしてくる。あらためて「からだ」と出会った——むしろ新しいからだが生まれかけている——という感じである。私は、あらためて、自分の感覚で「内から」自分のからだの中の動きを味わってみようとし始めた。

この感じ方を発展させた、野口さんのいわゆる「体液主体説」も不思議なものだった。簡単に言うと、

——現代の人間は、脳からいろいろな命令を肉体の各部に発して行動しているのだから、脳がいちばん大事な肉体器官だと思っている。言いかえると、意識が人間の行動を支配しているように考えている、ということだ。しかし、人間のからだが生きるために、意識が果たす役割はほんの少しにすぎない。人間は意識的に心臓を動かしたり止めたりできるか？ 食べ物を消化できるか？ 肉体をコントロールする動きは、ほとんど意識とは関係なしに機能しているではないか。人間が生きることの主導権は無意識の中にある。

生物の発生に遡って考えてみると、まず、なんともまた名づけられぬものが、何かを凝集して境界を作る。これが細胞膜、さらに、細胞の中の体液が、生きるのに便利な器官を作りだしてくる。これが生物の進化であろう。そうすると、生物にとっては、根源的に体液が主体であって、脳は体液の作りだした道具と考えるべきではないか。——

へえ、おもしろいな、信用する気にはなれないけれど、かりにそう思ってみると、世界が新しく、別のものに見えてくるな、というのが私の感想だった。私は感心したけれども、これがどう発展するのか見当がつかなかった。自然科学の成果を断片的に援用して独断を組み立てるのも少し気に入らなかった。ただそう感じた、イメージした、というだけではなんの根拠にもならぬじゃないか、という思いである。

ただ、人間が生きてゆく上で、意識的な行為より無意識の機能の方が基本的であるという指摘は、言われてみればあたりまえのことにもかかわらず、どこか奥深いショックを私に与えた。

メルロ゠ポンティは、さらに進めて、普通、意識の領域だと考えられていることさえ無意識なからだの働きによって土台づけられていることを証明する。どこかが「かゆい」とき、人はその場所を意識で発見し、そこへ指をさし向けて掻く、と思いこんでいる。だが眠っているときでも、人はかゆいところを掻いているではないか。からだは全体が一つの構図を持っており、その地図の中の地点は、はじめからからだによって所有されており、からだはまっすぐそこへ向かうのだ。粗っぽく約言すれば以上のようになる。

これが私の思考に決定的な進路を開いた。私は、人間にとって意識が優先していないこと、からだは全体が野口流に言えば「まるごと一つ」であることを知り始めた。

例えば私はこんなことに気づき始めた。「見る」に対して「見える」ということばがある。「見る」は「目をやる」とも言うが、これに対して「目が行く」ということばがある。さらに「目が走る」とさえ言う。「見る」「目をやる」は意識的な行為だが「見える」は無意識とは言い切れぬまでも受身である。「目が行く」「目が走る」になれば、意識が働く前に、さっとからだが動いているという事態をまことにみごとに表現している。

だとすると、演技するとはどういうことになるか。普通、演技とは、役のイメージを頭に細かく描き、その身ぶり話しぶりを正確にまねすることと思われている。これはまさに隅から隅まで意識的な操作である。

それに加えてとくに日本の近代劇に固有の困難な事情がある。ヨーロッパ演劇の基本的な構造は、主人公が意識的に選んだ行動が状況と衝突し、障害を打ち破ってその人間的意味を実現しようとして起こす事件である。そのように巨大な人間的行動を、日本の近代市民社会から選び出してくることのむつかしさ、それが「近代的自我」「個人」の未成熟という課題と関連して新劇人を苦しめてきた。「近代的自我」とは意識優位の別名であり、それに追いつき、わがものにしようとするのは、ことさら意識的な努力である。日本の新劇人の演技が意識意識意識でがんじがらめとなっていたのは、まことにやむを得ぬ仕儀だったわけだ。ならば、それが、まるごとのからだ全体をはずませることがなかったのも、また理の当然ということになる。だが、さて、これを捨てるとは、自己の根底を捨て去ることになるが——。

野口さんが、小さな上演のあとの茶話会で、「とても新鮮で良かったけれど、一人ひとりが本当に役になりきるためには、もっと大変な勉強がいるのだ」という挨拶をされたことがある。それに対して私は「役になりきる」ということばを使わないということを話した。

——「ぶどうの会」時代に岡倉先生がスタニスラフスキー・システムの翻訳について、「役に生きる」であろうか、「役を生きる」だろうかという質問を出されたことがある。いあわせた誰も返事ができなかったが、岡倉先生は、自分は後者だと考えると主張された。

「役に生きる」「役になりきる」という考えの根本には、役というものが客観的なものとしてあり、それと自分とは違うという考え方がある。すなわち、こえの出し方、歩き方など、自分をいろんな形で訓練して、だんだん役に近づけていく、そして最後に役になりきるということになるわけだ。

しかし、はたして近似値を追い求めてゆけば、そのものにたどりつけるのか。いつまでいってもおよそという、蓋然性を手探りするに終わるのではなかろうか。私はこれに反して、自分以外に役というものはないのだと考える。例えば、ハムレットという人物が客観的にどこかにいるわけはない。私がハムレットとして行動し、ハムレットのセリフをしゃべるときに、これにハムレットという名がつくのであって、私が想像力でその状況に立つこと以外には、ハムレットはいない。私だけである。これが第一。

もう一つあえて言えば、近代劇が崩壊してくると同時に、人格の統一が信じられなくなってきている。芝居のはじめからしまいまで、確定した性格がずっと行動しているというような芝居は、現代劇ではどんどんなくなってきている。人名がなくなり、「A」「B」「C」ですまされるようになってきたり、「A」があとで「B」という人格に変わったり、とりかえっこしたりという方法が試みられるのは、みな現実生活の中での人間の統一感が崩れていることの現われだと言える。それをいちいちその辺に実際に歩いている実在の人物のように考え、その人物に自分がこえから顔つきまで似なければならないというように役を考えるということは、もはやできない——。

すると、野口さんは、かなり驚いたようだった。だが、発言はきわめて野口流だった。「自分は戦後、それまでいろいろと人に教わったり、教えたりしてきたことを一切信じなくなった。人からどんなに言われようが、自分が本当にこう感じるということしか立脚点はない。その生き方をかなり徹底してきたつもりだったが、芝居に関する限り、自分以外に役はないという竹内さんの方が自分より徹底している」。

問題はこの場合の「私」「自分」である。意識によって計測し、客体としての自己の肉体をあやつり、役の（外的な）イメージに近づく、という方法では、無意識の領域はほぼ切り捨てられる。それがどんなに息苦しい緊張を強いるものか、どれほど不自由かは、演じた人はみな知っているのだ。その代償は、自らのテクニックのみごとさに酔うことだけである。違う「私」を見つけねばならぬ。

自分のからだを流動体として感じることは、野口さんの体操の基礎の一つになっている。流動体の揺れ方、流れ方が変われば、からだの感じ方、つまりイメージが変わる。逆に、イメージが変われば、流れ方、つまりからだの（内、外ともに）動きが変わる。からだとしての「私」、意識と肉体が一つに連動する主体としての「私」は、このあたりを手掛りにして見出されるだろうか？

野口さんの体操における「逆立ち」は、普通のと大分違う。私たちが小学校以来教えられてきた「逆立ち」は、両手を地につき、それを底辺とする正三角形の頂点を睨み、えいと脚を蹴り上げて、身体を反らし、腕がバランスを取って滞空時間を競う。

野口さんの「逆立ち」は、まず、てのひらで「大事に」床にふれるレッスンが前提になるのだが、それは今おいておく。「すっきりと」立って、目を軽くつぶる。「目で」見ようとするのは、ほんとうに見ることの妨げになるからだ。半眼に、と指定されているが、私は全部つむってしまう。そのほうが、私には「見る」という意識も持たずにすむからである。上体をゆるめて下にぶら下げてゆく。てのひらが床につく。からだがふわっと持ち上がる。天頂に向かって脚を伸ばす――ことばで書けばこんなことになろうか。客観的に見れば、頭は両腕の間にぶら下がっており、胸腰脚は「重さの方向にからだの主軸を一致させ、ほとんどまったく筋肉を緊張させることなく、完全に重さを骨に任せ、床に任せ」(『原初生命体としての人間』)ている。

しばらくの間私はこれがうまくできなかった。はじめてスッとできたとき、私は地球の中心に向かって無限に落下してゆくイメージの中にいた。次からはこのイメージを持つ――というのが、実はなんともあいまいな言い方なのだ、イメージは、逆立ちが「できた」とき成り立つのだから、この「持つ」は、ある準備としてのからだのおき方、身の内のととのえ方にすぎない――ことによって、できるようになった。野口さんが語る「からだの中をエアーゾルが吹きぬけてゆく」とか、さまざまなイメージを多少試みてみることができるようになったのは、それ以後である。からだのおき方、据え方(立ち方)、上体の落ち方、床へのふれ方(これは私はほとんど意識したことがないが)の微妙な差が、すさまじく鋭い噴射の感じや、のっぺりした波動の伝わりを作り出す。外から他人のを見ていても、その変化はめざましいし楽しい。

野口さんが「逆立ち」の基本としている「ヨガの逆立ち」。一九六〇年、私は安保反対のデモで負傷した右手を吊ったまま野口さんの指導を見学していたが、ふと、やれると思った。吊った右手をそのまま床に肘からおき、左手を組み合わせて頭をつけた。野口さんが「アブナイ、アブナイ！」と叫んで止めに来るのが聞こえたが、私はそのまま腰を浮かせた。スッと立てた。野口さんはあとで「こりゃ天才だ」とおどけたが、以来私にとって「ヨガの逆立ち」の具合が体調のバロメーターになっていた。私はそのとき一本の草になっているような気分でいた。風が吹いたり、人につつかれたりすれば、ゆらゆらと揺れるが、地に張った根元は吸いついたように安定している。私は三十分ほどもそのままでいる。私はとくに内部のイメージを探ろうという気は起こらなかった。静かな、やわらかい、重い、冥いとも明るいとも言えるような安らぎだけがあった。

だが、あるとき、ふと、野口さんのやっているのを見ていて、少し違うなと思った。その姿勢――まさに姿の勢い――を試みてみることにした。「逆立ち」するとき、両脚をぴたりとつけ、少し強く伸ばしてみる。とからだの内に、ある流れが起こった。樹液が上へ上へ昇ってゆくようなイメージである。ははあ、こっちがほんとうなのかな、と私は思った。からだの微妙な変わり方とイメージとが深くつながりあっていることを私は感じた。

演技の即興的なエチュードの一つに「樹になる」「草になる」「花になる」などがある。たいていの人は立ち上がり、手をひろげ、顔を上げ……となるのだが、私はまったく異なる演じ方があるらしいのを悟り始めた。

演技＝行動するからだ

からだと世界の「既成概念こわし」がこうして進行していった。猫より人間の方がからだがやわらかいとか、卵は床に立つか、ゆで卵となま卵をまわしてみるとどう違うか、とか、さまざまな問を通して、野口さんの考察は、メルロ＝ポンティの理論と私のからだの中で融合し、ふくれあがっていき、新しい芽を出していった。それは一言で言うと、主体としてのからだの発見と言えるだろう。

野口さんの体操は、からだ＝肉体を、計測可能な客観的世界の存在＝客体としてのみ扱う古典自然科学的方法を超えて、「主体」としての、心＝からだ一元の「内からの」とらえ方である。メルロ＝ポンティのことばをかりれば「内から存在すること、それから知覚すること」であって、「自然的自我＝自己の発見」ということになるだろう。

「からだ」とは、意識（精神）に指揮使役される肉体ということではない。からだとは世界内存在としての自己そのもの、一個の人間全体であり、意識とはからだ全体の働きの一部の謂いにすぎない。からだとは行動する主体であり、同時に働きかけられる客体である両義的な存在である。心とか精神を肉体と分けて考える二元論は批判され、超えられねばならぬ。「無意識が働き始める」というスタニスラフスキーのことばをあらためて私は思い出した。かれの演技システムはナチュラリズムの極致と見られることが多いが、かれが演技のためにあれほど厳密に準備したのは、計算し組み立てた演技プランを隅から隅まで意識して精密に遂行してゆくためではなかった。かれは無意識から湧き上がってくるイメージと情念の力こそ演技の生命だと信じていた。意識によって無意識を操作することはできない、だから無意識が働き始めるような（からだの）状態を正確に準備することしか演技者にできることはない。これがかれの方法であった。これは「無意識になる」のではない。無意識は、私たちの手のおよばぬところで働き始め、やがて全身を浸す。リズムに「ノル」。そのとき突如としてからだ全体が変容する。存在が裂け開かれたとしか言いようのない瞬間があり、即興の波がふき上がってくる。しかし、意識は失われはしない。むしろ明晰であり、無意識がからだを領してゆくにつれ、ますます遠くまで計算し判断するが、しかし、それは無意識に導かれ、それにしたがってゆくのだ。ジャズの演奏、スキーのジャンプ、即興演技、みな同じだ。

つまり、と私は考える。演技とは、からだ全体が躍動することであり、意識が命令するのではなく、からだがおのずから発動し、みずからを超えて行動すること。またことばとは、意識がのどに命じて発せしめる音のことではなく、からだが、むしろことばがみずから語り出すのだ。

形が、ことばが、叫びが、生まれでる瞬間を準備し、それを芽生えさせ、それをとらえ、みずからそれに立ちあい、みずからそれにおどろくこと、これが私にとって、今のところ、劇という名の意味するものだ。そのような美しい瞬間があるに違いない。自分がほんとうに自分であるとき、もはや自分は自分ではない（意識しない）というような瞬間が。からだが見、からだが感じ、からだが叫び、からだが走るのだ。

だが、そのためには「からだの内の変化」を感じているだけでは充分でない。演技にはならぬ、いや人間行動にならぬことに、私は気がついた。からだの内の変化そのものは無意識の領域からくるものにせよ、それを「感じている」ことは、意識の次元のことである。それは「内に向かって」存在することであって、「内から存在する」こととはいささか異なるだろう。演技は、人間行動は外へ、物と他者と、一言で言って世界へ向かって働きかける。私が机を見たりふれたりするとき、少なくともその瞬間、私は自己に向かう意識が消えなければ、見ることもふれることもできない。言いかえれば、ふれるとは、ものと「交流すること」と言ったのではあいまいになるのではないか。ものに吸い取られることなのだ。「机が冷たい」のであって、「冷たいと感じている」のではない。「机が冷たい」こそ、机と私の全的な関係そのものであって、「冷たいと感じている」とき、机は意識から消えている。「雨が降ってきた」とき、人は雨に向かって身構え、頭をおおって逃げるのであって、雨粒に濡れる自分を感じとってはいない。「感じる」意識がなにほどかふさがれなければ、私はものにふれることはできないのだ。

「私の〈心理作用〉は、きっちり自己自身に閉じこもって、〈他人〉はいっさい入りこめないといった一連の〈意識の諸状態〉ではありません。私の意識はまず世界に向い、物に向っており、それは何よりも〈世界に対する態度〉です。〈他人意識〉というのもまた、何にもまして世界に対する一つの行動の仕方です」。

「私はその物のところで、まさに他人のものである行為に出会い、その行為に或る意味を見出すことができるはずです」。

（メルロ＝ポンティ）

あるとき私は野口さんにこんな質問をしたことがある。――「手を出す」ということばがあります。例えば食べたくて手を出す。野口さんはからだの内が動くことを大切にする。どこでそれが始まるか、を探ってみることを大事な作業の一つにしている。そして、その動きが内から外へ伝って、手が外へ伸びてゆく。その動きの流れを大切にされる。しかし、一方「手が出る」ということばもあります。この場合は、私の考えでは、食べたいものを見た瞬間に、「思わず、知らず」手が出ている、つまりからだの内に動くものを感じる（意識する）より前に行動が始まっているわけだ。言いかえれば、「もの」に手が吸いつけられてゆくのであって、からだの内から動き出したものが伸びてゆくのではないのではないか。対象に引っ張られるので、対象に向かって出てゆくのではない。人間行動としては、むしろ「手が出る」場合の方が基本的なもののように思うのだが、どうだろうか。

からだの内なる変化を感じることと、ものと他者へ向かう「行動」とが、どう統一されるとき、真の人間的行動（演技）が生まれるのか。これがその後の私の課題であった。

私はいつか演技者に対してこういう言い方をするようになっていた。その場でからだをやわらかくしようとするな。からだの内で感じようとするな。ただ、対象に向かって行動を起こせ。からだは「空（カラ）だ」、だ。カラッポになるんだ。

数年たった今、整理して言えばこんなことになろう——
野口さんの体操は、外から（あるいは内から）来る情報によって起こる、からだの内の変化を感じとり、それを増幅拡大して、からだ全体の動きとして（外へ）現わしてゆく。その動きの移動はいちいち感じとられ意識される。だがこれは、からだの動きの、まさに基礎的な訓練であって、そのように訓練され敏感にやわらかくなっているからだであればこそ、対象が、私に現われた瞬間、なんの意識的な操作も必要とせず、からだ全体がそれに向かって飛びかかっていくことが可能になるのであろう。一方は移動に際して描く軌跡を問題にするとすれば、他方は移動を継起的な、軌跡をたどる動きとしてとらえない、と言える。意識の対象は「飛ぶ」のである。一方が無意識下においてさえ起こるからだの動きを意識化しようと試みるに対し、他方はそのからだの動きを、本来の無意識の領域にもどすのだ。体操と演技の間には、鋭い一線が引かれている。行動（演技）するとき体操の次元の行動を持ちこめば、行動は死ぬのだ。

優れた演技者、いや語り手、歌い手、踊り手あるいは職人に至るまで、野口さんの体操の基本であるからだの「軸が通り」からだの内が敏感に動いている。しかし、野口さんの体操に優れている人が必ずしもいい演技者でない例もいくらもある。体操と演技との間の溝を埋め、いくつかのステップを作って、真に演技訓練の基礎にしようと、私は努力を始めた。この後数年間、私は体操の課題を演技化＝正当化するエチュードを作り、演技の課題を体操の次元に移して解決するなどさまざまな試みを重ねることになる。その大部分は、それ自体としては無効になった。だがその試みは捨て石となって次の私を基礎づけたと言える。

祝祭としてのレッスン

メルロ＝ポンティ『幼児の対人関係』の中に、「自他は一つの系の二つの項である」ということばがある。読んだときにはどうもよくわからなかったが、ひどく気になるものが残っていた。自と他は、まったく独立した別個の存在ではないのか？　それが「一つの系」とはどういうことか？

何カ月かたって、レッスンをしているとき、私はふと気がついた。――自分のからだの動きが向かいあっている相手に移って、新しい動きができるようになる、あるいは相手の動きが自分の方に移ってきて、相手のからだの歪みなりとどこおりなりが感じとれてくる、そして、自他が激しい気合の交錯の中で微妙に反応しあうとき、めざましい変貌が起こる。このときは、自とか他はもうなくなっている。他の動きは自と一つに融けあい、自の呼吸が他を生気づけている。――これはあのメルロ＝ポンティの言ったことの証ではないか？

今まで他者は、つねに私の憧れであった。少しずつこえとことばが劈かれるにつれて、他者は私に向かって姿を現わし、かつ近づいてきていたけれども、なお、遠くより来るもの、異形のものであった。それに真にふれなければ、自分が新しく劈かれることはないであろうと予感しながら、ついおびえて尻込みする。私が憧れていたことは――ある意味では、いまだに変わらずそれが続いているのだが――自他が合一しきっているという確信に支えられて、勝手自在にふるまい、ふれあい、そして自己を超出すること、とでも言ったらよいのだろうか。その充実しためくるめくような幸福感――それこそ創造の名に値する――。

ふっと気づくと、それが、つかのまには違いないが、目の前にあった、という発見が私をあっけにとらせた。レッスンとは、このようなものであったか。人と人との「なま」なふれあい、師・岡倉士朗とのわずかな時間をのぞけば、ついに満たされ切れなかったそれへ近づいている、という心躍りに、さらに、子どものころからたぶん充分に噴き出し切れずにいた、からだの動きの快感、皮膚感覚、内臓感覚の目覚めが加わって、私にとってレッスンはいわば祝祭の場になり始めた。

演技とは、芝居をうまくやるための技術、ととるのが通常の理解だろうが、そのような配慮はまったく私の頭から消えていた。「レッスンによって人間の何が変わりうるか、どのような可能性が劈かれるか」、ひいては「人間にとって演技レッスンとは何か」、これしか私の関心はなかった。

稽古場は（最上の場合）るつぼのようなものだ。そこに立つのはもはや日常の自分ではない。そこは何をやってもかまわぬ場である。日常の次元では抑圧されているもの、意識的に制止してあるもの、それらすべてをとり払って、一つの見知らぬ自分に出会うこと。これが演技のレッスンの意味であろう。

これは、皮肉なことに、専門の俳優、あるいは俳優志望者よりも、勤めながら、学校に通いながら、特定の日の特定の時間だけ演技のレッスンに通ってくる人々の方が的確に理解した。かれらにとっては、稽古場に入ってから出るまでは、まったく非日常的な特別な時間であった。ときにそこでは息もつまるようなすばらしい瞬間を生きることができる。どうしてもうまく動けなかった一つのしぐさ、一つのセリフが、追いつめられ追いつめられて汗みどろになったある瞬間パッとできる。とたんにからだ全体が溶けたように自由になって、息づかいから表情まで人が変わってしまい、らくらくとリズムが生み出されてくる。当人だけでなく、その場にいるものすべてにとって、そのような集中、というよりむしろ熱中、に共にのめりこみ、その生誕の瞬間に立ちあうのはすてきな体験だ。

もちろんレッスンは一つの稽古場だけでやったわけではなく、代々木小劇場その他の劇団の稽古場でも、イギリスのマロヴィッツやピーター・ブルック、フランスのルコック、ポーランドのグロトフスキー、アメリカのリビングシアターなどの訓練を参考にし、さまざまな試みを混じえて発展したわけだが、今までの友人たちからは奇異の眼で見られ始めた。演出の仕事から遠ざかる傾向になったせいもあろう、竹内は芝居を見限ったらしい、と噂が飛んだことがあると聞いた。

この場合の稽古は、その日のわずか二、三時間だが、その時間と共に一つの自分が始まり、そこで発見した自分、まったく今まで気がつかなかった自分にめぐり会った経験と共に完結する、そこに一つの「生と死」があるといったような時間になっていた。「稽古」と言えば、普通は上演のための準備であるが、レッスンそれ自体が、そこですばらしい時間を呼吸する、いわば一つの祝祭に化していったということであった。

新しく共同のレッスンを始めて三年ばかりたったころ、私は野口さんに一つの新しい訓練を見せた。

グロトフスキーの訓練を参考にした「虎の飛び込み」である。普通の体操では「飛び込み前方転回」とか言うそうだ。

マットの手前端に一人がうずくまる。マットの中央あたりに布をおく。演技者は部屋の隅でこれを狙い、まず虎になる。四つん這いになってもよし、猛然と身をゆすりながら歩き廻ってもよし、自分にとっての虎のイメージが動いてくればいいのだ。――そしてぴたっと獲物(布)に向かうと、ウォーッと吼える――実を言えばここまでは別のレッスンでやっているのだが――吼えるや否や走り出し、マットの手前で踏み切り、うずくまった人を飛びこして布をつかみ前へころがる。

はじめて試みる若者ばかり二十人あまりが、次から次へと挑戦する。少しでも怖じ気が動いたり、集中が足りないものは、私がすぐにストップして、あとへ廻す。踏み切りに気合を入れる。三十分足らずのうちに、全員ができるようになってしまった。数人の男はほぼマットの全長を身を躍らせて越えるほどになった。

野口さんの助手の池田さんは「怖いわ、怖いわ」と身を固くしていた。野口さんのあとでのことばでは――自分がやる場合は、もっとやさしい段階から一つずつ上っていって、時間をかけてやる、そうしないと危険だ。しかし、竹内さんは、この場全員の集中を一挙に高めてやってのけた、これは凄まじい集中力だから、竹内さんのいないところでやってはいかん――(事実、その後私の見ていないときに試みて怪我したものが出た)。

この集中は、私一人の指導力によるものではなかった。全員が一つリズムで呼吸し、ほかの人の動きを一緒に生きている、というレッスンの習性がそれを成り立たせたのだ。それよりも私が言いたかったのは、体操でなく、虎の演技としてやったから、冒険が成功したのだということ、イメージが演技者のからだを一挙に変え、それが他のものに移っていったのだということであった。

私の内で演劇はどんどん解体していった。私はやがてあとで述べる「話しかけのレッスン」を始めるが、ある大学でこのレッスンを試みているとき、ふいに私は「生きている空間」とは何か、それがどんなに通俗の自然科学的常識と異なる次元のものであるかを体験した。そのときからレッスンは私にとって、心とからだまるごと一つの、生存在を、その生のあるまま「生きなおすこと」、むしろ「生きられる空間・時間」の始まる地点に還帰して「われわれ自身の体験が何を意味するかを知り直そうとする」、いわば「からだ」による現象学的反省と呼んでもよい方法の一つ、となった。そしてやがて私は理解するようになった——野口さんの体操もまたそうであることを。野口さんの体操を、野口さんの世界に参入し、野口さんのイメージをまねることと受け取っている人が少なくないが、私は無限につづく野口さんの試みの痕跡と見るようになった。

体操と演技のいくつかの試みは、私を思想的な迷いや対人関係での焦りから、レッスンの場限り切り離して、私を集中させ、落ち着かせ、かつはずませた。

私は、レッスン中、次から次へ新しい発見に小躍りし、それらを他人に伝えては、また新しいものを他人から受け取ることに熱中し始めた。メルロ＝ポンティふうに言えば、これは私にとり「自己のよみがえり」、あるいは「誕生」でもあった。

弓の修行から

このころ、急に思い出したことがあった。その一つは、私の父方の祖父が「やわら（柔）」の道場主で、天神真揚流での嘉納治五郎の兄弟子だったということ。第二は、弓の修行についてであった。さしあたって今は弓について書く。からだの不思議に微妙な働きについて、驚くと共に、深い信頼感を私が持ちつづけているように思うのは、この経験によるところがあるらしいから。

私は十三歳から弓術を始めた。耳が悪化してほとんど完全に「つんぼ」になった時期である。ほかの運動は満足にできなかったのだろう。一年後に初段になり、十五歳で二段、十六歳で三段になった。第一高等学校でも弓術部に入ったのだが、運動部というものの考え方がまるで違うし、自分自身人生について悩み始めたことと重なって、段をとることはやめてしまったから、どれほどの技量に達したかはわからないけれども、ほぼ十年間、私は弓に熱中した。

高等学校に入ったころは、生来の耳の病気が良くなって、からだ全体が非常に快調に成長し始めた時期だったのかもしれない。私は猛烈な稽古をした。十七歳の冬、寒稽古に、夜中の零時から次の日の零時まで二十四時間、不眠不休で弓を引いて一万一本射た記録がある。的に向かって射たのが三千本くらいだったろうか、あとは巻藁（まきわら）に向かって射た。だれ一人助けてくれる人はいなかったから、そうするほかなかったのだが、とにかく一万本を二十四時間で射たのは、たぶん明治以後は私一人が持っている記録ではないかと思う。そういうむちゃなことをしたおかげで、私はほかの高等学校の運動部にまで有名になったらしい。

確か十九歳の秋、私は絶好調であった。弓をいっぱいに引きしぼって、的をぴたっと狙う。狙うと的が非常に大きく見える。大きく見えるというのは、三十メートル先の的が三十メートル先で大きくなるのではない。ぐんと近づいてくる。反対にコンディションの悪いときは、的がはるか遠くに消えそうになって、どうしてもつかまえられない。狙えないことがある。この秋の絶好調のときには、ぴたっとからだがきまったとき、的に向かって弓を押している左手、つまり弓手が的の中に入っているように見えた。的が弓手のこぶしより手前、肘のあたりに見える。これでは、はじめから矢先が的の中に入っているわけだから、これはまあ、外れっこない。事実こういうときには絶対外れない。

弓を引き絞って、じっと機が熟してくるのを待つ、そしてパッと「離れる」、その寸前にふっと迷いが出るときがある。すると、張りつめた力がガタッと弛んで、右手が弦に引きずられる。辛うじて引き止めて、もういっぺん気合を込めてグイと引きなおして離すのだけれども、自分ではいくら充分引き絞ったつもりでいても、実はからだが弓の力に負けて縮まってしまっていて、ほぼ絶対に矢は外れる。たいてい上の方に外れてしまう。ところが、絶好調のときには、ガタガタときても、もういっぺん弓を引き絞って的を見ると、やはり弓手がピシャッと的の中に入っている。そこでパッと離す。飛んでいった矢が——実を言うと、飛んでいった、という感じがするだけ、もう的が遠くなっているわけだが――、例えば、カチーンと的の縁に当たる。調子の悪いときだと、カチンといったら必ず外れてしまうのだが、この場合は、ハッとすると矢羽根が的の外へ大きくそれて見えている。つまり矢尻は枠に当たって内側にくいこんでいるわけだ。

中島敦の小説『名人伝』に、弓の名人が「まず見ることを学べ」と師に命ぜられ、窓に吊した虱をにらんで暮らすこと二年、ついに馬のように見えるに至った、という話が引いてあるが、大きく見えるということは、何もじっと見ているとものがそのままむくむくむくむくお化けみたいにふくれあがってくる、というばかげたことではない。メルロ＝ポンティのことばをかりれば、「遠ざかりゆく事物との距離とは」「事物がしだいにわれわれのまなざしの手がかりからすべりおちてゆき、両者の結びつきが徐々に厳密さを失ってゆくことを示しているにすぎない」のであり、われわれが結びつきを回復するとき、事物との距離はなくなる――つまり、集中がある頂点に達したときに、的と自分とは一つになるということだろう。そのとき的はまさにまざまざと大きく見えるのだ。

だいたい「的を狙う」というけれども、日本の弓での狙い方は、洋弓とはまったく違って、非常に大ざっぱなものだ。目盛りがあるわけでもなく、目を矢のうしろにつけて、矢の方向を見究めるのでもない。ちょうど唇のあたりに矢をつけているわけだから、目はその上から見ているわけだし、右の目も左の目もつぶっているわけではないから、的を見つめれば弓の像は二つ並んで見える。狙うといったってカンだけのものだ。弓をギュウッと引き絞ったからだの中の全部の力のバランスとのある感じでしかない。つまり、いくら正確に狙おうとしたところで、正確に狙うということ自体が不可能な状態で矢を放つのである。

矢というものは、これまた非常に不安定なものだ。矢には羽根が三枚ついていて、ぐるぐる回転して軌道を保ちつつ飛んでいくという仕組みは、だれでも知っているけれども、これが直進を保証しているなどとはとても言えたものではない。例えば、矢竹の重心のあり方によって、矢の先は安定し、矢筈の方は円錐形を描くように振れて飛んだり、あべこべに矢筈の方がまっすぐ弾道を描いていって、矢先が振れていったり、あるいは真中が安定していて、前もうしろも円を描きながら飛んでいくといったぐあいで、まことに不安定かつ不正確。とても弾丸のように精密なものではない。さらに風がちょっと吹けば、すぐ流される。ものすごく大ざっぱなものであって、弓と矢で正確にものを射貫くなんてことは奇蹟みたいなことなのだ。

ところが、絶好調のときにはこんなことが起こる。まず、第一の矢が的の真中の黒丸に当たる。次の矢を射ると、これが前の矢筈にガチンと当たる。実戦用の矢尻なら前の矢を裂いてしまうはずだが、うすい金属性の帽子みたいな矢尻だから、前の矢の矢筈をこわしただけではねかえってしまう。さらに第三の矢を射ると、これがまた第一矢の矢筈をカチンと欠いて、羽根を削ってピタリとならぶ。さらに第四矢がまた第一の矢筈に当たる。こんな経験がなんべんかある。これは十年ばかりたって、たまたま知人との思い出話の中に浮かんできて、われながら不思議な気がしたのだが、そんなにちゃんと当たるはずはどう考えてもあり得ない。にもかかわらず当たるのはなぜか？　意識を超えた、きわめて微妙なからだのバランスのコントロールがあるのだろうと考えないわけにはいかない。実はその存在をもっと証明するような経験があった。

まだ私が十六歳、中学在学中だった。弓の稽古をしているうちに日が暮れてきた。戦争中のことで電力制限で電燈がつかない。弓術は矢を四本持っていて、四本ずつ射ていく。そして五回で二十射するのが一つのきまりで、そのうち何中するかを競うのだが、十四、五射めから夕闇が濃くなって、的がほとんど見えなくなってしまった。しかし、それまで一本も的を外してない。記録が作れそうなのにやめるのは残念なので、とにかくまっくらな道場の中で、足の位置だけピチッときめて立ったまま動かないことにした。友だちに射た矢をとってきてもらっては、またつがえてキリキリと引き絞る。的はまったく見えないのだが、張りつめた力のバランスがピッタリ成り立ったところでパッと離す。パーンと当たった音がする。こうして、二十射のうちの終わりの五射か六射は、まっくらな中で射てそれが的に当たった。二十射二十中するというのはなかなかむつかしいことで、私は、最初の一本を外して二十射十九中とか、途中で一本外して十九中とか、三十射で二十八中とかはなんべんやったかわからないけれども、二十射皆中はほとんどできなかった。そのできたまれな例がこのときであった。

足の位置だけピタッとしておきさえすれば、的が見えなくとも当たる。体のバランスがきまっているときは、それほど微妙な正確さを持ってくるものだということは、少年の心におぼろげな感動を残した。そのようなときには、的が見えたとしても大きいだろう。いや、もはや目で見るなどという感じではなくて、からだと的がピタッと一つになっている。こういうときには、まったく恐れるものがない。つまり、見えるということは、「目で」見るという問題ではないのだということである。これは「話しかけ」のレッスンを成り立たせる基本的な認識につながった。

人と人との間柄でも、人が非常に近く、あるいは親しく、すっと話しかけられるときと、すぐ側にいながら実に遠く、どう話してみても話しかけられないというような場合もある。手をふれていてもふれていないし、遠くてふれていなくてもちゃんとピタッと自分と一つといったようなことが、人と人との間にもあるし、物と人との間にもある。そういうことではないかと思う。

野球の巨人軍の前監督川上が、現役時代にバッターボックスに立ってバットをかまえているとボールが止まって見えたことがあるそうだが、近鉄の羽田三塁手がやはりボールが止まって見えたという言い方をしていた。日本ハムの張本は「そんなことはない」と断言したそうだ。「ただゆっくり見えるだけだ」。この方が説得力がある。十八メートルだかを〇・三秒くらいで飛んでくるボールは目にも止まらないだろうが、もし〇・五メートル前から同じ時間かかってやってくるボールなら、なんのことなく打てるだろう。私自身、偶然にボールがほとんど止まって見えた経験がある。ボールがゆっくり動いてカーブしていくのがずうっと見える。びっくりして、どうしてそんなふうに見えるのだろうと思って、もういっぺん投球を見てみたけれども、もう二度とそのようには見えなかった。

宮本武蔵がそばにたかってくる蝿をはしでつまんで捨てたという話があるが、大正年代にいた中山博道という剣道の名人が同じことができたと言う。川上の話もこれも、実際にそういうことはありうるだろうと信じて私は疑わない。からだと「もの」との関係は、それほどすばらしく精妙なのだ。ただ私には、それが年がら年中できたとは思えない。名人になれば、ある集中度を持とうとすれば、どんな状況でも必ずできるという状態を保ちつづけられるのかもしれないが、しかし、それは肉体と精神とが最高のコンディションにあって、有機的につながっているときにのみ可能なのであって、常時できるかどうかは、保証の限りではないだろう、と思う。

こえとの出会い

からだの考え方・感じ方が変わってくるとともに、ことばについての考え方・感じ方も変わってきたのは当然のことだろう。

宮本研の戯曲「はだしの青春」の幕開きには、少女が、押入れの中に入ってゴソゴソ帰郷の仕度をしている自分の恋人に対して、外からどなりまくるというシーンがある。台本で三ページにわたる長ゼリフだが、初心者にはなかなかうまくいかない。こえも大きく、感情もこもっているようでも、何か一つ成り立たないのである。これは、専門の俳優にもよくある感じなのだ。この場面の稽古をくり返しているうちに見えてきたことがあった。こえが自分から周囲にギャーギャー響いていくだけで、方向性がない。つまり、相手に対してピシッとぶつかっていないのだ。

そこで腰を据えて、はじめの一言だけを徹底してきたえることにした。「こえがまだ押入れまでいってないぞ」「相手にどなれ!」「泣くんじゃない!」「まだ」「まだッ」。夏であった。私も少女も汗だらけだったが、私は、新しく見えてきたものをはっきりさせるのに夢中だった。これが「こえが届くとはどういうことか」「こえが出るとは何か」、基本的に言えば、話しかけ、ひいては、ことばへの根源的な反省への始まりだった。この稽古が発展して、のちに「話しかけ」のレッスンになった。

芝居は、「まず、ことば、ことば、ことば」と教えられる伝統に私たちは育てられてきた。まず文学としての戯曲があり、そのことばを「正しく」「美しく」発音し、心理的に納得のいくニュアンスをもって語り、舞台化する。これが演劇であると信じられてきた。しかし、代々木小劇場、その他でのさまざまな試みや、外国での演劇的実験のニュースが、その考えを次第に私の内で崩してきていた。そのはっきりした感覚的な転回点がやってきたということだったろう。ことばとは、確定され、文字に書かれ、まぎれなく発音されるというものよりは、はるかに根源的な何かであるのではないか。

ことばとは、発する前にまずからだの中に、ある動くものがある。それが体の動きとして外へ現われ、あるいはこえとしても発する。それを分けることはできない。「ばか!」とどなる場合には、からだ全体が「じだんだを踏む」とか、「ぶんなぐろうとする」とか、「走りよる」とか、さまざまなアクションを起こす。こえ、叫び、ことばなどというものは、からだの起こすアクションの一部にすぎない。

ことばは、まず何よりも話しことばであり、話しことばは人間の発するこえが分節化され整理され記号化されたものである。つまり、まず、こえの一部であるということ。ではこえは、これはからだが発する音の一部にすぎない。人間のからだはさまざまな音を発している。空気中に動きがあるとき、音はあるわけだから、呼吸、脈搏、腸の蠕動、手の屈伸や把握や打撃、脚の歩行、みな音を発している。こえは、そしてことばは、人間が生き、動いて発している音のほんのわずかな一部であり、当然人間の表現行為のほんのわずかな一部にすぎない。そしてこえとことばに本源的な活動を与えているのは、まさに人間のからだの生命行為そのものであるということだ。

だとすれば、からだの中で芽生え始めた動き——イメージと言ってもいい——をいかに増幅し、音に発し、外へ、他者へ伝えるか、という一連の働きが、いかにスムースに正確に行なわれたかにのみ、正しくとか美しくとかいう評価の基準は求められねばならぬ。ほとんどことばにならぬこえ、濁った音が、ことばとしては最も正しく最も美しいことは稀ではない。

柳田国男が『涕泣史談』で書いている。よく、泣いてばかりいてはわからないから、ちゃんと話しなさい、と言うのを聞くが、ことばにならぬから泣いているのだ、近頃の人はすべてのことがらをことばにできると思いこみすぎているのではないか、と。「ことばは行動である」というスタニスラフスキーの考えを、私は、発展させた形で受けとめなおし始めたと思う。

一方で私は「ことば（分節言語）」化された音が、自分のからだにとってどんな根源的な意味、あるいはイメージを持っているのかを気にし始めた。そのころの手探りをまとめてみると——ことばが意味伝達のための道具であるとする考え方は、言語表現より思考が先行しており、それが本質であるという判断が前提になっている。だが人間は考えたことをことばに移すのではない。考えるという行為はことばをもってする。つまりことばが見出されたとき思考は成立するのだ。新しいことばの組み合わせが生まれたときに人は考えたということになる。とすれば、新劇における通常の考え方である「思想を表現する」に対して、逆に、「表現が思想なのだ」という姿勢を対置させねばなるまい。

では、そのような、生まれ出るものとして、演技者がことばを話すことは、いかにして可能か。たいていの場合（演劇界において）セリフをしゃべるとは、一つのセンテンスの意味あるいは感情を予定して、その主観的な限定を音声にこめて一センテンスを一括してしゃべり抜く。翻訳劇においては、これがとくに甚だしい。一語一語、一音一音の持つイメージや行動の屈折はキャタピラーの下の花の如くに蹂躙されてしまう。これを「ことば」と言いえようか。

まず、音を充分に発するのだ。「まあ、手袋！」という冒頭のセリフ（ジュネ「女中たち」）を話すには、まず「ま」という音が豊かに発せられねば、ことばは始まらぬ。「ま」はm＋aという子音と母音の複合体ではない。日本語の歴史が積み重なって作られてきた語感とその多義性がになわれている。そのになわれている世界がその音によって劈かれること、それが「ことば」（日本語）が語られるということだ。

その音が発せられるためには充分に肉体に共鳴（正確に言えば共鳴でなく、振動だが）しなければならぬ。まず、どの共鳴腔に響かせるかという技術以前に、その「ま」の音の発し方、響かせ方を、多様な語感の複合の中から一つの結晶点として選び出してくる、主体としての自分のからだが、選択の行為の瞬間に、（その行為を通じて）、充分に劈かれていなければならない。

ヤコブソンという言語学者が「音は意味を呼び起こし、意味は音をこだまさせる」と言っているのを読んだことがある。私の実感もそれに近い。ある人が、充分に音を劈いて発音できたとき、そこに何かが現われてくる。意味と言っても、イメージと言ってもいい、そういう「もの」が生まれてくる。その生まれて立ったものを、歩かせたり走らせたり飛ばせたり——それがリズム、抑揚、シンコペーションなどと呼ばれることだろう。

はじめてそれを探り始めたことばの一つは「かげ」だった。ぶどうの会以来、語の音の響き方、あるいは語感については、かなり鋭い訓練をされ、かつしてきたことが新たな展開をしたのであろう。

「かげ」とはなんだろう、と皆で話しあってみた。「日の光がものに当たってさえぎられてできる光の当たらないところ」。電柱のかげなどがこれだが、これが最初に出てきた答であった。だがそれだけとは思われない。「そのものの光の当たらない逆の側、暗くなっているところも『かげ』だし、物のこちら側から見えない向こう側も『かげ』だし」とあげていくと、思いがけず多くの例がある。月かげ、星かげのかげは光のことだろう、人かげは人の姿だ、となってくると、かげとは何かと、おぼろげながら探りあてられる気がする。

「かげ」の意味のうち、日の光が当たってできたものという使い方は、後になってからできた用法ではないかという気がした。むしろ、見定めのきかない、何かはっきりしないけれども、しかし、確かにあるように見えるものという感じが最初ではないかという気がした。「かげろう」という類縁語を考えてみても、それが確かめられる気がした。「かげろう」には「陽炎」と「蜻蛉」と二つあるが、いずれも「よく見定められない」という共通の性格を持っている、こんなふうに考えた。現在では、大野晋氏の研究などで、「か」が火を表わす音であり、「かげ」は「光があたってできる像。明暗ともに言う」(『岩波古語辞典』)と調べられるが、そのころはやみくもに探ってみたわけである。

どう発音すればよいか。カタカナで「カゲ」と書くような、カッキリしたかたい発音ではないのではないか。口の中がやわらかく、まる味を帯びた「か」であって、「げ」も発音記号で書けば「ｇｅ」ではなくて、「ŋｅ」つまりｉｎｇのｇにあたる鼻濁音の「ゲ」になるだろう。

一つのことばが発せられるときに、それがかな文字で「かげ」と書かれているものだから、例えばアナウンサーが話しているようにきれいに発音すればそれでいいということにはなるまい。こんなことが気になり出すと、さまざまのことばについて、ほんとうの発音とは何か、ということが非常にむつかしい問題になってくる。ＮＨＫなりなんなりで決められたいわゆる標準的発音をきちんと学ぶことなどよりも、はるかに厄介な作業になる。自分のからだの中で、語の音を感じとって、ことばのイメージの響きあい方を見つけだされなければならない。

この、からだの中の動きが音(オン)に発し、ことばが生まれてくる過程を感じあてる作業の中で、「母音」というものが非常に大事なものだということに気がついてきた。もちろん、こんなことは、前から耳にタコができるほど言われてきたことなのだが、それは主に、発音の美しさや、正確さの要求から出たものだった。

しかし、母音が日本語に持っている重要性はもっと構造的なものと言える。例えばドイツ語などでは母音を全部とってしまっても、子音のアクセントを正確に発音していけば、ほとんどことばの意味はわかると聞くが、日本語では成り立つまい。古来、文楽などに代表されるように、感情を表わす表現はほとんど母音をどのように響かせ、引き伸ばし、震わせるかにかかっている。

この時期、私は日本の話しことばのいちばん基本的な語感を自分で研究し、感じとりたいために、レッスンにはよく万葉集の歌を使った。もちろん、現代の発音で読むので、万葉時代の八つあったという母音を復元するというようなむつかしいことをしたわけではない。しかし、それでも、いかに古代のことば、とくに母音の響きが豊かなものであったかということがおぼろげながら感じられて感嘆することが多かった。

一例をあげてみよう。「淡海の海夕浪千鳥汝が鳴けば心もしのに古へおもほゆ」。柿本人麻呂の歌である。この発音をローマ字で書き並べてみると、最初の「淡海の海夕浪」というところまでは、母音が「o」と「u」と「i」のくり返し、ほとんど子音がない。わずかに「m」と「n」があるが、いずれも弱い音である。限定された母音のくり返しが、夕方の静かな湖面に浪がゆるやかに寄せては返しているリズムをみごとに浮かび上がらせている。そこへいきなり「千鳥」とくる。「ch」も「d」も「r」も、いずれも舌や唇の動きの強い、きわめて鋭い音であって、今まで静かだった水の面に「チチ……」と鳴きわたってくる千鳥のこえが聞こえるような気がする。しかし、母音は変わらない。ところが、次にくる「汝が鳴けば」の母音構成は、一音を除いて全部「a」である。今までほとんど出てこなかった「a」の母音が、冒頭から現われたと思うと、一つのセンテンス全体に氾濫する。しかも、その最後は「ば」という、強い破裂音で、息が激しく吐きつくされる。それが終わると

「心もしのに古へおもほゆ」と、また、最初の母音のくり返しにもどってしまう。

私はこれをくり返し読んでいると、最初の夕浪の寄せては返し、寄せては返しするリズムが、あとの句までずっとゆらめいて続いていることが感じられる。そして、その間にただ一句「汝が鳴けば」の母音の流れを発音するとき、息がふかぶかと一気に流れ出していく感じを味わう。人麻呂の嘆きが歌全体に息づいているというより、ただ一句に抑えようもなく思いがけず激しく現われたためだと、私には感じられる。これを人麻呂の計算というのは当たらないだろう。といって、まったく自然にそのようになってしまうというのも、やや違っているだろう。話しことばが、そのまま歌ことばであった古い時代から、歌の韻律がフォルムとして明確に成立してくる、二度と来ない幸福な時代であったと、いまさらのように思わずにはいられない。

心の中の動き、ため息などが、母音の動きにこのようにも鮮かに現われているのだということを私はそれまで考えたことがなかった。

つまり、日本語の場合には、母音がとどこおりなくまっすぐに流れていて、子音が川岸か堰のように流れをせばめたり、せき止めたり、ひろげたりしていく。こんなふうに言ってもいいのだろうか。すると、すぐ母音とはなんだろうということになる。ところが、調べ始めてみると、これがよくわからない。実は学問的にもあまりはっきりしていないということを知って、びっくりした――という具合に、とめどなく疑問が遡って、ことばを大切にするということが、今まで感じていたのとかなり様相を変えて、私に現われてきたのである。

野口さんの紹介で発声法の講師として増位禎紀氏と野村洋子氏を知った。二人とも野口さんの体操に啓発されたからだの解放のしかた動かし方を基礎とした、呼吸、発声、発音の方法を探究し、教えている方である。

私は野村さんに会って、はじめてこえをほめられたときのことを忘れることができない。「竹内さんはいいこえをしてらっしゃいますね」とかの女はまっすぐに私の顔を見てニコリとしながら言ったのである。私は呆然となった。皮肉なのか、という思いも入りこむ余地がないほどそれは想像を絶していた。

「イイ……コエ？」。私のこえはかすれていた。

「はい、いいこえをしてらっしゃいます。まったくノドにひっかからずに、まっすぐ出ている。呼吸法もいいですね。大変いい横隔膜呼吸で……」。

私は唖然とした。悪いにもいいにも、およそこえなどと呼べるしろものだと、私自身は感じていなかったのだから。私は何カ月たっても信じられなかった。

その後、二人は私をはげまし、くり返し感心してみせた。ひょっとするとあれは暗示療法だったのではあるまいか。「ただ、口の奥のひろがりが少し足りません。ニコッと笑った口の形にしてごらんなさい」というようないくつかの指摘も受け、歌唱とセリフの相互レッスンも始めた。

このとき教えられた——というより正確に言えば納得した——もっとも重要なことの一つは、日本語は「一音一拍」だということだった。例えば――

「そんなこと言ったって……」の「ん」や「っ」のような無声化された音も一拍を占めている、ということ。謡曲や浄瑠璃などを聞けばもっともはっきりわかることだが、一音一音を充分に発し押してゆくとき、日本語のリズムははじめて活き活きとうごめいてくる。これはきれいに、美しく話すということとは違う。劇画に出てくる叫びごえの表示にしたって「ギャオオオオーッ」てなふうになっている。演歌だって「いたこオのオいイたアろオオオ」であって「いたこーのいーたーろー」では歌にならない。苦悶や歓喜や、内に動くものが日本語としての声音に出てくるときは、とくに母音を引き伸ばすのでなく一音一音を押し出すように発してゆくとき、はじめてことばとしての重さ、存在の質量が現われるのだ。ところが近頃は、「そんなこと言ったって」、と二音で一拍に話す青年が圧倒的に多い。だから語頭にばかりアクセントがついてことばがはねる。もっとひどくなると、四音か五音で一拍の人さえ珍しくない。これは当然呼吸法と関係している。日本語の本来の呼吸法とはどんなものか? 今尾哲也氏によると、最近の歌舞伎がダメになったのは、勧進帳のような古典的なもののセリフでさえ一音一拍が崩れてきているからだと言う。ところが、歌謡曲は正確にこの日本語の原則を守っているから皮肉だ、と。歌舞伎の役者より山口百恵の方が古典的な日本語を発音しているわけである。

ファンがなぜファンになりマネジャーがマネージャーになるのか、私はうかつながらそのときはじめて理解できたのだった。日本語の文脈にとりこまれた外国語はそう変形されざるをえないのだ。千年昔に中国語の梅＝メィがンメになり、馬＝マァがンマになったのも同じ原理に基づくのだろう。

そのころ私はあるテレビ局の教育番組に関係しており、意外なことに、ある番組の年間のキャスターに推薦された。オシだった私が、毎週テレビでしゃべることになろうとは！　実は話がある程度進むまで私は冗談だとばかり思いこんでいて、気がついたときにはのっぴきならない事態になっていたのだった。

二年間つづいたこの仕事の録音は大きな緊張の連続だった。毎回野口体操の基本から増位・野村両氏の発声法の準備体操をやり、こえを出し、自分としての最良の状態で話そうと努めた。発音も指示を受けた。録音のできはそれほど悪くはなかったようだ。だが私は何か足りない確実でないという頼りなさを消すことができなかった。こえは出ているが拡散していってまとまりがない、という感じであった。私はとくにマイクに向かってしゃべらなくとも、声量は充分だった。だが逆にマイクに向かって的確にこえをぶつける、という感じは持てなかった。からだ全体を凹面鏡にたとえれば、その焦点にこえを集められぬ、的に当たらない、といった感じであった。

グロトフスキーの著書『実験演劇教室』（テアトロ社）を知ったのはそのしばらくあとであった。かれは当時ヨーロッパの演劇界を震撼させていたポーランドの演出家である。そのからだとこえの訓練を読んで私は驚いた。私が数年考え試みてきたことの多くがそこにあったからである。これはかれがスタニスラフスキーの論理から出発したこととも関係があるであろう。とくにこえと呼吸法に関してはまるで同じだと言ってもいいくらいであった。だが、一つわからないレッスンがあった。

まっすぐに立ち、頭のてっぺんから天井に向かって話しかけ、または歌いかける。エコーが返ってきたら、それに向かってまた話しかける。次にはうしろの壁の上部に、後頭部から話しかける。これがわからない。仲間を集めてやってみた。わからない。次の日また空しく力み、あてどなく疲れて、深夜私は家へ帰ってきた、ずっと考えつづけながら。近くの団地の中の道を歩いていて、ふと、あれ、こういうことかな、と思った。立ち止まった。ラララララとこえを出して「春のうららの隅田川」のメロディーを歌いながら音を高くしてゆき、キーンと頭の上に飛び出るみたいに叫んでみた。頭の中がビビーッと響いたみたいになって、今まで考えたこともない高い音が一気に出た。これか！　これらしい。私はもう一度やってみた。まっくらな空にピインとこえが上ってゆく。しめた、できた！　もう一度。からだ中のエネルギーを集中し、ある微妙な一点を探って、一気に昇りつめないとできない。私はくり返し夢中になって試みていたらしい。ガラッと窓があいて、光がさっと上から落ちてきた。「バカ、キチガイ！　シズカニシロ！」。気がついてみれば、私は団地のまん中で昔の軍歌練習以上の大声で奇声を発していたのだった。

次の日昂奮して仲間にやってみせた。何日かくり返しているうちに確実になってきた。これは理論的に言えば、上部共鳴の技術を私が獲得したこと、である。だが、それは激烈で、一気に自己を超えてゆく集中力とエネルギーを要求し、そのことで単に発声法という以上のものを私に教えた。同時に発声法としては、後頭部に、前頭部に、胸に、腹に、共鳴させてゆくための根底を確実に与えてくれた。

私は相手を確実にこえでつかまえられるようになった。こえは、ある、いわば質量と速度とを持ち、的を撃った。小さいこえでも大きいこえでも相手に確実に届いていることが、私にわかった。机をはさんで小声で話すことが、あまりに容易であることに私は呆れた。話してるのは私じゃないみたいだった。私は自由を感じた。

私のそれまでの話し方は、目をふせ、自閉的に、単調に、活字をならべたように発語するか、あるいは、熱中し、挑みかかるように、全身が躍るようにしゃべりかけるか、極端に二分されていた。今でもその後遺症はないとは言えないけれど、数年の間に、相手と自分の間にある平衡を保ちつつ確実にこえとことばを交すことができるようになってきた。

ふと人に話しかけたとき、「え?」と問い返されることがほとんどなくなった。私はそれに気づくたびに心の中で「しめた!」と歓声をあげる。小さな、人に知られぬゲームである。そしてほとんど勝つゲーム。話しかける一こと一ことのニュアンスが相手に届き、相手の顔が、からだが微妙に動いてゆくのを見、感じるのが嬉しい。以前は、見、感じることが、自分のこえが届いているかどうかを測るバロメーターの針の動きであった。私のからだはそれに向かって身構え緊張していた。今私は届いていく自分のこえを聞き、それが確かな手ごたえで相手を動かしているのを見ることができる。それを感じていると、私はからだがときほぐされてゆくのを感じた。長い長い間の、自分で気づかなかった緊張だった、と今さらのようにためいきが出た。

たぶん、健康な人々は、話を交す喜びをこんなふうに知ることはないだろう。それは空気のように、あたりまえに、身に備わっているものだから。みょうなことだが、私は十数年前新潟の田舎で子どもが縄をなうのを見たときのことを思い出した。「どうやるの？　教えてくれないか」という私をその男の子はなんとも言えぬ奇妙な目で眺めた。「教える？……」と口ごもった。それは、へえ、世の中には縄のなえない人がいるのか！　とはじめて知って呆気にとられた目付きであった。当人は生まれながらの能力だと思いこんでいることが、実はそれのできない人から見れば、驚嘆するほど精緻な技術、長い年月かかって少しずつ少しずつ獲得されてきた技術なのだ。二本の肢で歩くことも、こえでことばを語ることも。（逆に考えると、アフリカやニューギニアの原住民の仮面の信じられないような複雑な彫刻も、実はかれらにとっては、きっと、なんということない、生まれながらの能力の所産にしかすぎないのかもしれない。）

ともかく、私は、以来、生まれてはじめて、人と話ができるという小さな喜びを、毎日感じている。四十数年の生活のうち、わずか、四年ばかりだが。しかもそのうち、あとの三年は、長い間の中耳炎の手術の結果片耳しか聞こえなくなったから、ほんとうは生涯で自由だったのはほぼ一年ということになるだろうが。私にとって「他者」が、ようやく、ほぼ充分に姿を現わしてきたようであった。私にとって日常がそのまま祝祭と化した。

話しかけのレッスン〈ことば――こえによるふれあい〉

この体験によって私がどう変わったか、私自身にはよくわからない。しかし、私のレッスンは変わった。後に考えてみると、明らかに一つの志向を持って焦点を絞っていったように思われる。例えば話しかけのレッスンがはっきりした形で生まれてきた。

まず、二人向かいあって、AがBに、何でもいい短いことばをえらんで話しかける。「お茶のみに行かない？」「今日はやけにきれいだね」など。

次に、Bがうしろ向きになり、Aが話しかける。すぐうなじのうしろで、Bはほんとうに自分に話しかけられたと感じたら、ふり返って返事していい。うまくいったら次に二歩遠ざかる。さらに二メートルの距離、三メートルの距離、五メートルの距離というようにして十メートル以上まで次第に遠く離れてゆく。

このレッスンの過程で何が起こるか――。

（1）Bのうち半分ぐらいのものは、何も気づかないで、返事をし続ける。

（2）そこで、もう一度よく聞いてみようと言ってくり返させると、はじめて、あれ？という表情をして考え、聞き直し始める。そしてさまざまな感想が返ってくる。

――自分でなく、Aのそばにいるだれかに話しかけてるようだ。

――自分の何歩かうしろにいるだれかに。

――頭を越して遠くの人に。

――こえが届いてこない。

――自分に話しかけているらしいという気はするが、はっきりしない。

中には、

――こえが背中にさわった。

――耳にさわって前へ抜けた。

――肩をかすった。

――あ、ドンと当たった。

などというのも出てくる。

そのうち、レッスンを見ている者にもこえの軌跡が見えてくる。カーブして落ちるのあり、拡散してしまうのあり、場外ホームランになるのあり。
（3）Aの方では、当然反応に応じて話しかけ方を変えるようになる。強く、弱く、身を乗り出して、何とか届かせようとする。しかし、努力すればするほどダメになることが多い。
――これはなぜか？

話しことばの基本的な問題のほとんどが、この短い事象の中に含まれているように私には見える。
（1）話しかけるということは相手にこえで働きかけ、相手を変えることである。ただ自分の気持をしゃべるだけではダメなのである。一般にはことばは感情の発露だと考える傾向が多いようだ——もちろんそういう場合もある。だがそれは自分のからだが閉じられている場合である。言うだけ言えばいい。相手がどう思おうと、言いっぱなし、という場合が多いのは、からだが他人（他者）に向かって劈いていないのだ。だがことばが他者との間に成り立つときには、まず働きかけ（行動）として機能する。働きかけること、感情を忘れること、対象にふれようとすることだ。

（2）どう変わってほしいのかがはっきりしないと相手は変わらない。

さまざまに言い方を変えても、相手は動かぬ。

ある青年の例では、まったくうまくいかなかったのが、相手の女の子があまり動かないので、生意気だ、一ちょかましたろか、と思ったとたん、ズバッと相手にこえがぶつかった。そのときこえには質量があり、弾丸のようにビシッとまっすぐ相手にぶつかり、相手はなぐられたようにふり返った。

（3）相手にこえが届くとはどういうことか。こえで相手にふれるのだ。「こえで肩を叩くつもりで話せ！」と私はよく言う。こえを届かせようとしてからだを乗り出すものがある。七メートルの空間を越えようとする姿勢だ。こうすればするほどBは自分に話しかけられる感じがしなくなる。距離が遠くなれば、それを越えるこえの発射量が大きくなければならぬ、と思いこむのだが、これは客体的な測定可能な世界を想定しているので、自分のからだを客体として操作していることにほかならない。

結果はどうなるかというと、七メートルの距離を正確に越えるこえの量がうまく出た、届いたとすれば、それは、七メートルの距離にいるすべての人に届くこえだから、Bとしては、自分にも話しているが、同列に並んでいる他の人にも話しているという感じがする。自分に、自分だけに話しかけられているとは感じない。

話しかけるとは、B（のからだ）に話すこと、他のだれでもない、まさにBに話すのだ。そしてBにとっては、まさに、私に、話しかけられているこえを聞くのである。それは名前によって判別したりするのでない、まさに自分のからだをめざし、ふれ、突き刺し、動かしてくる彼のからだを受けるのだ。

——では、こえで相手にふれることとは、どのようにして可能か——いくつかの例。

（1）BにAをふり向かせる。AがBの顔を見て話す。とたんにこえが変わり、相手の表情が見え、相手のからだの触覚がよみがえる。もう一度Bに向こうを向かせ、Aに、こえが耳の横を廻りこんであの顔に話せと指示する。

（2）相手の肩に話しかける。うなじでも手でもいい。その部分が見えてくると、その他の部分は消え去り、そこが自分に親しくなり近づいてくる。

（3）自分を変える——足のうらをやわらかくして、大地に重みをかけて乗れ、ふれろ、と指示する。自分の重さを感じると、からだをとりもどす。相手のからだが違って見えてくる。

相手との間に七メートルの距離があり、それを越えようとするとき、自と他のからだは、自然科学的空間の中に引き裂かれるわけだ。話しかけているときを思い起こしてみると、例えば道の向こうにいる人に、アブナイ！　と叫んだり、昨夜はどうして来なかったんだよと親しく話しかけるときは、相手との間の距離は消えている。空間はなくなり、ただ向かいあう自と他のみがある。もっと言い切ってしまえば、とけあっている。だから、こえによってふれるとは、相手との距離がなくなることだと言える。距離を越えようとして伸び上がってはダメで、直接に相手と合一しなければならないのだ。

話しかけがうまくいくと、スッとこえが相手のからだに沈んでゆき、ちょうど波が立つように相手のからだがスルスルと動き始める。ことばは、相手のどこにふれたのだろう。このとき、ことばの意味は解体し、別のものに変容すると言っていい。衝撃とも、イメージとも、何と言ってもいい。ヤスパース流に言えば、存在のもっとも深所には暗示しか至りえない。明確な意味を伝えることばではふれえない、ということなのかもしれぬ。

このレッスンのむつかしさは、ほんとうは話しかける側より、聞きわける側の注意力にある。なぜなら、話しかけられる相手は自分一人しかいないのだから、自分が話しかけられているにきまっている、という観念——約束事——に囚われていて、ほんとうに相手のこえを聞いていないことが多いからである。

普通私たちは日常生活を、間違いない現実だと思っており、そこで生きている私たちのからだこそ正常に働いていると思っている。だがはたしてそうだろうか？　という疑いをこの現象は露わにする。

（1）日常生活はさまざまな約束事（fiction）によって組み立てられている。

夫が妻を呼ぶ――「オイ、アレとってくれ」で通じるのはいちばん簡単な例だろうが、この場合ことばは一つの簡略化されたサインである。日常の約束事としての言語の基本性格は便利さにあり、コミュニケーションは、その仮構された約束事の網目を反射的にゆききするにとどまる。人と人とが全身的にふれているかどうかは、実は捨象されているのだ。会社の上役とＯＬ、テレビと視聴者、選挙演説と市民、はては教師と生徒でさえ、みなそうである。

だから、そこへ水俣病患者とか、精神病患者とか、日常的約束事の構図を破るものが突入すると、まったくことばは役立たなくなる。そのときはじめて、コミュニケーションのための何かを探り始めねばならなくなるわけだ。

今さらの言い方だが、現代の若者の一見とっぴな表現行動は日常性というフィクションを破って、全身的なコミュニケーションをとり返そうとする試みなのである。

その発展として、

（２）舞台の世界がある。演劇は普通フィクションの世界、つくりものの世界と言われる。自由に約束事を創り出す。二時間が終われば消えてしまう約束事を。

だから、日常生活＝現実に対して舞台の生活は嘘であり、幻であると言われるのだが、しかし、それが約束事の上に成り立っているという次元で言われるのなら、実は両者とも、同じく架空のいのち、仮の生にすぎない。演劇は、日常のルールにのっとった行動を、新しく組み立てた約束事によってぶちこわし、その裂けめからなまなましく奔騰してくるものを突きつける装置なのだ。

そこに、演劇の世界こそ真実の生であり、現実こそウソだという論議が成り立つことになる。からだがからだに、非日常の、目新しいふれ方をする。その情報が相手のからだに伝わり、すばやくからだの中で選ばれ、増幅され、予測できないからだの変化を呼びさまして、反応を返してゆく。その目覚ましさが見る人の日常埋もれているからだを目覚めさせるのだ。

演技とは、日常生活の約束事——科学的思惟や管理社会の常識——によって疎外されている「生きられる世界」——根源的体験——をとりもどす試みである、と言えるだろう。別の言い方で言えば、からだを根源的にとり返す試みだ。私はそれを「からだを劈く」と呼びたい。

他者との出会い

ところで、ふれるとか働きかけるとか簡単に言ったけれども、他人にふれるためには、他者が存在していなければならない。変なことを言うようだが、他者が存在する——自分にとって——というのは、そう簡単なことではない。

なぐられりゃわかるさ、という言い方はある。だが、実はそれは、他者が存在していることを知ることにはならぬ。ただ暴力として非自が現われることを知っただけだ。

十代までの私にとって、他者は自分に向けられた〈まなざし〉であり、自分をおびやかし、剥ぎ、さらし、うばい去るものであって、人としてのからだを持たなかった。このとき、自は他者のまなざしの奴隷となる。

からだの障害はコミュニケーションを欠落させる。ツンボにとって、他者のまなざしはコミュニケーション不能の外界から射かけられてくる矢である。他者が笑えばまた嘲られたと思い、まじめに見つめてくれれば、とがめられるかとおびえるのだ。そこには実は「他者」は存在せず、ただ等質の暴力的な「非自」があるだけである。

私にとって、「他者」が、私とかかわりないそれ自体自立したもの、言いかえれば〈対自〉として存在するとはじめて気づいたときの感覚は鮮烈であった。

そのきざしは、小学生のとき、映画を見たときにはじめて現われた。映画の中にニュース映画があった。シドニー港についた帝国海軍の練習艦隊をおとずれる在留邦人。埠頭を、日傘をさしてぞろぞろと歩いてゆく婦人の姿が今も目に見える。そのとき、奇妙な思いが胸をひたした。それは奇妙というよりほかはないもので、そのまま定着してウンもスンもなく、私の胸に坐りこんでしまった一つの感じなのだった。

この人々は確かにいた。そして今も生きているだろう。それを私は見ている。だが、ここに動いている人と私とはいったい何の関係があるのだろうか。この人々は、確かにいるのだろうか。今はもう死んでしまっているかもしれない。だがそこに動いていて、それを私は見ている。

この感じからは、さまざまな印象が放射し、とり出されうるようだ。だがその一つは確かに、「私」以外に「他者」がいる、無限にへだてられて、存在する、ということを感じた怖さであった。

しかし、その怖さが具体的な貌を持ち始めたのは、二十代の半ばになってからだろうか。

ある日ふいに気づいたのである。そのときの慄然とした感じだけがからだに残っていて、前後の状況はまったく記憶から消えてしまった。ただわずかな残照のようにまつわっている感じから推測すると、たぶんもう演劇の仕事に入ってからであったろうと思う。演出部員として、稽古を進行していた場のようでもある。演出部員は、いやおうなしに俳優に語りかけ、意見を通し、かれの演技行為を変えなくてはならない。そのような場へ、私のからだは暴力的に引き出されていたのだったろう。

ふっと気づいたとき、相手のからだは無限に遠く、理解しようのないものとして私の前に立っていた。それはまさに、それ自身完結した、私の心で類推することなど不可能な動きの論理を持つ小宇宙であった。いわば、今まで私の怖れていた暴力的な〈非自〉の下地の上に「他者」が浮かび上がってきたのである（四九頁参照）。

そのとき、私はただ〈即自〉としての私でなく、からだとして、他者のからだと向かいあっている、その実感と重さ（からだの）とを感じたのだった。

他者出現の体験は普通いく歳ぐらいの幼児、または、少年期に通過されるものなのだろうか？　成人しても完全にこれを通過することはできず、世界に対して無制限の保護と愛情を期待する「甘え」が、くり返し姿を現わすもののようにも思われるし、また、いかつい権力志向者やはげしい熱情家は、結局この段階を正確に越えなかった未成人者とも見えるのだが。それとも、私たちの現代社会は、人生のいくつかの段階についての通過を完結しない特徴または弱点を持っているのだろうか。

ここで、こえが回復、というより誕生すると共に姿を現わした「他者」の実在感――からだが劈いていく段階をこれらの体験にあてはめて整理してみよう。

（1）世界は私のためにある、自＝世界が未分化な幼児的状態。

（2）その幸福な合一が破れて、世界が非自として現われ、自分をうばう場合。

この体験は前に述べたが、この世界にも「他人」はいる。むしろ、もっとも暴力的な「非自」のシンボルとして。いやおうなしにこれにふれねばならないとき、自分はなんとかこれを理解し、自分と同じ値のものとして納得しようと努力する。つまり、自分を投影し感情移入して一つの像を作り出すことになる。この像は、常に実在する「他人」から、ぶざまに手きびしくぶちやぶられる。傷ついた自分は、なぜ失敗したのかまったく理解できない。結局ますます自閉へ逃げこもうとすることになる。

（3）「他者」のからだが姿を現わしたとき。そのとき、自分も、こちらに立っている。しかし、両者は対峙したまま動くことができない。「他者」は完結し、凍結して入りこむことのできぬ世界であり、不可触の存在である。この場合、「他」と「自」、人と人とがふれあおうと努力したらどうなるか。「他」にふれようとする「自」は、自らを他者の眼にとって受け入れられやすいだろうと予期される姿としてそこに立たせる。「自」を「他」と同質のものに化けさせて、「他」に近づかせようとする「自と化した他」であり、仮装の「われ」、にせの「われ」である。竹内成明氏のいわゆる「遍在する他者」とは、ほぼこれに近いのだろうかとも思う。世間のつきあいとは、ほぼこんなところなのではなかろうか。

（4）私のからだが、私にとっても相手にとっても、ものとして、見、ふれる対象としてそこにあるとき。からだは本来、私にとって、主体であると共に、私に見え、感じうるものとして客体でもある。言いかえれば、からだは本来、一人称であると共に三人称のものなのだ。

私のからだがただ主体であるだけでなく、私にとっても相手にとっても外部＝ものとして出現するとき、相手のからだは私にとって外部＝ものであると共に、一つの主体としてそこに現象する。そんなふうに言えそうである。私のからだと相手のからだのふれあいは、まさに「もの」である私のからだにおいて成り立つのだ。そして働きかけが相手のからだを動かすとき自分の動きが相手のからだにうつる。そして相手のからだの動きがまた私にうつってくるとき（自他は同一の系に属する二つの項である——メルロ＝ポンティ）、私と相手とのからだが、同じ歪み、緊張を持ち、それをとりのぞこうと闘っているからだの姿勢を了解しあったとき、理解ということが始まる——こんなふうに言えそうに思うのだ。もっとやさしく言うと、今までえたいのしれぬ、いわば敵だったものが、さわって、しらべてみて、ははあこういうものかとわかるようなものになってくるということである。たぶんサルだのイヌだのも、はじめて出会う「もの」に向かっては、同じ過程をふんで相手を判断し、その結果、逃げたり、寄ってきたりするのだろう。昔の武芸者だったら、「わかる」とたんに、どっちかが斬られているに違いない。

（5）そして、あらゆる段階を飛び越して、自他が融合するときがある。

一緒に仕事する、闘う、あるいは遊ぶなど、とにかく日常の生活から飛び出して一つの場を作り、極度に集中し、すばらしく解き放たれ、自も他も忘れているとき、これが起こる。そして人間と人間とがふれあうとは、本来はこのことなのではあるまいか。それはその世界に共に生きたというよりほかない事態で（現存在分析でいう「共同存在」となること）、そのとき、人ははじめて真実「ひと」になる。だが、世間一般の目から見れば、それはおそらく気がふれた人間に類するだろう。危険なのだ。

（6）（5）の状態は長つづきしない。人はそこからふたたび目覚める。だが、（4）にもどるというよりはもっと新しいものとして。そのときは、自も他も、一つの個体として独立しているというよりは、一つの行動、あるいは一つの現象であって、自分の限界を確定しよう、守ろうとする志向を持たない。

「からだ」とことばの会の渡辺栄三さんは、人間の「関係液」という秀抜な用語を発明した。それを援用すると（4）の状態が、手を伸ばして相手にふれようとするのに対して、（6）は、自他ともに関係液にひたされ、流れあい、それによって自がまた変容してゆく、という関係である。そういう思いというか状態にあるときが、私にもある。そのとき、私は自由であるし、相手と流れあえるし、変通自在で、しかも平常心を保っていられる。しかし、私にはそれが恒常化はできない。なおこの先があるであろう。それはまだ予感にすぎないが。

治癒としてのレッスン

竹内演劇教室のはじまり

私は過労のため一九六〇年代の終わりごろから、子どものときからの慢性中耳炎が悪化してきて、左の耳だれが再発した。それが一年以上も止まらない。レントゲン検査の結果、四十年間緩慢に骨が腐蝕されて、あと数年で頭蓋骨に達すると警告された。ジュネの「屏風」を日比谷の野外音楽堂の客席いっぱいを使って舞台を組み上演したその初日を開けると、私は翌日入院、手術をした。その際、代々木小劇場＝演劇集団「変身」を退団、「変身」は私の入院中に解散した。自分なりにほんとうに人と話ができたのは、ほぼ半年だったということになる。

手術は思いがけず大ごとになり、普通一時間半というのが四時間かかった。本来あるべき骨がとけてなくなったり、癒着、変形していたらしく、医師が相談しているのが聞こえる。そのうち「これから先は麻酔は使えない、我慢しろ！」とこえが聞こえたとたん、からだが反りかえるような激痛がきた。が、私は全身の力を抜いたままだった。

暴れるのを予期して腕を抑えていた看護婦が不思議そうに手を離して、からだを探り、左手のてのひらを握ってくれたのがわかった。気がつくと、そこだけ爪を立てるほど力を入れていた。耐え切れぬ痛さだった。手術が終わると同時、私は失神して、翌朝まで気づかなかった。人工鼓膜があまり成功せず、左耳はその後ほとんど聞こえなくなって現在に至っている。

一カ月余の入院の間に、私は、今までの仕事を清算して、新しくレッスンの場を作ろうと構想を練り始めた。他者と自分とがふれるということはどういうことか、やっとわかりはじめてきたことが、私に大きな喜びと期待を与えていたと言えるだろう。

七二年四月に野口さんたちの協力を得て竹内演劇教室を始めた。この開校式に、私は、ほとんど生まれてはじめて、少年時代ツンボとオシだったこと、それから回復してきた過程について話した。一つの人間的可能性が劈かれることは、他人から見ればどんなにつまらぬ出来事でも、当人にとっては、生きることの意味が変わってしまうような、大きな意味を持つことがある。この教室では俳優を育てるということよりも、演技レッスンという形によってしか劈かれない人間の可能性を劈く手伝いをしたい、その場に立ちあいたい、こんなことを私は話した。

舞台上に見事に完結した一世界を創りだすという意味での演劇、あるいは演出への関心は、そのとき私からほとんど消えていた。やがてどこかでめぐり会うとは思うけれども、さしあたって自分は今からだの問題をもっと根源まで考えつめてみたい。それだけが私の心を占めていた。「俳優」の「養成」

にも興味がなかった。俳優を、演技を職業とする専門人という意味にとれば、第一に養成なんかできるものではない。今尾哲也氏のことばをかりればただ「形成」されるだけだ。私のできることは、かれが職業として俳優を選ぼうが選ぶまいが、自己の表現の主体および媒体としての「からだ」を発見し、劈くのを手伝うこと、それだけだ。

「教室」は入所試験をしなかった。「面接」は試験ではなく、やってくる人にとって私や野口さん、増位さんら講師との出会いであり、第一回のレッスンであった。そこで、私たちの方からも、かれらの方からも、この相手ならつきあっていけるな、と手ごたえがあったら、一年間レッスンをやってみましょう、というわけである。

その面接で、久しぶりに一人の青年にあった。かれは数年前ある劇団の研究生だったが、一時関西で商事会社につとめていた。しかし、やはり自分は芝居をやることにしか生きがいを見つけられないと感じて、再出発のための訓練を受けに来た、と言うのである。かれは一見やさ男でスタイルも悪くない、感受性もすぐれている。が、ややうつむきがちで、話すときみょうに口ごもりつかえる。こえがひどく悪いわけではないし、人なつこさの現われ方からみて、ひどく気おくれしているわけでもなさそうだ。講師たちがこもごもたずねてみると、かれは幼いころドモリだったという。かれ自身はその記憶がまったくないのだが、父親から折にふれては、「お前は小さいときから……」と言い言いされて育ったので、やっぱりオレはドモリなんだナという恐怖がしみついてしまって、人に向かうと、どうもスラスラとことばが口に出てこないのだと言う。

野口さんは言下に、「そのコンプレックスは直さなくちゃ」と言った。「きみはほんとうはドモリでもなんでもない、自信を持つんだ」と。その通りだと思いながら、私は少しひっかかるものを感じていた。私はかれにこうたずねてみた。

きみは、このコンプレックスをいやだいやだと思っている？

ええ、とかれは答える。

では、もし、しゃべることに自信ができてコンプレックスがまったく消えてしまったら？　きみの心のどこかには、このコンプレックスを消したくない、持ちつづけたいって気持はないか？

かれは、ちょっとためらった後、はい、あります、と答えた。

おれはドモリだという劣等感こそ、かれの生のいちばん痛切な感覚であり、それを感じることが、かれにとって生きていることであったのだし、それから解放されたいという願いこそが、演技という芸術表現を選ぶ土台になっていたわけで、つまり、もしドモリだという意識がなかったら、かれは社会生活を快活に生きつづけ、芸術という別世界での自己表現を欲しはしなかったろう、コンプレックスが消えるときはたぶん表現への衝動も消えるときではあるまいか、ということなのだ。（事実かれはある女性との恋愛の成就によって「社会復帰」し、演劇から去った。）

私は、その当時、自分が感じていたことをうまく整理できなかったが、つづめて言えば、人間の回復＝治癒と、病み歪んでいる自分そのものの表現、ということとの志向が、どのように交わり、分かれてゆくのか、と考えていたのである。その後三年間の私の歩み方——ある意味での演劇＝芸術との一時の訣別を、私はおぼろげに予感していた、と言える。

冬、この年度の卒業公演のパンフレットに、私は、「治癒としての演技」という文章を書いた。

「ふれる」ということ——Sの場合

Sという女子高校生がいた。肌が白い、「かわいい」と言われるタイプの少女で、ひどく行儀のいいことばづかいをした。この子は体操のときでも必ずスラックスを着けていて、けっしてタイツやショートパンツ姿にならなかった。はじめに気づいたのは野口さんだった。ある日、どうもきみは自分の脚が美しくないというコンプレックスがあるね、と言い出した。大丈夫だよ、ぼくはきみのかわいい脚を見たいなあ、そのコンプレックスをすてちまわないと体操も演技も変わらないよ、と言う。かの女があとで告白したところによると、一方の足首近くに赤ん坊のころのやけどのあとのひきつりが残っているという。しかし、だからってとくにそれをかくそうとしてるんじゃないし、自分の脚がとくにみにくいとも思ってないわ、とかの女は言うのである。とくにすてきだとも思ってないけど、ただ脚をはだかにするのがいやなんです。

レッスンのとき見ていると、かの女の下半身にはかなり強い緊張があった。腿をピチリと合わせ、膝をピンと伸ばして歩く。そして、ふだん、よくつまずいて捻挫するという。下半身、とくに股関節の緊張は少女にはよくある例だが、いささか強すぎるものが感じられた。

かの女は高く澄んだいいこえをしていた。だが、どうも宙づりになっているようで、落ち着いてゆっくりしたことばづかいができない。しかし、最初の半年のレッスンはせいいっぱいナイーヴさをふりまいてすぎた。

かの女はある大学の演劇科へ入った。一年目の終わりから二年のはじめにかけて、かの女は一回は演技の的確さと、もう一回は異常なまでの情念の爆発とによって注目された。かつての師である私に、絶讃のことばを送ってきた教師もあった。だが、秋になって変化が起こった。あとで聞けば、恋愛や、演劇や大学に対する懐疑や、青春のさまざまな悩みが錯綜して襲ってきたのだったが、異常な集中と放心状態に近いとりとめのなさが交代し、無理に稽古に集中しようと努力すればするほど、空疎な身ぶりに堕ちてゆく。苦しみ抜いたあげくには、突然転倒して失神してしまうまでになった。

その後かの女はふたたび個人的に私のレッスンを受けに来た。こえは、学校ではよく出ると言われているらしいが、私の耳には上ずり方が前よりははなはだしくなったように聞こえた。何よりもはっきり気づいたのは、「もの」や「ひと」にちゃんとふれられないことである。

これは少し説明を必要とする。わかりやすい例をあげつつ、少し廻り道をしなければならない。

私ははじめてレッスンを受ける人によく縄飛びをやらせる。その中の一つ。まず一人で実際の縄を使ってやる。これはたいていい造作もなくできる。次に、縄なしで飛ぶ、いわゆる無対象の練習である。これもほとんどが、すぐにできた、という。ところが、飛べたという人にやらせてみるとはっきり二種類ある。一つは、実にらくらくと、手と脚とが同時に上下してはねているもの、もう一つは、脚が飛び上がるとき手は下にふり下ろされ、当然からだは二つ折れに近くなって苦しげなもの。なぜこんな差ができるか。どちらが縄飛びとして正しいか。答は後者である。

実際の縄であろうと、縄なし、つまり想像上の縄であろうと、縄飛びとは縄を飛ぶことだ。手に持った縄をうしろから前へふり下ろし、下ろした縄を飛びこえる、こうすれば当然、手は下に脚は飛び上がって、逆方向に動くことになる。ところが、縄を実際に手に持たずにやるとなると、あらかたの人が、ただ縄飛びの飛ぶリズムにのる感じだけに頼ってらくらくとはね、飛んだ「つもり」になってしまうのだ。飛んだ「つもり」と、想像上の、つまり実際には「ない」縄を、実際に「飛ぶ」のとでは、これほど違う。演技とは「つもり」でなく、「ほんとうに」「もの」を飛ぶこと、言いかえれば、「もの」にふれることなのである。

これは演技の場合だけではない。日常の行為において私たちは、どれほど「つもり」に堕していて「ほんとうにふれて」いないか。その例は「話しかけのレッスン」でわかる。もっと顕著な例をあげると、マッサージをする場合がある。これはまさに他人のからだに「ふれる」わけだが、この場合でさえ、教わった通り自分がやっているかどうかばかりに心をとらわれて、ただ一所懸命力を入れて押しまくっている人が少なくない。マッサージを受けている相手側から感じると、こちらの筋肉の状態をうまく受けとめ、ほぐすいとぐちを見つけようとする心づかいがまるでない。無二無三に押してくる。これも、肉体はふれていながら、実はマッサージする主体は自分の関心事の内に閉じこもってしまっていて、相手のからだに「ほんとうにふれて」はいないのだと言える。

わき道が長くなったが、Sはまさに「ほんとうにふれる」ことができなくなっていた。レッスンで人に話しかけるのも、想像上の水を飲んだりものを持ったりするのも、さらには体操でひとのからだにふれてゆくのまで、みな、からだの内に感じ動くものがない。それなら怖がって手を出さなくなってゆくのかというと、そうではない（ここが後に私が多少接触してゆく自閉傾向と違うところのように思うが）。むしろ、意志によってちゃんと正確に演技し行動するのだが、心がどこかへ逃げ出している、どこか違うところからそれを眺めている、といった感じなのである。どうレッスンしてみても、真の（人間的）行動＝演技が生まれてこない。後に、ある芝居の稽古をしていて、私はなんとかこの凍りついたような状態からかの女を崩そうとして平手で頬をなぐったことがある。かの女は凝然として私を見た。それだけだった。あとでかの女の言ったことばだと「別に。じぶんのからだじゃないから、どうされても、って感じ」なのだそうである。自分の腕にナイフを刺したこともあった。痛みは感じないようなようすなのである。私は、多少の知識から、分裂症的な傾向の状態なのではないかと類推せざるを得なくなった。

私はSの状態を知ろうとして、専門家に意見を聞き、書物を調べ始めた。現存在分析という名に私はそこで出会ったのだった。それはメルロ＝ポンティの現象学の発展と言える心身理解の方法だった。私はメダルト・ボスをはじめ心身医学の書をむさぼるように読んだ。とくに私に感銘を与えたことは、現存在分析の実施者は一人の患者を徹底的に了解し治癒することに数年十数年かけてとりくんでいるということであった。かれらの著書は一般理論書と異なり、一人ひとりの患者の症例の報告と分析につきている。普通の医学なら、患者をある病名のワクに分類して、それに対応する療法を施すという方法をとるのに、現存在分析は、そのような一般化をまったくせず、個々の患者独特の症候を一つ一つ見極めては、患者が（私流に言えば患者のからだが）何を志向しているのかを了解しようと努力しているのだった。私は今まで持っていた医学という概念を崩されたのを感じたし、また、一人ひとりの人間の複雑さとかけがえのなさとをいまさらのように教えられた気がした。（現存在分析ふうに言えば、Sの失神はきわめて明確のようだ。かの女はこの世にいたたまれなくなって、この世から逃げ出してしまうのである。旧家の嫁さんにはときおり起こる現象だと言うことであった。）

レッスンを通しての私の人間理解もこうありたいと念じた。

吐くということ——Oさんの場合

私の家の近くにOさんという一家があった。奥さんはある宗教団体の熱心な活動家で役員だったが、ある晩私が家に帰ると、私の妻に何ごとか熱心に相談している。私の顔を見たとたんに「あ、竹内さんに一度ぜひ聞いていただきたいと思っておりましたんですよ」ということになった。

小学校六年になる下の男の子が、近頃学校へ行くのをとてもいやがる、何かといっては休むし、出かけて行ったので安心していると学校へは出席してないことがわかったりする。からだが悪くなり、何も食べず、食べると吐いてしまう。医者につれて行っても、別に悪いところが見つからない。問いただすと、同級に腕力の強いボスがいて、手下にならないかれをひどくいじめるのだと言う。困ったことだと、先生に相談しているうちに事件が起きた。その子が両親の知らぬ間に預金通帳を盗み出して銀行へ行き、金を下ろそうとして係員にあやしまれ、家に問い合わせがきたのだった。実はいじめっ子のボスが強迫してやらせたことで手下と共に見張っていた。三文判を買ってきてむりやり持たせてやったのもボスだったのである。まっさおになったOさんがボスの父親に抗議の電話をかけ、会って相談したいと言ったところ、父親はこうどなったという。「子どもの喧嘩に親が出てゆくバカがどこにある。文句があるなら警察に届けたらいいだろう。警察はそのためにあるんだ!」。かれはかなり大きな土建業者で、警察にもPTAにも顔のきくボスであったらしい。

Oさんは怒り狂って教師に相談したが、生返事ばかりだ、と言う。いっそ転校してしまおうかと思ったが、宗教団体の先輩に相談すると、不正に負けてはいけない、闘いなさいと言われた。明日の朝はいよいよ相手の家へ一家でそろって乗りこんで、はっきり決着をつけるつもりだ、こんな話である。

かなり興奮してまくし立てているのを聞いているだけではよく事情がのみこめないので、はっきりした意見も述べられずにいるうち、夜中の一時近くにOさんは帰っていった。そのあと私はあらためて妻からいきさつを細かく聞いたのだが、そのうちに気になることにぶつかった。その子は、自分の家ではまったくといっていいほど口をきかないし、ものも食べない、吐いてしまう。ところが、私の家へ来て、私の子どもと遊んでいると、ちゃんと時刻時刻にごはんを食べるというのである。もう夜中の三時近かったが、私はOさんに電話をかけて、大変失礼だがうかがいたいことがあるので、もう一度来ていただけないか、と申し出た。

私は大変差し出がましいけれどもと詫びて、こんなことを話した。食べられない、吐く、ということは、心身医学で言うと、もっとも初歩的な、はっきりしたサインだそうです。ほら、よく、「のみこめない」と言うでしょう。つまり、お子さんは今の事態を受け入れることができない、拒否している。今のままでは生きられない、と感じていることのしるしなのです。しかも、それはお宅で起こる。学校で起こって、家へ帰れば安心する、というならいいが、私の家では平気でごはんが食べられるのに、お家では吐くというのは、家での状況がお子さんにとって耐えがたいのに違いない。言いすぎになるけれども、ひょっとしたらおかあさんは、お子さんに、あんたはもっとしっかり相手と闘わなきゃだめですよとか、明日相手の家に行ったら、怖がらずに今までのことをちゃんと言わなくては承知しませんよとか、大変子どもの負担になることを押しつけていらっしゃるんじゃないか。現在大切なことはお子さんがいかに生き生きとなれるかということで、おとなの正義感を満足させたところでしかたのないことではあるまいか。私は転校なさった方がいいように思いますが――。

Oさんは涙を流していた。翌朝Oさんは相手の家に電話して訪問しないことを告げ、学校へは転校届を出し、子どもはその日のうちに海岸の親戚の家へ遊びにやった。二週間ばかりのち、Oさんは、子どもが、何もしてないときにたのしそうに歌を歌っている、と驚いて報告してきた。相手の親が事態の急転に慌ててあやまりに来たがOさんは応じなかった、という。

現在その子は、すっかり快活になり、成績は中学でいちばんだという。

これは、私の素人判断がたまたま運よく展開したにすぎない。基礎知識の乏しい私がこれを一般化することが危険なことは承知している。しかし、私にとって、心とからだのつながりを証し、その治癒を目の前に見せてくれた貴重な経験だった。

引き裂かれたからだ——Nの場合

私はそのころから、ある大学の演劇科へ教えに行き始めていた。

Nというその女子学生は、こんなことを語った。——

「私は、中学二年のころから、ずっと苦しんでることが一つあるんです。ひとに話しかけられると、反射的にいい返事をしてしまう。そしてなんでも引き受けてやってあげる。けれど自分では、パッと返事をしてしまったあとで、『またやってしまった』と思うんです。『あれは私じゃないんだ！』って思う。いつもそうで、いやでたまらない。だけどやめられない。自分じゃない、自分じゃないと思いながらやめられない、どうしたらいいでしょう」。

事実その人は、友だちに聞いてみると、やさしくて、おだやかで、実に親切ないい人だと口を揃えて言う。しかし、その「いい人」が、彼女にとってはアリ地獄——常に自分をとり逃して、それを追いかけ、ほぞをかみながら、自分不在の生を生きてきた、というわけだ。ある大学での演劇の稽古のあとである。演技の問題ならしらず、私は、まさかこんな相談をかけられると思っていなかった。答えられるようなことでもない。

しかし、私には、一つだけ答えられる方法があった。彼女の姿勢をまねてみせたのである。

「あなたのからだをまねしてみると」と私は始めた。「まず、ここに顔をおいておく。ちょうどお面のように、顔を空間にかけておく。そして、いつ、だれかが、私にこえをかけるだろうか、と気をくばって、こえがかかったらすぐに返事しよう、相手を傷つけないように、とりあえずいい顔を見せようと身構えている。そして、そう身構えた顔のうしろに自分のからだを、できるだけ相手に見えないように、相手から傷つけられないように、すぐ逃げられるように、できるだけ遠く、こわごわとおいている」。

とたんに隣にいた彼女の友だちが、似ている！ と叫んだ。彼女は少しねこぜ気味で、しかし目は大きく、いつもほほえんでいるのである。

「私は原因や、それをなおす方法を言うことはできないけれども、あなたのからだが志向していることの意味はわかるように思う」と私は言った。

「あなたは外界が怖い、だから逃げたい。外界は自分に対して容赦なく迫ってくる。侵入させないように、壁を作って自分を閉じ、ひきこもりたい。だが相手を拒絶しておこらせるのは、これも怖い。コミュニケーションを引き裂かれることも怖いのだ。できるだけ平穏に、おいておきたい。この二つの方向があなたのからだにある。だから、にこやかな、しかしニュートラルな（中立性の）顔を前におき、胴体はうしろにひきこんでねこぜになっている。

どうやら問題は、外界――非自――に対して、コミュニケーションを劈き、どう親しい関係を持てるようになるかということ、その姿勢がどうしたらなおるかということだと言えるだろう」。

それから長いやりとりの中に、私はふと思いついてこう提案した。

「サングラスをかけてみたらどうだろう。サングラスをかければ、顔の前に一つものがある。そのうしろにかくれて外界を眺めることができる。少なくとも、からだは二つに引き裂かれず、統一を持てるのじゃないか」。

彼女は、すぐ友人のサングラスをとり上げてかけてみた。とたんに、

「ヒトの顔が見える！」と彼女は言った。「今まで、ヒト（他人）の顔を見たことがないんです。見てるような顔はしていたけど、見ることができなかったんです。はじめて顔が見えます。わあ！」と言って彼女は大きく息をした。

彼女にとってここ十年近くではじめて、他者にふれる条件を作り出せたわけであった。

からだが何を志向しているかを姿勢からよみとるこの見方は、こうして私の基本的な思考方法になっていった。

毎年私は多くの若い人々に会う。生き生きとして圧倒されそうな若さにあふれている。

しかし、そのうちに一人ひとりと詳しくつきあい、からだが見えてくると、それぞれに微妙な歪み

(かりにそう言っておく)をせおっていることが見えてくる(とくに、胸から首筋と、股関節の緊張が多い)。その歪みの志向するものを了解し、それをつきつめ、表現にまで昂め、ある場合はそれをとりのぞき、ぬけ出す手助けをすること。ほぐすこともあり、一気に突き抜けることもあるが、演技のレッスンは私にとって、そういう場になっている。

からだは、自分と世界とのふれる境界線であり、そこに必死になって生きようとしている自分の状況が顕在化しているのだと言えるだろう。解放ということがありうるとすれば、それはまずそのかたち、姿勢を変えることであり、表現ということは、そこへ至ろうとする努力がそのかたちとの間に起こす闘いの姿である、と私は考えたい。

このころ、私はこう書いた。

私たち演劇人にとって、からだが何によって動き、いかに動くかはことさらに重大——核心的あるいは致命的な課題に違いない。なぜなら演技においては、創造するからだと、創造されるものとが、同じからだ(のうごき)であり区別されえないからだ。

「意識が主体であり、その計算にしたがって、素材としてのからだを使って動きを組み立てる」。これが近代的演劇論の思考法一般であり、それは、自分のからだを単なる肉体として、客体としてあつかう考え方であり、ひいては他者のからだも、客体=ものとして客観的に観察でき、描写できるものという考え方であり、一般にリアリズムと言われるものである。この思考法の根底は、自然科学を成り立たせている論理だと言えよう。

科学は、〈知覚された世界についての一つの規定または説明〉でしかない。とくに古典的自然科学は、それを生み出した人々にとっては、世界に対する、ある一つの方法をもって行なう仮説と実証の過程であって、その論理の網の目の結節にあたる部分のみにおいて真理なのであり、その外には未知なるものの領域が暗くひろがっていた。

ところが現代の市民一般にとっては、古典的な自然科学の常識は、事実の代名詞であり、私たちの根源的な体験における世界の見え方がそれによってすりかえられ、おおわれてしまっている場合が多い。

困難は世界を見る目、ふれるからだをとりもどすことである。客観的世界の描写を拒否して反リアリズムをとなえても、それが単なる主観に閉じこもることだったら、ジャコメッティの言うように、実は世界の見え方は客観主義者とまったく同じであって、ただ目をつぶっているだけにすぎぬからだ。

今のところ、演技のレッスンは、私にとって、
▽閉じられ、病み、歪んだからだを、他者に向かって劈いてゆく実験。
そして――
▽自分のからだを、そして、主体であり同時にものであるそれが向かいあう他者を、くり返し新しく発見してゆくこと。
▽自分と世界とのふれあいについて、常に新しく驚いてゆくこと。
▽日常生活、科学的思惟によって疎外されているからだが棲みこみ、生きている世界を、根源的にと

りもどす試み。
▽そのとき主体（からだ）の動きは、他者のからだにおいて、その意味を成立させ、そこで完結する。だから、演技者にとって、舞台という固定した空間はない。演技の成立するのは、他者（観客）のからだにおいてである。

このように、さまざまに言いかえられる側面を持ちながら、全体として「人間のからだ」を探り、その閉じ、ふれ、劈く貌に立ちあってゆくことだ、と言いたい——そのとき、ひょっとすると「演劇」というフォルムはもはや口実にすぎない、かもしれない。

人間とは人の間と書く。これは人を単なる個体でなく、自と他、私と世界の関係を包摂しているものとしてとらえており、メルロ＝ポンティが「間身体性」と言うのと、きわめて近い考え方のように、私には思われる。「劈く」とは、その意味で「人間」の意味を回復することなのである。

〔註〕私は、今のところ、心とか精神とかいうことばをごくまれに、譬喩的にしか用いない。こころとからだは私にとって一つのものであり、からだが反応し、からだが行動し、からだが考え、からだが語るとしか言いようがない。

私は、「身体」という字を使わない。原義で言うと「身」は孕んだ女の形であり、「体」は切りはなされた肢体の一つ一つを言うのであって、主体として私の言い現わすことばとしては、語感がピッタリこないからだ。

こえの治癒――GとSの場合

こえと会話が確実に自分のものになり、自由にコントロールできる、という感覚は、私にとって思いもかけないものだったから、私は、夢中になった。そして、新しいこえの可能性を劈こうと、次々にレッスンを見つけてはうちこんだ。順序不同であげてゆくと――

(1) 頭のてっぺんから天井へ、後頭部からうしろの壁へ、口から、胸から正面へ、四つん這いになって腹から床へ話しかけ、あるいは歌いかけ、反響(答)に答えて、自由に増幅してゆく。

(2) 相手に向かって――てのひらでしゃべる。肘でしゃべる。膝で、あしのうらで、尻で、などなど。

(3) ネコやトラになって、じゃれ、唸り、吠え、闘う。

(4) 牛、鳥、蛇、魚、虫、さらにナイフ、樹木、草、花、水になって、こえを発する。

(5) それらのもののこえで、テクスト、例えば詩や戯曲の一節を語り、叫ぶ。これは思いもかけずこえの幅や呼吸をひろげ、例えば歌舞伎の発声などに近い表現力に手掛りを与えた。

(6) ころがりながら歌い、話す。逆立ちしながら、転回しながら、さまざまに運動しながら。

(7) 一つの単語を、さまざまにイメージし、そのイメージに働きかけて発語してゆく。例えば「サカナ」を、とる、つる、追いかける、泳ぐ、怖れる、襲う、逃げるなどのアクションから遊ぶ、恋をする、突然巨大になる。あるいは「サカナ」とまるで違うもの、例えば便器、神仏の像、お菓子などとして扱いながら、勝手に動いてくる感情にしたがって言う。

（8）前記のやり方を、有名な戯曲のセリフの一部を用いてやる。もちろん（5）や（6）が混じってくる。

（9）こえのバスケットボール。例えばはる（春）という一つの単語を発しながら、ちょうどボールを手渡すように、相手に身ぶりで投げかける。相手は届いて来なかったり、外れたりしたら、蹴っとばしたり追っかけたり。受けとめたら、また「はる！」と投げ返す。ときには床にぶつけてはずませ、受けとり、ジャンプして天井に投げかける、などなど……。

こう書いているとキリがない。

こんなレッスンを、大ぜいを相手に、次から次にやっているうちに、ほんとうにこえが出るとはどんなことかが、だんだんわかってきた。例えば、頭のてっぺんから天井へ向けて歌いかけるレッスンだと——私は相手とまっすぐ向かいあって立つ。うまくいくときには頭全体がビーンと鳴り響いて、パカッとてっぺんに開いた口から上へ向かってこえが空気の柱のように突き立つ感じになる。しかし、そうなるためには、ピイーンとはりつめて、まっすぐに立たなければならない。天井からのエコーだけに注意を集中していると、自然にからだ全体が天井へ向かって収束されてゆくように背がすうっと伸びてくる。しかし、すぐコチコチに硬くなって、こえがつまってしまう人が多い。からだのまん中にまっすぐ「くだ」が空いたままやわらかく、しかもピイーンとはりつめていなければ、こえは上へ噴き抜けない。力を抜かせ、髪の毛をつかんで吊り上げ、正面から向かいあってこえを発してみせ、やらせる。くり返し、猛烈な集中、われを忘れての闘い。汗だくだ。その集中に感染してある少女は、他人がレッスンしているのを見ているうちに自分のからだが変わっていってしまって、いよいよ自分の番が来たとき、いきなりすさまじいこえを発して周囲を驚倒させた。こえは一気に輝きわたり、からだは歪みから解き放たれ、からだの中に空気の柱が通ったように、からだ全体が震動した。

こういうレッスンの過程で、私は相手のからだの中の状態がすうっと見えてくるようになった。見える、というのと少し違う。相手のからだを見ているうちに、私のからだが動き出して相手のからだの形、内の動きにシンクロしてしまう。すると、こえがどこでつっかえて出てこれないでいるか——のどの奥をしめられているので、ちょっと横につまっているとか、固めた胸の中に閉じこめられてほんの指先だけ外に出てきている感じだとか、からだの中で感じられてくる。しまいに、私には、こえが生きもののように思われてきた。だれのからだの中でもこえがちゃんと生まれて外へ出たがっている。それなのに出してくれない。私はつまったこえの人を聞き、見ていると、こえが泣いているような気がしてたまらなくなり、なんとかしてやりたくてむずむずするようになった。「こえの産婆だね、まるで」とある友人が言った。

教室でも大学でも、私は一人ひとりこえを調べ、レッスンをした。こえが変わる、ということをほとんどの人は信じない。私は早い人は十分くらいでガラリと、長くても三十分くらいで、変化が聞きわけられるほどには、変えることができるようになった。目の前でこえが変わってゆくのに立ち会うと、はじめ人々は呆然とし、それからやっと信用する。あんまり鮮かに良いこえが出たので、自分で信じられずに「奇蹟みたい」と呟いた女子学生がいた。

はじめは一人ひとりまったく無手勝流にとりくみ、集中し、感じとり、見抜く、という勝負だったが、やがて方法の焦点は大まかにきまってきた。

第一は、野口さんの体操の応用と変形による脱力。とくに頸と肩と胸、そして股関節。

第二は、前に述べた天井へ歌いかける例のような、激しい集中でわれを忘れ、自己を超えること。

第三は、「話しかけのレッスン」の応用と変形。相手に、ふれ、ぶつかること。

その観察と回復（治癒）の例をあげてみよう。

数年前、藤堂明保氏が愛という漢字の成り立ちについて書かれたのを読んで私は感動した。漢字が象形文字だということはだれでも知っているが、山とか川とか形のあるものはともかく、愛という心理現象を、古代中国人はどのようにして形に現わしたか。

愛という文字は、と心と夂の、三つの部分によって成り立っている。このうち心は心臓の形である。夂は夕から出た。夕は足（跡）を現わす象であるから夂は足をひきずる象になる。は、古い形では旡であるという。これは既という文字のつくりであるが、既という文字の古形はおおよそ、であって、これは食器に盛られた御馳走を腹いっぱいに詰めこみ「アングリと口をあけ、うしろにのけぞったさま」である。

この愛という漢字の発音は「アイ」だが、これは哀と同音である。この「アイ」という発音は、ため息の音である。「人痛む所あれば声は自然に出て復た思慮するなきは、これ天性なり」(加藤常賢『漢字の起源』)。すると愛とは、胸がいっぱいになってのろのろと足をひきずり、あーあ、とため息をつくような状態だということになる。

人は、からだと心と、そして呼吸の微妙な動きを、なんと敏感に探りあて、そしてそれらをなんとみごとに形に昇華していったことか。古代中国の文字=ことばが生み出されてゆく、まさにその現場に立ちあっているような昂奮を私は覚えた。

この漢字を古代の日本人が「かなし」と訳したのも、まことにみごとに正確だったと言えるだろう。柳田国男によれば(『涕泣史談』)「かなし」とは本来不幸とは関係のないことばで、ただ心に切実な衝撃を受けた状態だという。いとしいのも、つらいのも「かなし」である。とすれば愛という漢字にもっともふさわしい語感であるわけだ。これに比べて、「アイ」「アイする」などとぶっきらぼうに読んでいる現代の私たちの、なんと鈍感なことか。そこには「アイ」という音を意味づける、日本人としての、なんの呼吸も語感もない。からだと心の動きの感触がない。愛する、ということばは、当分のところ、日本語としては成り立たぬに違いない。

さて、問題は日本語としての「愛する」の発声である。「アイ」とはどんなこえか。ア、イは共に母音である。日本語では、母音は現在ア・イ・ウ・エ・オの五つしかないが、古代には八つあったというし、英語やドイツ語では、日本語で現わせば各音の中間に属するような母音もあるわけで、このように各国語において整序される以前の、いわば母音の原形質帯が、微妙に連続しつつ変化する無限の相を持ってひろがってあるわけである。

母音とはなにかは音声学でもあまり明確な定義はできぬようだが、林義雄氏によれば（『こえとことばの科学』）「共鳴腔の形、主として舌とくちびるの形を変えるだけで発音できる」「少しも摩擦を起さない開放音である」。さらに、そのうちの「ア」の音は、「あくびをするときのような口の形をしてこえを出せば『ア』となる」――服部四郎氏の「張唇前舌広母音」（『音声学』）であろう。

私は「アイする」ということばを、ここ三、四年いろいろな人に発声してもらってみた。幼稚園の生徒から中年の主婦、初老の男性まで。職種は学生、サラリーマン、教師、画家、俳優、筋肉労働者。そのうち、あくびの形をした口から摩擦なしに響いてくる、まろやかな「ア」の音を発声した人は、二十パーセントに足りなかったと言えるだろう。ほとんどの人は、いわゆるノドにひっかけた、摩擦のある、硬く鋭い破裂音ふうな「ア」であった。ただし例外は小学校低学年までの幼児で、ほとんどがらくらくと前者の「ア」の音を発した。くり返して発声してもらい、互いに聞きくらべてもらっても、二種の「ア」の違いに気づく人は少なかった。今仮に、林氏の規定されたような発声をア゜、ノドにひっかけた発声をア•とすることにすると、この差を指摘して気づかせてから、発声をなおそうと試みてもらっても、短時間にア゜の音を出せる人はきわめてわずかである。

試みてみてもなかなかむつかしいが、あくびがうまく出るときには、顎の奥がぐっとひろがって口全体がいわば壺形になる。この形ならア゜の音が出る。だが多くの人は奥歯をかみしめた日常の習慣のまま、唇ばかりを大きく開けて発声しようとする。つまり、ラッパ形だ。

中国語の「愛」の発声にもどろう。これは詰めていた息を一気に吐く音である。激しい情動によって、からだがゆれ、あるいは固まって呼吸が乱れ、平衡が破れて発せられるとすれば、このこえは本質的に破裂音に近いことになる。つまり「ア」の音であって、あくびをするときの、のびやかな「ア」ではない。多くの人々は、知らずして「愛」の本義に近いこえを出していたわけであるが、愛ということばのイメージがある切実さを発語者によびさまして、自然にそうさせた、ということかもしれない。が、これは日本語の発声としては「間違っている」ということになる。

「愛する」だけではない。「厚い」と「熱い」の二つのことばを言い分けられたのは四百人ぐらいのうち数人にすぎなかった。「厚い」の発声はもちろん「アツイ」であって、ふつうの日本語の「ア」の発声になる。しかし「熱い」の方はどうか。熱いものにふれたとき、からだは瞬間的に縮まり固まる。叫びはそのからだの激動から発せられる。だから「熱い」の「ア」は「ア」であるはずはない。「ア」でなければならぬだろう。このほか「朝」「秋」「雨」「鮎」などを「ア……」としか発声できぬ人は非常に多い。詩のあとに「てふてふをチョウチョウと読むべからず」と註した萩原朔太郎が、破裂音風の「アサ」や「アユ」を聞いたら、どう顔をしかめたことだろうか。

だが、なぜ多くの人々は「ア」を発声できないのか。これは「愛」の中国音の例からすぐ判断することができる。つまり、その人々のからだが、あくびをするときのような、のびやかな、力を抜いた状態になく、叫びやため息を発するときのような、ある緊張状態にある、ということを示しているわけである。これらの人々のほとんどは、じきにこえが疲れ、しゃがれてくる。のどをしめつけ、発声を変えるような不断の緊張状態が大多数の人の平常の状況であるとすれば、それは現代という怪物が、私たちのからだに与えた、明確な歪みの一つなのだと言えよう。むしろ、それが現代のからだなのである。

わかりやすい例を一つあげてみる。

Gという女子学生がいた。やや小柄だが愛くるしい顔立ちで、はきはきと快活、というよりむしろ勝ち気な性質で、演劇の稽古などでも常に積極的で、演技的なカンもなかなかいい。きれいなソプラノで、歌の先生にもまあほめられる方だから、発声がとくに悪いとは思われない。だが話しことばはカン高く単調で、長く聞いていると疲れてくる。何よりも、微妙な呼吸の自由さ、やわらかさがない。歌を歌ってもらってていねいに聞いてみると、いわゆる裏ごえでからだの調子の悪いときだと低いこえへの変わりめでガクッとこえが割れてしまう。「愛する」を言ってもらうと、やはり「ア」の発声であった。

姿勢をていねいに見てみた。やや顎が上がり、胸を吊り上げ、背中の腰の上の部分——これを野口さんは「へそ」の反対側だからというので「そへ」と呼んでいる——が強く反っている。呼吸は典型的な胸式のみの呼吸で、大きく肩が上下する。

話しあってみると、かの女はせいが低いことを内心ひどく苦にしていた。とくに小学校の上級から中学、つまり思春期のはじめのころ、こっそりヒールを高くしたり、人知れず腐心したという。このコンプレックスがなんとか少しでもからだを大きく見せようとして、知らず知らず胸を張り、肩を吊り上げさせ、やがて姿勢全体を歪ませ呼吸を変え、のどをしめ上げていったものらしい。このような緊張＝ストレスからくるからだの歪みは、すでに軽度の心身症だと言えないだろうか。

体操によって脱力を少し訓練してかの女の肩を落とさせ、胸の力を抜かせ、椅子にもたれて「そへ」の反りをゆるめさせたところ、かの女のこえはその場でガラリと変わった。少し低い感じの、まるみのある、よく共鳴する朗々たるこえがまっすぐ、らくらくと出た。小柄なからだ全体から響いてくるという感じの発声である。

もちろん、これと反対に、せいの高すぎるのを苦にして、常に首を肩にめりこませるようにしている女性もある。肩を吊り上げ、胸をへこませ、顎に力が入っている。腰も前こごみで、膝を合わせている。こえはくぐもり、聞きとりにくい場合が多い。

これらは心理的な緊張がそのまま肉体的な緊張と化してこえを歪めた、もっとも簡単な例だが、一見むしろ弛緩のためにこえに障害が起こっている例もある。

Sという青年がいた。現代ふうのいわゆるカッコイイあんちゃんである。長身の肩を落とし気味に左右にゆすり、腰をやや前に突き出し気味にぶらぶら歩く。最近の青年たちに共通の姿勢であるが、これはヨーロッパ人がアメリカンスタイルと呼んで軽蔑する、いわば姿勢の美学の伝統がまったくない、ナチュラルに力を抜いた姿勢の崩れである。

これがこえが出ない。いやひどくよく響くこえも出るのだが、まず息がつづかない。高い音になるとこえが割れ、しゃがれてしまう。こえの分節化も明瞭でない。つまり「ア」だか「エ」だか「イ」だかはっきりしない、まだことばの要素として整序されていないような音を発声するわけである。

姿勢を観察すると、歩くとき重心が後にあり、首を前に出し、腰と腿を結ぶ股関節を固めて前へ突き出した形になっている。つまり、弛緩して折れたたまりそうな上体の重みを支えるため、全緊張を股関節に集めている、と言ってもいい。これは、何もかもほっぽらかして休んでいたい姿勢、ただ最低限立つエネルギーだけを消費している姿勢である、と言える。積極的に何かをしようと身構える要素がまったくない。だからこえは退化し、ひっこむのが当然であろう。かれの発声はヤケごえの変形にすぎない。実はこの股関節の固さは、前に述べたGなどの場合も含めてこえのうまく出ない人にほぼ共通の現象である。

最近の心身医学は、激しい感情やその抑圧が肉体に生理的変調をもたらし、くり返されれば内臓その他の疾患に至ることを明らかにしている（メダルト・ボス『心身医学入門』ほか）。激しい怒りや絶望感が下痢や便秘を起こす。レントゲン透視で見ると、小腸や大腸が激しい痙攣や屈曲を示し、まさに「ハラワタが煮えくり返り」「断腸」の有様である（池見酉次郎『心療内科』）。このように激しい内臓の動きや痛みには、当然筋肉（随意筋）の強い緊張が伴う。このほかストレスによる吐気、ジンマシン、ゼンソクなども同様だ。これがくり返されれば、肩こり、腰のこり、背筋やふくらはぎの緊張と痛みなどが固定化してくる。肩こりがひどくなれば首が曲がったまま（斜頸）になってしまう場合もある。このような筋肉の歪みが発声器官――声帯各部から各種の共鳴腔やその部分――にさまざまな圧迫をもたらすのは当然だろう。実験例の八十パーセントが「ア」の発音しかできぬということは、いかに多くの人が無自覚にストレスに侵され、不断の筋肉の緊張による心身症の前駆症状を起こしているかを示すと言えよう。

しかも一度こえがうまく出ないことに気づき始めると、緊張は相乗される。メダルト・ボス式に言えば、患部へ向かって膨大な心的エネルギーが集中し、外部への関心を遮断し、内向し、さらにからだを歪ませ病ませるわけである。

こえがなめらかに出ないことが、どれほどからだ＝姿勢を歪ませるかを知るには、変声期の少年を観察してみればよい。私は山梨県の巨摩中学校でコーラスの授業に立ちあったとき、一年、二年、三年と並んだ男子中学生のグループを見て愕然とした。一年生は小学生とあまり違わぬのびやかな肢体、あどけない顔で並んでいる。二年生になると、個々にはっきりとした差を示しながら緊張が進行している。背が曲がったり、顎が上がったり、のどをしぼるために顔の筋肉をひきつらせたりする。三年生になると、ほぼ全員が、もはや均整のとれた姿勢をしていない。肩がどちらかへ傾く。首が仰むくか、うつむくか、左右いずれかへ傾くか、腕が突っぱっているか、脚が突っぱっているか。男がおとなになってゆくということは、かくもきびしく劇的なことなのかと、私は息をのむ思いでかれらを見比べたのだった。もちろん、これはこえの障害だけからくる歪みではない。だがこえと密接に関連した歪みに間違いはない。

のどがすぐかれる。舌がまわらない。発音が不明瞭である。声帯が小さいらしい。鼻が悪いのじゃないか、舌が短いのだろうなどなど。千差万別に告げられる発声の障害は、一般に、発声や声楽の先生についてもまずなおることはない。あたりまえである。声楽家はもともとこえのよく出る人だし、発声発音術とはほとんど、出るこえを少々美しくする技術にすぎないのだから。私の経験では、そのほとんどは緊張によるからだの歪みと、その遠因たるこころの傷を探りあてることによって治癒に至りうる。その方法は、野口さんの体操からも、ヨガの呼吸法やグロトフスキーのレッスン、また自律訓練法の基礎技術など、さまざまな手法を援用することができるだろう。要は筋肉の緊張解除と、精神の集中によって、心身の統一を回復することだと言えよう。ただ前記の股関節の固さによる発声障害はたぶん日本語の発声の特性に関連するかと思われるので注意しておきたい。日本の舞踊が古代の反閇(へんばい)（力足）と深い関連のあることは知られている。つまり、踊り上がるのでなく、大地を踏みはずむのであるが、かけごえや、踊りつつ歌うこえは、大地を踏む力足のリズムから湧き上がってくるのだ。いわゆる腰を割った四股を行なうとき、確かに息は深く、こえは変わるのである。

対人恐怖について――WとMの場合

初心者のための演技のレッスンに、Wという少女がやってきた。色が白く、髪が長く、流行のスタイルを着こなして、なかなかかわいい子であるが、ただ、けっして顔を上げない。垂れた髪の奥から上目づかいにちらちらとこちらを見ていて、自分から口を開かない。問いかけると答えるのだが、必ず顔をそらして、聞きとれるかとれぬぐらいのこえで「はい」とか「いいえ」とか言うだけである。

私はていねいに姿勢を観察してみた。顎と首をうしろに引き、肩を前へ出し、片手を常に頬に当てるくらいに宙にさまよわせている。当然背がやや曲がり、腰が前に出て、ハイヒールの脚もとが頼りない。全体にひどく力がないのである。

ひどい恥ずかしがり、もっと強く言えば対人恐怖を持っている人は、よくこのような姿勢になる。いわば、自分はやむをえずそこにいるのだが、肉体だけ人の目にさらしたままそこにおいといて、ほんとうの自分はこっそり逃げ出していきたい、という姿勢である。だがWには、そのようなケースに特有のピリピリするような緊張に満ちた脆さがない。上目づかいの目も、宙にさまようような空っぽさはなく、むしろ執念ぽい熱がほのみえる。人前に出るのもそれほど怖れはしない。私はこの少女の姿勢の志向するものが読み切れなかったが、とにかくレッスンをつづけることにした。

まず体操によって、首と肩の力を抜き、野口さんの言い方をかりれば、からだの「軸がとおる」ようにし、つづいてのどをらくにし、全身のリズムと共に呼吸とこえが大きくひろく出るように訓練する。週一日のレッスンだが、からだがかなりシャンとし、こえも出るようになってきた。

ところが、つづいて小さな芝居の稽古に入って、あと数週間で開幕というころになって、かの女のようすがおかしくなった。ときどき胸を押える。休憩のときに蒼い顔して横になりハアハアいっている。ある日とうとう発作が起きた。ひどい呼吸困難になってぶっ倒れた。医師の診断は自律神経失調症ということであった。

一週間ばかりたって回復したのち、私は小さなテストをした。もはや開幕直前なので、も一度圧倒的な緊張と集中にかの女のからだが耐えられるか心配だったからである。意外にかの女は元気だったが、ただ非常に呼吸が浅い。しきりに上体をゆすり、ゆする力によってぐんと動こうとする傾向がある。まるでチンピラヤクザの身ぶりそっくりなのである。私はふと思いついたことがあった。

たずねてみると、Wは中学までは体操とバスケットボールの選手だったという。高校へ進学してから、運動はすべてオミット、家庭は、母親が昔かたぎで、かなりきびしいようすである。あのひどくからだの力を抜きながら、叩きつけるみたいにゆすりたがる傾向は、実は、からだのエネルギーをふり出したい、何かにぶつけたい志向ではあるまいか？　私はメダルト・ボスの『心身医学入門』の中の一節を思い出した。「神経症の症状を起こさせているのは、精神的エネルギーのうちの性的な要素の鬱滞のみではないのです。おそらくこれこそ現代の特徴なのでしょうが、いわゆる攻撃衝動の鬱滞が同様に著明に一般的に拡まっていますす」。おそらく彼女の場合、抑圧された攻撃的エネルギーが体内に逆流し、開幕間近の緊張で極度に達し、背筋を緊張させ呼吸器を圧迫したのだろう。

「運動は好きなんですけど、場所もないし……」と言うかの女に、私は翌日からまずランニングを始めることを勧めた。レッスン場に来ても、できるだけ激しく運動して汗を流し、大ごえで歌うこと——といってもかの女には、大ごえは出ないのだが——とにかく全エネルギーを吐きつくしてみることを命じた。

一週間目、かの女は、血色良く、頬がふっくらとして、からだの動きはキビキビしてきた。「上体をシャンと立てて」と言うと、ほぼそれに近く保つことができるようになり、顔がまっすぐに上がった。そして芝居の稽古が進むにつれて、驚くほどのびやかな、幅のひろい、力のあるこえが出始めたのである。

これは一例にすぎない。精神的な抑圧が肉体的変調をきたし、肉体的障害が心的エネルギーを食いつぶして神経症状に発展する例は、心身医学や現存在分析の症状にいくらでも見出すことができる。その示すところは人間存在は近代において重視されていたほど、意識が特権を持ち、肉体を隷従させているものではないこと、意識より無意識の領野がはるかにひろく深く、肉体の領域に入りこんでいると言ってよいこと、つまり精神と肉体とを分けて考える二元論はもはや克服されなければならぬこと、こう言えよう。

だが、こえの障害にはも一つ重大な直接要因がある。それは他者との関係からくるものであって、これは、こえとことばの本質に深くかかわりあっていると言えよう。

こえとは何か？　こえとは、からだが発する音の一種である、とまず言ってみよう。からだはたくさんの音を発している。普通じっとしていると言われているときでも、脈搏、腸の蠕動、そして呼吸、生きている限りこの音は発しているわけだ。そのほか、手で、ものや、わがからだを打つ音、なでる音、ひっかく音、足で踏みつけ、蹴る音。その他からだがものにふれるときには、というより、空気中で動きのあるときには必ず音が起こるわけである。

そのうち呼吸音だけでも、普通の呼息、吸息、ため息、うなりごえ、叫び、泣きごえ、笑いごえ、喘ぎなどなど（アルトー『感性の体操』の呼吸の各種についての言及は示唆的だが実体は不明である）。そして、ことばを構成する母音子音などは、これらの呼吸音を整序し、選別したものにすぎない。とすればこえの面から見たことばとは、本来からだの発する音、さらに主体とそのからだそのものに即して言えば、からだの動きに他ならぬことになる。こえを、そしてことばを発するとは、からだの内に発した動きを、もっとも敏感にからだ全体に拡大したとき、呼吸器官の部分に現われる動きの一部である。だから、からだが充分に解放され、内なる情報に対して敏速に反応できるだけ柔軟であるとき、充分に豊かなこえが発せられるのは当然のこととなるだろう。こえの問題は、本来発声器官の問題でなく、からだ全体の問題なのである。

こえを出すことは、ことに、選別され整序された音を正確に発することは、もともと容易なことではない。意識を用意し、声帯をひきしめ腹圧を高め、ただこすれる音でなく、共鳴充分な音を作り出すための調整を行なう——選ばれた音に向かって身構えるのは主体としてのからだ全体なのである。

こえが出る、ということ、一つの叫びが、一つの語句が、歌が、姿を現わすということは、それだけで、全人間的な表現であり、かつ、探し求めていたからだの中の模索の、緊張の動きの、解放なのである。

ことばとはこの呼吸音を整序し、他者への伝達のために記号化されたものだと、いちおう言っておこう。ことばの起源を通報に見るか、ルソーの如く情念におくか、あるいは歌と限定するか、論議は多いし、またジャック・デリダの解するフッサールの説のように、表現の純粋性は、伝達の機能をいったん遮断したところに成り立つという構造も、あらためて考察するに値する重要な論点ではあるけれども、やはりフッサールにしたがって、ことばの機能が本来的には伝達にあるといちおう言っておくことにしよう。

すれば、ことばは他者に向かう。これは二つの側面を持っている。一つは、スタニスラフスキーにしたがえば「ことばは行動である」ということ。言いかえれば、ことばは他者のからだに届き、これを撃ち、これを刺激し、他者のからだを、あるいはその行動を、変えるものである、ということだ。そして、この働きは、裏返して見ると、そのとき、自己は自己からぬけ出してゆく、ということである。自己は自己のこえを聞いてはいられぬ、自己のこえを聞くときは自己の内に留まることだから。自己がこえとして、行動として他者に向かって働きかけるとき、自己は自己を超え、自己を意識することを放棄するということである。私流に言えば、私が真に私として行動する（ことばを発する）とき、私はもはや私ではない。

それゆえこえの障害のうち多くのものは、他者との交流の障害とかかわりあってくる。

Mという俳優がいた。いわゆるがらが良い青年で、しばしば良い役につくが、どうも話しごえにまとまりがない。この青年も「ア」の発声であった。発声のレッスンを受け、歌を歌うときにはよく響くこえが出るのに、話しことばになると、まったくこえが変わってしまうという。私は単純なテストをやってみた。友人の一人に向こう向きに立ってもらい、その背に向かって呼びかける「話しかけ」のレッスンである。Mは身構えてこえを出した。なるほど、何か空洞化したというか、拡散したというか、まとまりのない、力のないこえである。相手はふり返る気が起こらぬと言う。二度三度とテストしているうちに私には見えてきた姿勢があった。私はそれをMにやってみせた。相手に向かって身構え、大ごえを出そうと片脚踏み出し、首を伸ばして、呼びかける。だが、その瞬間にかれの腰のあたりが、微妙に、すっとうしろに退くのである。さらに細かく観察すると、視線は相手を正確に見ていない。どこか少し近くの空間の一点に焦点をさまよわせている。「つまり」と私は言った――「あなたは、意識では、確かに相手に呼びかけようとしている。それも、力強いこえで。しかしあなたのからだは、その瞬間に対象から逃げようとしている。あなたの無意識なからだは、相手がこっちをふり向くのを怖れているのではないか？　だからこえを、あてどなく、空中に拡散させてしまうのだ」。

かれはそれを認めた。かれは他人が怖いと言う。人に混じっていることはとてもつらい。相手の眼を見ることができない。かれの場合この恐怖心は少年期と共に始まって、ずっとかれを苦しめてきたのだった。

　これはかなり多い事例である。Aという少女の場合は人目にさらされることを怖れ、登場しながら「そこにいたくない」というからだの志向に悩まされた。こえだけを大きく響かせて、かの女はその場から逃げ出している。この不在志向は分裂症状への傾斜を持っている。このような場合、他者への志向性が、伝達の意志がないから、話しことばは中性化され、単調になり、活字を空間に並べるように音がつづけられるだけである。

　ことばとは何か、こえが出るとはどういうことかを、この例は探らせてくれる。歌うときどんなに良いこえが出たからといって、話しことばで同じこえが出はしない。こえが出ると一口に言うが、その機能、言いかえればからだの働き方は、まったく異なるのである。

　レッスンをつづけ主体が変わってゆき、話しかけようとすることばの内容――つまり相手に変わってもらいたいそのイメージと、相手への働きかけの直接性とが、はっきり生き生きと働いたとき、こえは相手のからだに届き、これを打ち、ふり向かせる。それは日常生活や舞台上の約束事でのやりとりとまったく違った、まさに「生きられる時間」がそこに動き始める、新鮮な体験である。

　話しかけるこえとは、そのように、目に見えるほどの方向と、ある質量と、それを対象に打ちつけるエネルギーを持つ。こえとは一つのものである。グロトフスキーの訓練には、こえで紙片を叩き落とす例があげられているが、ことばにおけるこえとは、そのような具体的なものでなければならぬのだ。

MもAもそのようなこえを持っていなかった。普通で言えば、およそかれらのような対人恐怖を持つものが俳優になるということ自体ナンセンスだということになるだろう。だが厄介なことにかれらにとっては、対人恐怖が日常のかれを圧迫するからこそ、非日常の次元としての舞台でそれを超える生を生きたかったのであり、つまり対人恐怖こそ、かれが「表現」を求める源泉であった。

かれらは、対人恐怖を治癒しなければ力強いこえが出ず、演技表現を獲得することができない、とまず言いうるだろう。だが、もう一つ道がある。かれが苦心の末、集中し、対象に向かって衝撃を与えうるようなこえを発することができたとき、その瞬間かれは恐怖を超え、自己の表現＝ことばを一挙に獲得する。それは自己を超えることであり、かつ抑圧された潜在的な自己を解放することでもある。たぶん現代の表現とは、多くこのようにして生み出されるのであろう。私たちにストレスからくる緊張と障害があるのが普通だとすれば、歪んだこえこそ現代なのであり、世に多く行なわれる演技術のように、充分に豊かに、障害なく発声される音を組み合わせ響かせることがセリフ＝ことばの訓練ではなく、歪んだこえをいかに超え、劈く瞬間を持ちきたらすかが、ことば＝表現への努力なのだと言うべきだろう。話が少々飛ぶが、島倉千代子などの歌謡曲の歌い手はたいていみごとな口腔の形と発声を持っている。ああ、日本語の発声とはこうなくてはいかんと思うことがしばしばある。ところが一方で、それが美しくまろやかであるほど、何か虚像のような気がしてくることがあるのも事実なのだ。そして森進一の、あのなんともひどいかすれごえが、不思議なリアリティを持ち始めるのである。

現代社会とこえの歪み

七四年の冬、私は雑誌『ひと』の実行委員会に呼ばれた。『ひと』は遠山啓氏を筆頭とする良心的な教育学者や教師、主婦たちの協力して編集する雑誌で、私は尊敬する板倉聖宣氏とつるまきさちこ氏にちょっと来いと声をかけられたわけである。

出席して実のところ、いささか閉口した。全国から集まった方々はみな独自の理論と実践の持ち主で、各専門の教科について綿密な発言をされる。私は感嘆して聞いてはいたが、なんのために自分がここに坐っているのか、ますますわからなくなるばかりだった。最後に、竹内さん一言と板倉氏に言われても、教育の門外漢として、何も言うことがない。しかたがないから、私は、列席者の姿勢と発声について書きとめていたメモを読み上げた。その主なものを述べると次のようなことになる。

(1) まず、二十人ばかりの中、発声がいいと言えるのは、男一人女一人ぐらいだ。あとの人は、しゃべるのが商売の教師が多いけれども、かなり不自然なこえを出している人が多い。

(2) 机の端にいた母親=主婦のAさん。すごく胸を張った上体がコチコチになっている。私流に言うと、「前人間」で他人に対してすごく緊張して向かい、自己をきわ立たせている姿勢で、からだのうしろ部分はすっかり疎外され過疎地帯になっている。きっと年中肩や腰が痛くなるに違いない。かん高いこえで論理的にきわめて明晰に話すが、胸から上だけに響いているこえだから、論理的説得力は持つが、感覚的あるいは感情的に他人を納得させる力は乏しいだろう。

（3）男の教師Bさん。大変豊かな幅ひろいこえで、発声は申しぶんない。確実に相手に届いており相手を動かす力を持っている。ただし、自分から他人へ一方的に働きかけるこえであって、そのこえ＝ことばを発している自分の立場は、はたして今のままでいいのかな、とことばを発しつつ反省するという作用がまったくない明るさである。

（4）女の教師Cさん。一見、いや一聴したところよく通るすてきなこえのようだが、目、額にかなり緊張があり、胸の両側、腕の付根にあたるところがせばまっている。そのこえはらくらくと全身に響いて出るこえでなく、教室に強く通り威圧するように無理に圧し出され、長年にわたって鍛えられ定着したもので、子どもをひっぱっていくことはできるだろうが、からだを溶かすことがない。

（5）年配の教育学者Dさん。とてもいいこえなのだが、あまり外へ出てゆかない。自分の中で問いつめ発見した真理を語り、それを人々が聞き入る、という話し方で、他人に話しかけるというこえの出し方ではない。

（6）中年の教育学者Eさん。もと陸軍幼年学校生徒。その胸を張った硬直した姿勢はほぐさなければいかん、といつ気づいたか、やわらげているのだが、からだに「軸が通る」立ち方を見つけてないために、胸を前に張ったまま、両肩を落とすという、少々不自然な姿勢になっている。そのため顎が上がり、生気はあるが、カン高い、ちとさわがしいこえになっている。

(7)女の教師Fさん。やわらかい、低いこえ。どちらかというと自閉気味だが、訓練と意志で自分を平静に保ち、他者にていねいに向かいあわせている。自分の中でことばを探しつつ語るので、ときとすると他人までこえが届いてゆかず、また届いても、ことばの論旨が不明瞭になる場合がある。

ほとんど初対面の人たちだったが、あとで聞くと、各自の性格をあまりによく当てたので、みな一様に驚いたということであった。

どうやら私は「体育」の教科の人間として区分けされたらしいとあとで知ったのだが、私は、子どもたちのからだとこえのつながりについて、ひいてはどんなに良く計画された授業でも、子どものからだがそれを受け入れ、いきいきと反応するようになっていなければ、氷に種子をまくようなものだということに気づく端緒にしてほしかったのだと述べた。

気がつき始めてみると、こえの状態が悪い人があまりに多いので、私は不安になってきた。

なぜ私たちは、これほどこえが出ないのか?

なぜ私たちは、こんなにからだが歪んでいるのだろう?

人間を、からだを回復する、と言う(私も)。しかし、人間が生きている社会そのものが全般的に、構造的に人間を裏切り歪ませているのだとしたら……。

「現代(日本)とは人間にとって何か」という八幡のやぶしらずみたいな課題に、私は演劇という装置によってとり組んできたつもりだった。今、私は、人間のからだとこえの上に現代という怪物が爪を立てた傷あとを、刻印を、まざまざと見るような気がしてきた。

最近は、教室で教師に聞こえないほど小さなこえしか出さない高校生が多くなっているという。ふと、「コンクリート棺桶」ということばが浮かんだ。あとに「公害」という呼び名がついた。

何年か前、ある教科書会社に頼まれて国語の教科書の中の文のいくつかを、小学生に読ませて、ソノシートに吹き込んだことがあった。そのとき気づいたのだが、どうも都心の学校の子はこえが小さいし、はずまない。八王子あたりの郊外の子が、こえがしっかりして朗らかで大きい。教師と話していて教えられたのだが、コーラスのコンクールでも、近ごろは都会の学校はまったくだめです、ということだった。なぜだろう？　どうも原因の一つは、学校でも家庭でも、コンクリート製のまっ四角な箱の中で暮らしているので、そのせまい箱に響きすぎないようなこえの出し方をしているんじゃないかと思ったのだ。子どもと一緒に教室でこえを張り上げてみると、ギィーンと響く。廊下などではエコーが二重三重にかさなって、場所によってはちょっといい気持になるほど響く。が、なんとも硬い、息ぐるしい響きの世界だ。子どもは自然に息をひそめる。家でも、駅でも、街路でも、みんなコンクリートの壁、箱。その中を子どもは、乱反射して返ってくるこえに傷つけられないよう、こわごわと生きているのではないか。――これは仮説とも言えないイメージだが、それが、今よみがえってきたのだった。

教師のキンキンごえも、お母さんたちのあたりさわりなく、ひどく小幅にコントロールされたソフトなこえも、みんなコンクリート棺桶の中でのうごめきに見えてきた。

「コンクリート棺桶公害」症状。

呼吸が浅い。横隔膜をほとんど動かさず胸と肩だけで息をしている。したがってこえは小さい。高い音は出るが、低い落ち着いたこえはあまり出ない。

声量の変化が少ない。激しい感情の現われに伴うこえの爆発をできるだけコントロールしている。それでも一つのセンテンスの語尾になると息が足りなくなるために、語尾の発音が出きらない。消える。

さらに進むと、ことばの音を落として呼吸の浅さを補う。まず、「っ」「ん」などの無声音を落とし、次に母音の発音を短くし、次に子音もと、とめどがない。

一度、「タシ、コドデ」という女の人に会ってあっけにとられた。何度か聞き返してわかったのは「わたくし、近藤です」であった。

一度「……公害」というイメージが浮かぶと、次々にいささか無責任な呼び名が出てきた。以下列挙する。

「ガンバラナクッチャ公害」

いわゆる優等生にこの症状を示すものが多い。

胸を張り、腕を両脇に固めて、両膝を合わせ、目上の視線に対して欠陥のないよう身を構え、すばやい反応を競うために緊張を持続している。目付はどちらかと言えば上目づかいであり、事柄を理解するには、豊富に貯めこんだ権威あるデータを、一刻も早く組み合わせることに腐心する。しばしば硬直した論理のみごとさを誇り、発想のちらばりはまずない。こえはキンキンした、つまり、胸と頭に響いているこえで、一つのセンテンスを一気に早口にしゃべる傾向が多い。時におしつけがましく、電話などではひどく聞きにくい。別名「前向き緊張公害症状」とも言う。

これの変形が、

「集中しなくっちゃ公害」

緊張はまず目にあらわれる。大きく見開いて、まばたきもしない。唇にもたいてい緊張がある。一つのことに集中しなくては、という意識が強すぎて、それ自体が行為の主体になり、自分（のからだ）という本来の主体が追い出されてしまっているわけだ。極端に言えば、放心の一、二歩手前だから、観察も思考もうまく働かない。在来持っていた概念を断片的に組み合わせるだけの結果に終わる。相手を説得しようとする熱意だけは強いが、こえはどこか空虚で散らばってしまう。学校の先生に少なくない。

「唱歌授業公害」

わざわざ「唱歌」と今使われてないことばを用いたのに注意されたし。

わたし歌が下手です、きらいです、音痴です、と尻込みする。

事実、かぼそいこえで、途切れ途切れでメロディも狂っていることが多い。

症状には二種あり、話しことばのこえもうまく出ない場合と話しことばなら出るが歌がダメの場合とがある。ここでは後者を主症状とする。

話しことばとして歌詞を発声させると、たいていは歌おうとする音程よりかなり低い音になり、かつ呼吸も深くなる。そのこえのまま声量をあげ、歌のリズムで歌詞をしゃべらせ、次に歌のメロディにのせると、ほぼ歌えるようになる。

これは、学校の音楽の授業で、歌の発声を話しことばの発声とまったく切り離して教えられたせいであろうと推測する。歌は特別のもの、と思いこみ、自分はそれに適しないと劣等感を抱いてしまうのだ。この遠因は、おそらく、日本の唱歌が、日本語のリズムと無関係にヨーロッパ産のメロディを教えこむことから始まったことにあるだろう。民謡のわらべ歌、例えば、「かごめかごめ」とか「あんた方どこさ」の手まり歌を大ぜい一緒に遊びながら歌うと、ほとんど音痴はいないことがわかる。歌と話しことばは一つのものだ。ことばは歌われ、歌は話されねばならない。

これは別名、

「キレイなこえ公害」と言ってもいい。

歌は、特別な、キレイなこえで歌うものという固定観念に、まず教師がこり固まっている。「地ごえ」はいけない、などと言う教師がまだたくさんいるのに驚く。人が生きている以上、生の発現であるこえは、ときに輝くほど明るく、ときにはどぎついほどきたないのが当然で（例えばバカ！とどなるときなど）、それでこそ「美しい」のだ。きたないナマなこえのダイナミズムがリズムにはずんでいかないで、どこに歌があるのか。ゲイジュツとしての歌なんか専門家にまかしとけばいい。話しことばにこの害がおよぶと、胸式呼吸の——一般によく腹式呼吸と言われる、腹筋をぐいぐいとへこませて息を吐く方法は、実は胸式になっている場合が多い——澄んだ音で、子音ははっきりしているが、母音がやせていて、口先だけという感じを与える。

●アが多い。

これの変形に、

「マイクロフォン公害」がある。

マイクロフォンをなめるように、ささやきごえで間に合わす。あるいはノドの奥だけでこえを出す。NHKののど自慢に出てきて歌う高校生の多くが、まったくこえが出ていないのには驚かされる。

さらに普遍的なことに、

「標準語公害」がある。

岩手県の山奥から東京へ出てきて大工をやっていたある青年は、休みの日、駅のベンチで隣りあった幼女の面倒を見てやっているうちに「誘拐犯」にされかかってしまったのだが、「東京じゃ、やっぱり話する相手ないもんな」と話した。岩手弁の訛がひどく苦労だったようだ。「ことばうまく話せないしよ、変な目で見られるみたいでよ。くにの人同士で話すだけだな」。職場でもめったに口をきかないと言う。

仙台の宮城教育大学の一学生の場合はこうである。かれは岩手から仙台へ来ている。私たちから見ると隣の県だし、同じ東北弁だからあまり違いはあるまいと思いがちなのだが、「一所懸命標準語使おうと思うんだが、訛がどうすてもうまくね。同ず方言でも、関西の人は平気で使ってるね。自信あんだな。岩手つうとどうもね」だという。「無理して標準語で話してるときは、自分のこえでないような気がする」と言う学生もあった。

いったい標準語とは何か、という考察を長々とする気はないが、ただ、明治政府によって主唱され形成された、支配者の、統一支配のためのことばであること、だから本質的には事務的な用語体系であって、生活感情の表出を阻害する機能を持つこと、ははっきり留意しておきたい。近ごろは「標準語」に代わって「共通語」という呼び名が用いられるようだ。一つの民族が近代国家を形成する過程では、必ず共通語を作り出してゆくので、その機能が「標準語」にあるのは当然だが、それが「共通語」と呼びうるためには、私から見れば、地方の下づみの人々の生活感情が、そして古くからのことばのイメージが新しい造語を生み出していくのでなければならない。「標準語」＝いわゆる「共通語」は、まだ前に述べた岩手の人々にとっては語＝ことばではないのだ。「標準語」を高級なもの、知性あるもの、学習しなければならぬものとする考え方は、こわさねばならない。各地方のいわゆる方言や訛が氾濫し、混合してこそ、ほんとうの「共通語」が生まれるはずだ。

私の教室で学んだ一人に山形県出身の女性があった。あるときハムレットの有名な独白「生きつづける、生きつづけない、それがむつかしいところだ」（木下順二訳）を、山形弁でやってみた。かの女は生粋の山形弁など使えないと困っていたが、試みているうちにふいと子どものころかわいがられたお婆さんの語り口を思い出した。そのとたんのかの女の変わりようは見ものだった。べったりと腰を落とし、背をまるめ、手でいざるように動きながら「生きつづける、生きつづけない……」。一音一音が重く確かに、そしてみごとなメロディとリズムを持って、これが昂揚してゆけば確かに歌になるだろうと予感させた。デンマークの王子の青くさい心のうずきは、暗い炉端の死を間近にした老婆の諦念と怨念の闘いに変貌した。

いわゆる「標準語」は中性語であり、死語であって、生命力を持たない。だから感情の昂揚を外部からそれにつけ加え、リズムを支えるほか変化が起こらない。方言の場合、一音一音の発音と呼吸が語のイメージと一体になっているから、ことばを正確に発語してゆけば、内在しているリズムと感情が大きく姿を現わし、呼吸を変え、表現が変貌する。ことばがことばそのものの生命力で育ち、はばたくのだ。

「標準語」で書かれる「話しことば」――戯曲や詩のことば――は、最上の場合、ことばが死語であることをはっきり意識した文学者によってのみ、ことばとして成り立たせられうる。もっとくわしく言えば、「紳士のことば」である標準語は死に、しかもそれ以外に共通語が今のところないと覚悟した人によってのみ、現代ではことばはもはや人間のコミュニケーションとして成り立っていないことの表現としてのみ、もっとも美しい「標準語」は書かれるだろう。この危機認識のない「美しい日本語=標準語」は、まったく力のない、空疎なことばとして市場に氾濫している。

岩手の人は、関西人を羨ましがっていたけれども、事情は本質的にはほとんど変わらないと言える。

関西から東京へ出てきて、俳優になっている人は多い。もちろん「標準語」はマスターしている。テレビ・ラジオなどのナレーションもキチンとしゃべるし、ホームドラマふうの会話などに不自由することもない。しかし、劇のある次元で、日常の意識の底にある何かが、行為の裂け目から、激しく噴き出してくるようなとき、標準語のアクセントと語感を維持しようとする意識的努力は、無意識の領域で動く衝動を妨害する最大の敵と化す。必死になってことばを生かそうと苦しめば苦しむほど、ことばは金属の延べ棒みたいに単調に輝かしく響くばかりになる。内から噴き上げるものに身をまかせるとき、かれのことばは突然生まれ、故郷のことばに変わる、そしてすさまじく波うち始める。また、はじめから生まれ育ったくにのことばで語り歌うとき、かれはのびのびと、自在に発展し、意識下のものが潮のようにかれをつつむように見える。

赤ん坊のころから「標準語」で育った東京山の手の子どもたちよ、きみたちの不幸はかつての植民地――満洲、朝鮮、台湾、樺太などでのそれに似ている。生きた母国語がないのだ。十代の終りからことばをあらためて習得した私も、また同じなのである。

考えてくると、やはり、いっぺん私たちはオシにもどろう、とさえ言いたくなる。絶対にことばを必要とする状況、そのときのからだになったとき、はじめてこえを発してみよう、と。たぶん今は、ことばが多すぎるのだ、ことばの残骸が。

少し余談になる。近ごろ日本語が乱れている、とよく言われる。戦後の混乱期が日本語をこわしてしまった、とも。しかし、そうだろうか。こわれたのは日本語ではなく、標準語ではないのか。紳士のことばである標準語。私は一九六〇年に北京で、昭和の初年に早稲田大学に留学していた要人と話してびっくりした。「私が住んでおりましたころは、〇〇町の停留所からまっすぐ行きまして、右へ曲がった角に煙草屋がございましたが、今はどうなっておりましょうか」といった調子である。まるでキチンとした日本語とはこれなんですと教えてもらっているみたいだ、と思った。が同時に、あ、これが、岸田國士さんの書いた戯曲のことばなんだな、と思っていた。大正から昭和のはじめころの新劇の戯曲のことばは、かなりひどいものだ。山本有三や菊池寛など当時有名だったらしいけれども、今読み返すと、とても話しことばなどと言えたものではない。フランス帰りの岸田國士が、はじめてことばのニュアンスを大切にして活きた会話を書いた、と言ってもよい。たぶんそのころに、近代日本語としての標準語が、公用だけでなく、紳士のことばとして（山の手弁として）成立したのだろう。

そこで成立した紳士のことばとしての近代日本語＝標準語は、私の意見では戦後に至って、ある意味ではむしろ成熟を迎えた時期があると思う。詩、戯曲、小説……。そして話しことばとしても、まだいわゆる上流社会に生きているはずだ。

だが、まず管理社会のとめどもなくふくれ上がる情報量と、そのためのことばの氾濫、つまり徹底した記号化が、人間の疎外を推し進めた。もともと実務のための記号だった標準語である。体系は解体し、組み直され、ふくれ上がる。「美しい日本語」が崩れたと叫ぶ人々は、死児の齢を数えているにすぎない。

だが本質的な問題は、標準語ではもともと表現を持ちえなかった、民衆である。いわゆる方言は崩れ失われつつある。語彙もまるで足りない。近代日本語＝標準語は、「近代」と共に解体していく。にっちもさっちもいきようはないのだ。今は、うめきとか叫びとか、からだの直接の動きから始めるしか、せん方はなさそうだ。私は、今はことばの原始時代なのじゃないかと思うときがある。マンガを見れば、ほとんどことばはなくて、音と叫びとショックが、ありとあらゆる擬音で表現されている。これがどのように変化し、新しいことばになってゆくだろうか。一方、戯曲の中の青年や学生運動家の饒舌は、意味は崩壊して呪文と化しつつある。近代日本語がその解体を通じて、どのように、人間のことばとしての機能を回復してくるのだろうか。

明示性と含意性の統一

竹内芳郎氏の呼称に従えば（『言語・その解体と創造』）、日常会話は、第一次言語の次元であり、論理語および文学言語、とくに舞台言語は第二次言語である。そこで——これは、第一次言語に関する限り音ではない。からだの動きそのものであり、音はその一部である。だが第二次言語においては、こえ＝音はそれ自体独立した音として美の考察の対象となる——とひとまず言っておこう。さて——論理語は明示性が含意性（喚情性）を吸収する場合だとすれば、その逆の場合が文学語ということとになる。あらっぽく言えば情念の表出が、ことばの機能の主体となる場合だと言えよう。折口信夫の『伝承文芸論』に次のような文がある――「(叙事詩が)文学になる第一歩は、皆の者がそれを聞くことを喜ばなければなりません。聴くことを喜ぶ為には、声楽的な要素を第一に備へなければなりません。そしてそこを通つて、今度はその文句の持つて居る内容を沁々と感じ、或はその文句自身の味ひに、皆惚れ惚れとして来る、是が文学に這入つて来る道程です」。

まず歌の要素、それがあってはじめて、次に文学内容の理解という筋道は、例えば近代の演劇において、まず文学としての戯曲の内容の理解が先行し、それをいかに巧みに音声化するかと腐心するという筋道と、ちょうど正反対だと言ってみよう。すると、すぐルソーが思い出されてくる。「(ギリシャ)以後、話し言葉はその支配力を、もはや(情念に対しては失い)理性に対してしか及ぼさなかったのである」「人びとは相手を説得する術を修めて、感動させる術を失った」(『言語起源論』)。

折口氏は「うたふ」とは「うつたへる」と同じであり、「かたる」とは相手を同感させること、相手の話をこちらにかぶれさせること、「相手をば詞で征服するといふこと」だと言う。説得ではなく、まず「うたふ」こと、また「かたる」こと。これが、近代に対立する古代の意味であり、あるいはこえの回復、むしろ蘇生であると言い切るのは、竹内芳郎氏の批判もあるようにあまりに現代の言語の課題を単純化しすぎるものであることを承知の上で、なおかつ、少し進んでみよう。

デカルトは直観の明証と論理の明断さを重んじた。私は、聴力を回復し、ことばを発語することを学び始めたとき、ことばを組み立てること、すなわち論理のたどり方をデカルトに学んだのだった。

疑いなく単純な直観から出発して一つ一つ論理をたどってゆくこと、これはいわば科学の方法であって、情念とは正反対の極に位置する。だが私にとってこの明晰さは大きな意味を持っていた。たぶん私だけでなく、多くの日本人にとっても。

戦時体制とは、一つの「真理」が、情念によって生気づけられ、強力な支配力を持ちえた時代であった。力とは一つの立脚点を固執すること、反対者は殺すこと、狭さの代償物であり双生児であると言えよう。敗戦後、自分のことばの獲得に向かってよろよろ歩き出した私は、力と情念の支配からことばが独立していることを望んだ。ことばを受け入れるとは他者に隷属することである。科学を志向し明晰な論理を望むことは、弱者が孤独を守りつつ他界と向かいあえる唯一の方法であるとも言える。

私はことばにおいて、明晰さを希求する志向を譲りたくない。しかし、それは真理と共にあるだけで行動しない、という帰結に至る道であろうか。ルソーの言うごとく情念と生気の死に至る方向であろうか。私は、竹内芳郎氏の言をかりれば「〈自由・平等な〉人間関係ほどにも皮相で抽象的な論理言語」と「捨象され追放された含意性が〈怨念〉を罩めてみずからたてこもった情動言語」の間に立って、明示性と含意性との新たな統一をはたす新たなことばと、そしてこえとを創り出しうるであろうか。

「声なしにはいかなる意識も可能でない」と書いたのはジャック・デリダである（『声と現象』）。いやかれはさらに断言してさえいる——「声は意識である」。この「声」とは現象学的な「声」「自分が話すのを聞く」という、純粋な自己‐触発であって、こえ＝音声ではなく、内語であるが、それだけに、むしろこえはすなわち現実存在せぬ「ことば」（の表象）であり、つまりこの語句は、音声でなく、ことばそのものに関連して考察されているわけである。「ことばは意識である」と言いかえれば、あるひろがりを持つことになる。さしあたって今確認しておきたいのは次の一事にすぎない。すなわち、ことばとは、思念（意識）を発声するものではなく、意識はすでにことば＝こえとして存在し、むしろ発声することによって思念が実現するのだと言いうること。

詩を、あるいはすぐれた戯曲のセリフを発声してみれば、これを試み証すことができる。詩あるいは句を、その意味＝思想内容を理解し、それを発語しようと努力すれば——これがいまだ普通の演劇界の発語、発声法であるが——聞こえてくるものは、その詩句＝センテンスの意味である。いわば明示性はありうるが含意性は消去され、ことばの音のリズムとそこから生まれるイメージとは、あったとしても附随的なニュアンスにすぎない。俳優による詩の朗読が、「良心的」であればあるほどつまらぬのはここに起因している。音がまず、豊かに発声されること、そのリズムがイメージを喚起し、呼吸とこえの響き＝共鳴がからだに震動を起こし、変化させ、さらに酔いを発せしめるとき、その語句の内容＝意味も、対象への志向＝行動も、おのずと、全面的に姿を現わす。「語句の意味をすてろ、まず、アの音を充分に開け」と私はしばしば言う。こえが生き、ことばが生き始めるときとは、そのようにしてある。思弁の苦心からはきたらぬ。充分にセリフの意味を理解できぬ若者が、こえを充分に発したとき、——と言うよりむしろこえがおのずから豊かに姿を現わしたとき、と言うべきだろうが――そのとき、発語者とは深層から浮かび出てくることばの回路にすぎず、かれは、ことばの「意味」があまりにも明確にそこに成り立っているのを発見し愕然とするのだ。「音と声を結ぶもの」つまり、内語、あるいはいわゆる主観性としての（現象学的な）「声」が、外なる世界にさらされて、私たちが普通言うこえ＝音声として現われる事象については、デリダは充分に語っているようには思われない――私のように、その結合の仕組みにこそ重大な障害の存在を経験し、かつ観察してきたものにとっては。だが、かれはこう言っている。「誰かに向って話しかけることは、たしかに〈自分が話すのを聞くこと〉、自分によって聞かれることであるが、しかし、それは同時にまた、もしその人が他人に聞かれるとすれば、他人がその同じ〈自分が話すのを聞くこと〉を、私がそれを生み出したときのまさにその形のままで、自分のうちで直接的に反復するようにさせることでもある」。ことばを聞くとは、他人の発した音を文字に並べかえ、その内容意味を理解するという、いわば間接的な「解釈」の次元の作業ではない。純粋な自己‐触発を直接に体験することである。それは他者のからだ（の動き）が私に移ってくる働き、メルロ＝ポンティの「間人間性」の現われの一つである。

こえとことばについての、このような経験と思考は、例えば次のようなことばのあり方と、どれほどの距離があるのであろうか。

「語の中に一種の魂――語のすぴりつと、言語精霊といふもの――が潜んで居て、その語を唱へると其精霊が働き出す、かう考へて居たのです」（折口信夫『伝承文芸論』）。

もちろん、これはある特定の詞章について起ることであった。しかし、このようなことが可能であるのは、根源的に、ことば＝詩が発声されたとき、その響きと、音のイメージと、語の意味＝イメージとが一つに作用して、発声する主体のからだにある変化を起こし、日常次元を超えて、からだが震動し、自分を超えてゆくという体験が基盤になければならぬだろう。それは現代でも、例えば演歌にシビレルという、きわめて矮小な形ででも、やはり、ある、のであるし、レッスンの例でもその端緒の形相は知ることができる。

畢竟するに近代のことばとは――日本の場合それは戦後においてはじめて顕著に姿を現わし始めたと言ってもいいだろうが――本質的に資本主義社会の制度の一つであって、その技術用語＝日常生活語なのだと、こう乱暴に言い切ってしまってみようか。すると、これは、からだに前記のような変化を起こし、深層の自我を発動させ解放することを、抑圧しコントロールする制度であって、ここは、そこでは、人間のからだ＝主体の動きとしてではなく、記号として弁別しうる客体的な音としてのみ存在する。そこではこえは、詩は、死ぬほかないであろう。

言霊の働き始めるときを語れば、憑依、のりうつり、にふれてくるであろう。小苅米晛氏は『憑依と仮面』というきわめて魅力的な本を書かれたが、これを読んで私が不満だったのは、憑依という事象を、古代の出来事として文献解釈していて、現代において、その端緒でも体験としてとらえていないことであった。

仮面をつけることは、人間存在全体が変わることである（ベドゥアン『仮面の民俗学』）。客観的に、見物人から見て外形が変わることにとどまるのではない。仮面をつけたとき、仮面のその面貌から何ものかがつけたもののからだにうつってくる。面をつけたとたんに深い集中のうちにからだが変わる。姿勢がリズムが歩き方が、そして呼吸が、こえが変わる。それはときにユーモラス、ときにグロテスクであり、変貌のすさまじさ、鮮かさはおそろしい。面をつけることは、確かに主体を他者のまなざしから守り、日常の自己をかくす。自己は消え、別の自己が、孤独の集中の中で生まれ始める。そのとき、面の貌からうつってきた何かが、主体のからだにある変化の志向を、イメージとまではいかぬ、もっと原初の混沌として与える。そののりうつりが結晶し始めるとき、からだの中が動き、変わり、姿勢、力の配分、口腔中が変わるのが感じられる。深い集中の中で、こえが深くなり、しゃがれたり、鋭くはずんだりし始める。変化は「やってくる」のである。自分の肉体を操作して変形する——それが近代における演技術の方法だが——のではない。仮面をつけて変貌したもの——のりうつられたものが語り始めるとき、それは人がことばを話す、というよりことばがそれ自体生きて動き始めるといった方がいい。ここから言霊までは、何歩の距離であろうか。

だがこのとき、こえが生きるには、どうやら方言の方が生きやすいようである。いわゆる標準語は、心身医学の用語の正確な意味で、ことばのある働きを「抑圧」しているのではあるまいか。少なくとも十歳位までの幼児、ことばを覚え、用い始めるときに、その苗床であり世界であったことば＝方言のみが、発語者の深い自己を語る、というより、「自己として」立ち現われてくるもののようである。私たちがこえとからだの測りがたい可能性を劈き、それに耐えうるのは、いつのことであろうか。

おわりに

最後に、書きことばも含めて、ことばについて忘れられぬ思い出を一つ述べたい。それは「語る」ということについてである。

折口信夫によれば、「かたる」とは「うたふ」あるいは「うつたふ」と対比されることばであると言う。

「相手の魂をこちらにかぶれさせる、感染させるといふことなのです。親鸞上人の遺文を見ますと、自分が法然にかたらはれまつつたといふやうに書いてあります。つまり法然上人に騙されて、私は浄土信仰に入つたのだけれど、是が却つて幸福だ（中略）と、斯ういふことです」（『伝承文芸論』）。

私たちは、このような力を、ことばから失いかけている。私たちは「語る」力を持たねばならない。それがことばのいのちなのだ。

ぶどうの会時代、民話劇を上演するにあたって、私は知り合いの中学校の教師Tさんを頼って新潟県の上越国境近くの村を訪ねたことがある。昔話は現在もどのくらい話されているか、どのようにおもしろいと思うか、というようなことを聞いて廻ったわけだ。

小さい子どもたちはほとんど昔話なんて聞いたことはない、という。四十歳代から上の人たちは、子どものときに聞いたことがあるが、よく覚えてもいねえな、今は語れる人は、いねんでねえか、というようなことであった。二日ばかり無駄足をふんでくたびれて、教員宿舎へもどってきた。

食事しながら、Tさんの仲間にその報告をしていたところが、炊事をしてくれていた七十歳ばかりになる婆さんが、ひょいと口を出して、あんた方はそういう話が好きなのかと言う。

Tさんが驚いて、婆さん知ってるかとたずねたところが、ああ、いくらか知っている。それなら、と言うとたちどころに、七つ、八つ話してくれた。帰ってから関敬吾氏に話したら、そういう話し方をするならまず七十か八十は知ってるはずだと即座に断言された。それだけ話せる人はやはり部落にだれときまっていて、その村のいわば語り部だったはずなのに、もうだれも知らなくなっていたのだ。

「まっとう山のむじな」という話があった。むじなが、ひとをだまして困るというので、ある猟師が、おれが退治してくれべぇ、と仕度をして出かけた。かみさんが気づかうと、いや、だいじょうぶだ、夕方には帰ってくるからと鉄砲持って出ていった。そうして山でむじなと一騎打ちになったのだが、むじなは石かなんかに化けて山の上から落ちてきて、猟師を殺してしまった。それから、その猟師の着物を着込んで、鉄砲を持って里へ下りていった。一方、かみさんは、いつ親爺が帰ってくるか、帰ってくるかと待っているが、なかなか帰ってこない。夕方になって風が出てきた。もしや親爺は、むじなに食われてしまったんじゃなかろうかと、いても立ってもいられないところへ、「ドンドンドンドン！」戸を叩く音がする。そして、「おい、かか、今帰ったど」。

　このときの婆さんの姿が私は忘れられない。ぺたんと坐ったまんまで、ずうっとしゃべっていただけなのだけれども、この瞬間背丈がずうっと伸びたような気がした。本当に猟師の親爺がそこに突っ立って、があんとどなったようなからだが、ずしんとそこに見えた。とたんに、ふうっと婆さんのからだが変わって、「ハイ、ハイ」と、かみさんのからだになっている。

　で、かみさん、大喜びで、「まあ、よく帰ってきた」。ガラガラと戸を開ける。手を、戸に当てて力を入れて開けるようにぐいと動かした。「まあ、よく無事に帰ってきた。むじなは、仕留めたかね」。「ああ、みごとにやっつけた」と言って入ってくる。それを、さあさあといろりのそばへ寄せてお膳を出して、さあ一杯と注ごうとしてひょいと、かかが親爺の顔を見て、どきんとした。「うちのとっさは、左の目がめっかちのはずだに、このとっさは右の目がめっかちだ」。これは、むじながうちのとっさに化けてきたに違いないと思うと、ガタガタ、ガタガタ、いても立ってもいられない。ともかく酒を飲ませて、ねかしてしまって、思い切って、玄翁持ってきてがあんとぶっ叩いて、殺してしまった。殺してしまえばむじなは本性を現わすというから、と、しっぽは出てこないか、顔は変わらないかとじっと見ているけれどもなんにも変わらない。こらあ、ひょっとしたら、ほんとうに自分のとっさを叩き殺したんじゃなかろうかと思って夜中ふるえているところへにわとりが鳴いて、まっとう山の向こう側から朝日が昇った。窓から朝日がてかてかてかてかと差してきて、その光が死体に当たるとみるまに親爺が変わって、むじなになった。

で、「どっとはらい」と、こういう話である。

そのぺたあんと坐っていた婆さんが、どういう話しぶりをしたか、と言うと、私はほとんど覚えていない。落語家のようにみごとに仕方話をしたとも思えない。ただ、ひたすら私は、鉄砲打ちやかかの姿を目の前に見ていただけだった。「おい、かか、今帰ったど」と、ぱっと猟師の親爺になる。なったと思った瞬間に、はっともうかかにもどって、ふっと戸の方をふり向く。立ち上がって、「ハイ、ハイハイ」と出て行く。婆さんは坐ったまんまで、立ったわけでもなんでもないはずだが、そういうふうにしか、私の記憶の中には、残っていない。その瞬間に、まったくその人は変わってしまう。そのみごとさといったらない。

話をするということは、こういうことなんだな、とあとになればなるほどシンにこたえて感服の度合が深くなってくる。

折口信夫のことばを読むたびに、私はこの婆さんを思い出す。この婆さんこそ「語り」の権化であっただろう。いや、かつて、日本の村々には、このような「語り部」が、いたるところにいたのだ。その力はどこにいったか。死んだはずはない、とひそかに、私は思うのである。

Ⅱ 「私」をつくり、「私」が超えようとしたもの

（私には）「主体としての身体」ということばが、ビビッときた。そうか、主体は意識ではなく「からだ」なのか、と思ったのです。……私にとって、本当の意味での戦後のスタートはそこからだと思います。

（『生きることのレッスン』）

ことばとからだに出会うまで——わが敗戦後史

この人は「ことばがない」のだ

先日、「出会いのレッスン」をやりました。二十歳だという青年が出てきました。もう一方からは小学校の教員と聞きましたが、やはり若い人が出てきた。

このレッスンは、ずっと歩いていってすれ違えばいい。その時、あ、この人いいなと思えば近寄っていって手を差し出してもいいし、かかわりたくないと感じればそのまま通り過ぎてゆく。感じるままに自由に動いてみることで、その人の対人関係のこだわりとか癖とか、自己表現のしかたとかが現われてくる。それを、立ち会っている人といっしょに考えてみるのです。

ところが、この若い人はなかなか歩いていかない。もじもじして、相手に近づいたところで足踏みして、近づくでも行き過ぎるでもない。相手も立ち止まっちゃって、見合ったまま。ようやく、尻ごみしながら、しかしにこやかな顔をして、「あの……」と言いだした。

「すわってみたら……どうでしょう」

相手が「あ、そうですね」、そして「あなたはそれがいいですか」

「立ってるより落ち着くんじゃないかと思って……」

「私もそう思います」

二人は、顔をそらして並ぶようにして坐り込んで、ほっとしたようにちらちらと相手をみやり、にこっとする。

そしてしゃべり出したのですが、実のところ、私にはよく聞きとれない。どうやらこんなことだったようです。

「あ、あなた〇〇〇に似てるって言われませんか」（若い人に人気のある歌手の名前らしい）

「え……あ、ちょっと……、でも、ぼくも見た時からあなたは×××みたいだな、と思って……」

「あ、あれ好きですか、いいですよね、あの……」（歌の名前らしい）

それから話が盛り上がって、身ぶり手ぶりでとめどなく話しつづけます。

私がストップをかけて、見ていた人から感想や質問が出る。

「にこにこ話しあっていて、お互いによくコミュニケーションがとれてるなと思いました」という人がある。

「なんだか、サッパリわからない。いったい何をしたかったの」という人もある。

「お互いに相手に合わせて話をつないでいるだけって感じ」と言われて彼が、

「でも、話したかったたし、とても楽しかったです……」と言う。

あれこれの中で、一人が「あなた、そうやっていてくたびれない？」

するとにこにこしていた彼の顔色が、すっと変わったのです。

「くたびれます……」と小さい声。

笑い声がどっとおこったけれど、溜め息をついて下を向いたままことばが途切れた彼を見ると、ふっと止んだ。

私はなにも言いませんでした。どこか「ひとごとでない」感じが身に迫ってきたからです。

その思いは二重でした。

一つは、「これが今、私が生きている現代なんだ」ということ。すらすらすら途切れることなくつづいている「ことば」。傷つけも傷つけられもせぬ、あたりさわりのない、今はやりの話題を交換し合うだけで、あっと気づいてそこから深く考え込むこともない。同じ地平でいつまでもなごみ合っている。ことばの次元で言えば、情報交換の枠をこわさないように気づかい合って動いている。これが、現代の情報化社会で要請されている「コミュニケーション」のあり方なのだ。若い人々に、それは純粋培養されている――。これは、いわば、取り換えのきく、一般的な「ひとびと」だ。かけがえのない「私」ではない。一体、「あなた」はどこにいるのだ。

二番目は、思いがけないことでしたが、私自身の二十歳の姿が、彼と重なったのです。「くたびれてます」と言った後、ポツンと黙りこんだまま、人々の問いにことばを探しながら、あきらめたように見上げる目を見ていると、この人は「ことばがない」のだと感じました。相手に合わせて話題を見つけることはできる。しかし、そこから自分を表現する「ことば」を見つけ出してくる、からだの底の感じ——はっきりしない混沌の暗闇——そこへ手さぐりしようとしても、フタをされている、と。いや、むしろ暗闇は空っぽ。それは、私が六十年前、敗戦の後、ことばを失った、なに一つことばが出なくなった時の体感と、共通しているのではないだろうか。今は「ことばが失われた」、あるいは「失われつつある」時代なのだ、と思ったのです。

聴覚障害と失語症

私は、昭和十七年（一九四二）、十七歳のときに旧制第一高等学校の理科に入りました。自分で明確に意識していたわけではありませんが、当時の若い人のほとんどがそうだったように、私も軍国少年の一人でした。数学の幾何が大好きで、いずれ軍艦の設計をしたいと思っていたのです。

私は、一歳になるかならずのときに、呑んでいたお乳が何かの拍子に耳まで廻って炎症が起こったのだろうと言われていましたが、それが治らないまま、子どものころからずっと聴覚障害を抱えて育ちました。比較的軽い状態だったときもありましたが、大方はまったく聴こえない、そのせいで、人と会話を交わすことが、ほとんどできない少年時代を過ごしました。

ズルフォンアミド剤という対化膿性疾患の薬が初めて開発され、右耳だけですが聴覚が劇的に回復し始めたのが、十六歳のときです。長いこと親しかった慢性的な耳だれと痛みから、ようやく解放されたわけですが、と同時に、そのころから、普通の人なら幼いころに通過するはずの言語習得という大きな体験を、大人になってから味わう困難が始まりました。

旧制高校に入ったのはその翌年です。考えてみると、言語習得のさなかにある、まだろくにしゃべることさえできない人間を、よくぞ入学させたものだと思いますが、これは、当時の教育が、書きことばの暗記とその応用に終始していて、話しことばや対人コミュニケーションの問題を軽視していたことの、裏返しの証明になるでしょう。当時の教育というより、今に至る日本の教育体制の通弊だといったほうが、より正確なのかもしれません。

そういう人間が、二十歳で敗戦にぶつかることになりました。それがいったいどういうことだったのか、当時の自分の力ではことばにできなかったその体験を、くり返し問うてみることが、戦後から今に至る、一つの出発点になりました。

その話をする前に、あらためて断っておきたいことがあります。

それは、私は文筆家でも言論人でもないということです。世の中には、ことばがことばを生み、ことばによって思考を深めていくというやり方があると思いますし、それができる人もたくさんいます。

しかし私には、それができないのです。

私は、芝居をやり、ついでそれをぶっこわして、ワークショップという形で「からだとことばのレッスン」を始め、探り探り生きてきた人間なので、レッスンの場や普段の生活の中で人に出会い、からだ全体でじかにかかわりあって体験したことをなんとかことばにする、という方法しか持っていません。

そういう感覚は本来なら誰にでもあるのだと思いますが、私の場合は少し極端なのか、そうでない限り、ことばがそもそもことばとして成り立たない、という感じがあるのです。ですから、私には、たとえば学者や思想家と呼ばれる人たちがするように、観念の操作によって自分一人のなかで文章として成り立つ考えを進めたり、深めたりするといったことが、基本的にできません。

この事情は、書きことばを書いているときでも本質的に同じです。いわゆる論文はいまでも書けませんし、事務的なよそよそしい文章は、読むのが苦手です。意味はわかっても、体感するリアリティがないと、どうしても腑に落ちないところが残ってしまい、書かれたことばが、からだのなかに入ってこない感じがするのです。

これは、日本語における思考のための抽象言語の、成り立ち方の歪みにも関係しますが、さきほどいった幼児期からの私の言語体験によるところが、大きいのだと思います。自分の声が、相手に聴こえているかどうかがわからない状態のなかで、何とかして相手に届くことばを発見しなければならなかったわけですから、ことばが、直接的な意味での話しことばから切り離されることを拒否した、ということかも知れない。

大人になってからことばを習得するということは、健常者にはない苦労を強いられたことを意味するだけではなくて、一方では、健常者であれば幼時に経験したまま忘れてしまうような、ことばによって人と通じ合えるという出来事のプロセスを、まるで奇跡のように、驚きと共に、喜びとして味わうということも意味しています。そのことも、その後の私に根源的な影響を及ぼしました。つまり、私にとっては、ことばが、あくまで全身心での他者とのふれあいであるということなのです。

そういうわけで、私は今でも、レッスンの場にしか自分の本当のことばはないと感じるのですが、そこに至るまでのいきさつと詳しい中身については、「祝祭としてのレッスン」、あるいは「治癒としてのレッスン」といった形で、過去にも一、二回書いています（『ことばが劈かれるとき』一九七五年、思想の科学社、現・ちくま文庫など）。

一高という場

さて、前置きはこのぐらいにして、敗戦前後の、具体的な体験についての話です。

私は理科の生徒だったので、徴兵延期という特典があったわけですが、いざ高校に入ってみると、それまでの数学好きがまったく変わってしまい、一年生の終わりころから、理科の勉強をまったくしなくなりました。直接的な理由は、高校の数学では幾何がなくなって、代数におきかえられてしまい、図形的な面白さが消えてがっかりしたということですが、それよりも大事なのは、高校がもっている雰囲気のほうだったと思います。その影響は、入ったのが一高でなかったら、その後まったく違った歩み方をしたにちがいないと思われるくらいに大きなものでした。

一高には、当時の世間から、ヨーロッパ文化直輸入のリベラリズムの根城だとみられている一面があって、特高や憲兵隊から年中睨まれていました。生徒は全員寄宿寮に入りますが、これが自治寮で、学校は関与しない。陸軍からは猛烈な廃止の圧力がかかっていたが、学校は知らん顔。戦時中、国民服を着ろ、ゲートルを巻けという規制がきびしくなる中で、学生は黒マントをひるがえし、朴歯(ほおば)の下駄を鳴らして街を歩いていました。ときには引っ張られる連中もいましたし、大正リベラリズムの申し子のような教師も多くて、学校の雰囲気は時流に反してかなり自由なものでした。何の疑いもなく勉強ばかりしているやつは、出世主義者、文化的視野の狭い人間として軽視する気風があったのです。

旧制高校には「ストーム」というおかしな風習があって、新入生が寝ていると、突然真夜中に先輩たちがワーッと、デカンショなどどなりながら襲って来て叩き起こされる。「すべてを疑え!」「ドストエフスキーは『罪と罰』の中で何と言ったか!」「自治とは何か? 何のためにあるか! 答えろ!」といった具合いです。私はそれを聞いて最初は憤然とし、いきなり立ち上がって、海軍兵学校の生徒訓のようなものを怒鳴ったことがあります。「至誠にもとるなかりしか」とか、「皇国のため死ぬことをもって本懐とする」といった、軍国主義調の文句です。自分はこう考える、あなたのいうことはさっぱりわからんというわけです。

そんな軍国少年だった私が、二年も経つころになると、かなり変わっていました。変わった原因は一つではなく、いろいろなことが積み重なっているのですが、第一は、今までまったく知らなかった文化に初めてふれたことでしょう。ヨーロッパ近代の文学や哲学――シェイクスピア、ゲーテ、トルストイ、パスカル、デカルト、日本では夏目漱石、倉田百三、西田幾多郎の『善の研究』、朝永三十郎の『近世における「我」の自覚史』、そしてベートーベン、チャイコフスキーのクラシック音楽と、まるで洪水のようでした。

天皇って何だろう

一方で、歴史は苛酷に動いていました。印象の強い記憶を二、三挙げますと、例えばこんなことがありました。

一高の寮には、ときどき戦地から戻った卒業生が顔を出します。そのなかに、士官になる資格があるのに、あえて一兵卒を望んで出征した先輩がいました。海軍でしたが、語学ができたので、私が会ったときは、結局、敵の潜水艦の無線を傍受して暗号解読をする任務についていたのですが、その人が昭和十八年（一九四三）の夏休みにやってきたのです。

誰もいない寮の部屋で、二人で向かい合って話をしていると、突然、「いま連合艦隊がどこにいるか、お前知っているか」と聞くのです。そんなこと素人にわかるはずがありませんから、こっちはムッとして、何か引っ掛けてからかおうとしているんだなと思って、「とにかく海の上でしょ」と答えたら、一瞬ことばが切れて、「いや、海の上にはいねぇんだよ」というのです。「じゃ、ドックに入ってるんですか」と聞くと、それも違う、と。海の上ではなく、ほとんどが海底だというのです。一般国民には隠されていたミッドウェー沖の敗戦を、そこで初めて知ったわけです。日本軍が負けることがある、と知ったことが大事件でした。やがて、先輩たちは次々に戦死、学生は東京を離れて茨城県の日立工場その他へ動員されてゆき、そこも海上からの砲撃で潰滅、また東京へ戻りました。

その後、昭和十九年(一九四四)十二月に東京大空襲が始まったときには、私は寄宿寮委員長として毎晩地下道に潜りっぱなしでラジオの情報を聴き、三月十日の大空襲の翌日には、親戚を探して地下鉄で浅草まで出かけていって、焼け跡を探し回りました。焼け野原の道いっぱいに、荷物をかついだ人たちが上野駅へ向かって黙りこくって歩いてゆく。その横に硬直した死体が積み重なっていました。着物の縞模様が、死体の肌に焼きついたままになっていました。

その帰り道、いまの原宿、昔の代々木練兵場があった場所の隣に、陸軍刑務所の跡があります。二・二六事件で、政府財界のリーダーを殺し、国家の革新を企てて軍を動かした若手将校たちが、銃殺されたところです。夜、寮へ帰るために、その横を通るとき、天皇のおんためにと蹶起した青年将校たちがここで死刑になった、いったいどういうことだろうと、改めて胸にこたえました。そのほか、戦争の矛盾がだんだんと身に迫ってくる。しかし、それをことばにできる段階ではなくて、軍国主義に反対の感覚は広がっていたけれども、大日本帝国に対する信頼がぐらつくことはありませんでした。

ところがある日、渋谷駅の、下からの階段を昇って、カーブしている外側のホームを歩いているときに、突然ふっと、天皇って何だろうと思ったのです。

このときの感じはいまでも思い出すことができます。自分がとたんに覚束なくなるというか、あるいは何かが薄くなってそのままスーッと消えていく感じというか、要するに、生きている根拠だったものが何の断りもなしに無くなってしまうのを、崩壊する建築物でも見るように、ただ茫然と見守っていたという印象です。

私は、天皇のために死ぬということを、疑うことなく思い込んでいただけで、論理的にしっかり考えていたわけではありませんから、これはいったい何なのだろう、と思いました。それまで見えない形で溜め込んでいた疑問が一挙に噴き出してきて、外側にあった、あまり考えることのなかった慣習の殻を破ったということなのかも知れませんね。機が熟していたというか。根源的な問いが現われてくる時は、そういうものかも知れません。

盛岡と京都での体験

その後、敗戦に至るまでの間の記憶からいくつか挙げると、盛岡と京都での体験があります。

東京大空襲のころ寮の委員長になっていた私は、徹夜つづきで授業にはろくに出席できませんでした。すでに二年連続で落第していました。三年続くと学校を除籍されます——これは「横卒」と呼ばれてかえって尊敬されていましたが――つまり、寮を出なくてはならない。実家は空襲と疎開で連絡はほとんど切れていた。どうするあてもありませんでした（このころの一高の寮生活や周囲の街の状況は、原口統三の『二十歳のエチュード』に収められた手紙などにうかがうことができます）。

しかし、その前に一度旅に出たくなりました。食い物の包みだけかついで、汽車に乗り込んでしまったのです。最初は樺太までいくつもりで、結局、北海道の北端で終わった旅です。

そのころの上野発の列車は、避難する人々の群れで膨れ上がっていました。網棚の上にも腰掛けの下にも人がいた。乗り降りは、通路が座り込んだ人で一杯なので、窓からしかできない。やっと乗った場所は便所のなか、八人ほどの人でぎゅうぎゅう詰めでした。当時の汽車の便所は、便器の下に線路が見える垂れ流し式のもので、ただ穴が空いているというだけの代物ですから、便器のふちに片足で立つしかないような状態で、ともかく十二時間かかって盛岡で降りました。友人の父親が県庁に勤めている大工と聞いていたので、訪ねていって一晩泊めてもらう魂胆でした。

でも、行ってみると、家には人を泊める余裕がないと断られてしまってね。宿無しで、どうしようかと思いあぐねて県庁の門を出たら、向こうから役人らしい男が三人歩いてきて、私に声をかけました。課長だという人が、「俺も一高だ」というのです。白線帽にマント、ゲートルという出で立ちでしたから、見ただけでわかったんですね。わけを聞かれて事情を話すと、「家へこい」といってくれました。それでやっとメシにありついた。

驚いたのは、その人の家で聞いた話です。お前、大学はどこへ行くつもりだと聞くので、京都の宗教哲学に行こうかと思っているというと、農業経済をやらないかと言うのです。なぜそんなことを言うんだろうと顔を見ているると、「日本はじきに負ける。敗戦後の最大の問題は農地改革だ。大地主を解体し、小作農を自作農に転換する大事業が待っているが、そのために働く人間が足りない。それでは戦後が成り立たない」と言う。こっちは、自分が戦死することしか目の前にないのに、もうその遥か先を考えている人がいることが信じられなかった。

その一年半ばかり前、動員されていった日立工場の職長の家に呼ばれて、マルクス主義の読書会を憲兵隊の目を逃れてやっていることを知らされたときも、同じようなショックを受けました。同じ時代に生きているのに、まったく違う世界を生き抜いている人がいることへの驚き――。

盛岡での課長のことに話を戻すと、彼は昭和九年(一九三四)の一高寮歌は歌えるかと聞くのです。知っているといって一緒に歌ったら、その歌詞には、「白き風、丘の上に荒(あ)る〜」とか、「赤光る星、見ずや我が友」ということばがありました。「白き風」がファシズム、「赤光る星」がソヴィエト・ロシアのことだということは、歌っていて、アッと気づいた。このことも日立のことも、私は誰にも言いませんでした。後のことになりますが、この人たちは敗戦後、自分たちの見通しの実現した時代を存分に生きたでしょう。が、その季節が過ぎた後の日本社会の変動の中で、どう身を処していったのだろうか、と考えます。

京都には、宗教哲学に入りたくて、波多野精一教授を訪ねていったのです。自分の宗教体験を掘り下げる彼のスタイルに惹かれていたからですが、当時、時代をリードしていて有名だった京都学派には、興味はありませんでした。

しかし、波多野教授は一年前に退官されていました。それも知らなかった――。今では考えられない情報オンチでした。

京都の町は深閑とした印象でした。苔寺に向かって歩いていると、途中の街並みには、人影が一つもありません。紅殻（べんがら）塗りの窓の前の生垣に、山茶花が一輪咲いていました。たった一人で、一時間くらい呆然とそれを見ていた。そうして飛行機の爆音がいつ聞こえてくるかと耳をそば立てている自分に気づきました。大空襲を経験して、燃え上がる炎の真っ赤に映るB29の胴体を見、死体が重なる焼け跡を見た直後のことですから、静寂に安らぎを覚えるよりは、むしろ違和感が強くなった。ああ、俺はとてもこんなところでは生きていけないという感じがして、その日のうちに東京へ帰ってきてしまいました。

京都の静けさに覚えた違和感の裏には、焼け跡の光景とは別に、そのころの私が、じきに戦争に引っぱり出されて死ぬということを前提に、それまでの間をどう生きようかと考えていたゆえということがあったでしょう。半年先になるか一年先になるかわからない死を控えて、それまでの間を、何とか生きることの躍動感を感じつつ生きたいと願っていたんですね。宗教哲学に惹かれていたのも、そのせいです。

乱世から離れたところに身を置いて、無常感のなかで静かにことばをつむぐことになったら、躍動感から切り落とされてしまうという感じがあったのかも知れません。その時の私の感じは、「俺のかいい。らだの中はもっと荒れている！」と言ったら近いでしょうか。焼けた死体が呼んでいた、と言ってもいい。

敗戦前後

話は多少前後しますが、もう一つこんなこともありました。

後に東京大空襲と呼ばれるようになる空襲があったのは、昭和二十年（一九四五）の三月十日です。空襲自体はその日に限らず、その前後も連夜にわたって続いていて、五月二十五日には、その総仕上げをするかのような、二度目の東京大空襲がありました。その間、焼け出されて行き場を失った陸軍第一師団の司令部が、焼け残っていた一高の本館を接収して移転してくる、という話がもちあがったのです。

一高の寄宿寮は、当時はおそらく、旧制高等学校としては日本で唯一の鉄筋三階建て、クリーム色の瀟洒な建物で、本館や教室、研究室の建物と寮の間には、いくつかの木造の建物があり、その一つに購買部や寮の委員室などがありました。その委員室を、軍がくる前に片づけなくてはならない。部屋の中にあったものを、何人かで外に出したり処分したりしたのですが、一通り終わったところで、最後に残ったのが、重い鉄製のストーブでした。どうしよう、これも片づけようか、などといいながら横にどけ、下にあったストーブ台を持ち上げてみると、驚いたことに、台の下の床に、大きな穴が口を開けているのがわかりました。ちょうど歌舞伎舞台の切り穴のようなものでしたが、覗いてみると、中に何かがあるのです。

委員室は二階にあったので、一階の天井裏にあたる空間に降りてみると、おびただしい量の紙の山が積んでありました。最初はゴミかと思ったが、実は、これが全部、反戦のビラでした。発行年や号数は書いてありませんでしたが、読むと、昭和九年、十年（一九三四、三五）ぐらいに作ったものであることがわかりました。ドイツではヒトラー内閣成立、日本の満州侵略から日中戦争へと展開してゆく時代で、労働運動、学生運動が徹底的に弾圧され始めたころです。誰にも知らせないまま、十年くらいの間、そこに隠してあったのです。ああ、盛岡で会った人などは、この世代の人だったのかと思いました。その時は、軍に見つかったら大変なことになるという思いが先に立って、一枚残らず燃やしてしまいましたが、今考えると、一枚だけでもいいからとっておく知恵があったらなと思います。

やがて五月に、焼夷弾の絨緞爆撃を浴びて寮の委員室など木造の建物は全滅、トイレの水が止まるといった混乱が続き、授業は成り立たない状態でした。友人の家で密かにアメリカ軍からの放送を聴いたことがあったのですが、翌日に全国十一都市だかの爆撃を予告して、住民はすぐに逃げなさいと言う。いくらなんだっていっぺんに十カ所なんて、と思ったら、翌日まさに、一つだかを除いて全部やられた。さすがにこれはいかんと蒼ざめはしたけれど、だからといって、世界観が変わるものではないという点では、人間は愚かなものですね。

七月になると、朝日新聞の論説委員をしている卒業生を学校に呼び、主だった教授たちや寮の委員を集めて、報道されない情報やそれにもとづいた情勢判断を、密かに聞く機会がありました。しかし、大変なことになっているらしいと頭で理解することはできても、日本が負けるとは思いもよらなかったというのが、正直なところです。

そうして八月六日、広島に原爆が落とされます。世間では、新型爆弾ではないかという噂がさっそく飛び交っていて、一高では、翌七日の朝に学校から生徒全員の召集がありました。そこで話されたのは、広島に落とされたのは原子爆弾である、ということです。当時の一高の教授は第一級の学者たちでしたから、ドイツやアメリカの研究の進度については知っていたのです。今までの避難方法を変えなければならない、これまではB29の編隊がくると警戒警報が鳴り、それを頼りに避難してきたが、これからは一機で飛んでくるほうがかえって危ない、空襲警報が出たらただちに地下道に潜れ、といったような話がありました。

そうやって、情勢はどんどん悪化しました。寮のトイレは水が出ず、グラウンドに掘った仮便所はたちまち一杯、空襲下に次から次へと便所を掘るといった混沌が続き、授業もできない、どうにもならない状態でした。動員先に憲兵が現われて、学生たちに、ポツダム宣言を知っているか、意見はどうかというようなことを問い質したり、校長の安倍能成（あべよししげ）氏が自由主義思想ゆえに拘束されるという事件もあったのですが、周囲に渦を巻いている情勢の変化にあたふたするのが精一杯、世界の情勢を見極めるどころか、目をつぶって突っ走っているようなありさまでした。

世界の二重性

八月十四日の夜、九時を過ぎたころに一人の友人がきて、私を廊下に呼び出しました。彼は、開戦のときの大蔵大臣、賀屋興宣(かやおきのり)が保証人をしていた男で、「いま、賀屋の家から戻ってきたところだ」と言いました。灯火管制であたりが暗く、思いつめたような瞳のほかはその表情さえわからないほどでしたが、何が起こったのだろうと思って待っていると、「日本がポツダム宣言を受諾した。明日正午に天皇の放送がある」と言う。そして、「どうしようか」と呟いたのです。

どうしようと言われても、そのときの私には、まずポツダム宣言の受諾と日本の敗戦が結びつきません。戦争に負けるというのがどういうことなのかも、わかりません。大変な事態であることだけはわかりましたから、ともかく校長に報告しようということにして、一緒にいくために当時の委員長を捜しましたが、これも見つかりません。外出など考えられないときのことですから、狐につままれたような感じでしたが、これは、後になって、海軍の将校が委員たちの一部を一室に缶詰にし、俺たちは決起する、同志の軍を結集して米軍と戦う、学生も一緒に行動せよと迫っていたからだ、ということがわかりました。

結局、私たちは、当時戦災で焼け出されて構内に住んでいた安倍能成校長を訪ね、ついで教授と委員の主だったところを密かに呼び集めました。敗戦後に文部大臣になった安倍校長はある程度情勢をつかんでいたのでしょう、皆を前にして、明日はいつも通り勤労動員に出ろと言いました。敗戦を知ったら軍は何をするかわからない、しかし、それにつられた軽挙妄動だけはするなというのです。いきなり突きつけられた敗戦という現実を目の前にして、ともかく皆が必死でした。目を血走らせて相談を繰り返しながら、もがくように動きまわったと思います。しかし、ようやく明らかになった事態の途方もなさを前にして、私を含めた誰もが動転していました。つまり、今何をすべきかということに気をとられ、自分がどういう状態にいるのかということに、誰も気がついていなかったと思うのです。

部屋に戻ってきたのが、朝の四時半くらいだったでしょうか。三階の廊下の突き当りに窓があって、茫然と立っていると、真っ黒だった窓の向こうから、いつもの夜明けと変わらない、朝の淡い光が入ってきました。だんだん明るくなっていくその速さも、だんだん濃くなっていくその青さも、いつもとまったく同じでした。

それを見ているときに感じた辛い感覚をうまく表現することばは、今も見つけることができません。「世界がまったく変わってしまったのに、太陽がやっぱり東から昇ってくるなんて、こんなことがあってたまるか!」。とめどなく涙が流れてね。自分にとって、外の世界がふいにひっくり返ってしまったのです。それは、世界のもつ意味が変わったという程度のなまやさしいものではありませんでした。意味そのものが、暴力的に毟り取られた感覚だと言ったらいいか。だから、事態は、すでに崩壊の段階を越えていたのかもしれません。世界はあって、それに対する親しみだけが消えていく辛さとでもいうのでしょうか。ともかく、そういう事態に圧倒されて立ちすくんでいたわけです。

私が茫然としていると、すっかり明るくなった銀杏並木に人影が現われ、兵隊さんたちが整列をはじめた。若い兵隊は前線に取られていますから、皆、四十歳を過ぎた体格の悪い補充兵なのですが、体操をしているその人たちの姿の横を、黒いマントを着て勤労動員に出ていく生徒たちの姿も見えました。

すると、体操を終えて整列した兵隊たちに向かって、一人だけ若い将校が、刀を抜いて前に掲げると、大きな声で、元気よく号令をかけました。「キューージョーニタイシタテマツリィー、ササァゲーッ、ツツーッ（宮城に対し奉り捧げ銃）」。見たとたん胸がガクガクして、叫び出しそうになり、窓枠にしがみつきました。

だって、世界中の人は、もう日本の敗戦を知っているのです。知らないのは日本人だけなのです。それなのに、この人たちは、昨日と同じ世界にいて、昨日と同じことを繰り返している。私にとってはもう、ほとんど意味をなくしかけている天皇に向かい、万歳と叫んでいる、まるで大きなガラス玉の中の人形のように。そういう人たちがいることの、絶望的な不思議さですね。

私は、窓の外に見える彼らの姿や、響いてくる万歳という声から伝わってくる、何とも言えない虚しさと共に、一方では、これも一つの真実だと感じていました。世界が日本を見る視線を知ってしまった自分の目からみれば、あの年老いた補充兵たちは、一見何の意味もない、馬鹿げたことをしているに過ぎないと見えるけれども、当の彼らにとっては、それが生きることの真実であることに違いはな

1989 年 11 月創立 1990 年 4 月創刊

一九九五年二月二七日第三種郵便物認可　二〇一三年五月一五日発行（毎月一回一五日発行）

月刊
機
2013
5
No. 254

発行所　株式会社 藤原書店©
〒一六二―〇〇四一　東京都新宿区早稲田鶴巻町五二三
電話　〇三・五二七二・〇三〇一（代）
FAX　〇三・五二七二・〇四五〇
◎本冊子表示の価格は消費税込の価格です。

編集兼発行人　藤原良雄
頒価 100 円

戦後文学の巨人、野間宏と〝怪優〟三國連太郎が親鸞をめぐって熱論！

三國連太郎監督『親鸞　白い道』

――カンヌ国際映画祭審査員特別賞を受賞して――

三國連太郎
野間　宏

一九八七年のカンヌ国際映画祭で審査員特別賞に輝いた、三國連太郎監督第一作『親鸞　白い道』をめぐって、戦後文学の巨人野間宏と〝怪優〟三國連太郎が、二十数時間熱論を交わした記録。一九九〇年十二月十五日、野間宏歿直前に公刊され、長く品切れ状態になっていたが、このたび三國氏ご逝去に際し、『親鸞　白い道』の再評価がなされはじめた。三國氏がこの映画で描きたかったのは何か？　今のわれわれの生きる意味を真正面から問うた本作を、装いを新たに復刊する。　**編集部**

● 五月号目次 ●

三國連太郎監督『親鸞　白い道』をめぐって
三國連太郎監督『親鸞　白い道』　三國連太郎＋野間宏　1

米を代表する社会起業家ロザンヌ・ハガティ
10万人のホームレスに住まいを！
――アメリカ「社会企業」の創設者ロザンヌ・ハガティの挑戦――　8

卑弥呼は沖縄の平和思想を広めた救世主だった！
卑弥呼コード　龍宮神黙示録　海勢頭豊　12

トルコ最高の諷刺作家、珠玉の短篇集を初邦訳
口で鳥をつかまえる男
――アズィズ・ネスィン短篇集――　林佳世子　14

薄明の峡の女流俳人
秩父が生んだ女流俳人、馬場移公子　金子兜太　16

〈リレー連載〉今、なぜ後藤新平か92「渋沢栄一と後藤新平――二人に通い合う志」（市川元夫）18　いま「アジア」を観る124「『アベノミクス』日本の役割」（田村秀男）21　〈連載〉『ル・モンド』紙から世界を読む122「塀の中の暗黒」（加藤晴久）20　女性雑誌を読む61『女の世界』（一五）」（尾形明子）22　生きる言葉71「小栗上野介という存在」（粕谷一希）23　ちょっとひと休み2「披露宴いろいろ（二）」（山崎陽子）24　帰林閑話221「八十四吟」（一海知義）25　4・6月刊案内／読者の声・書評日誌／刊行案内・書店様へ／告知・出版随想

ラストシーンから映画は始まる

野間　まったく迷いに迷って、ゆうべ読み直し読み直ししたんですが、いくら読んでも解らんのですよ。じつに用意周到そのものというべきでしょうか。大胆きわまる作品構造というべきでしょうが、やはり恐るべき映画で、これまでなかった作業があるんですね。ようやくにして見えてきましたよ。

三國　僕、先生に、はじめてここで正直にいいますけどね、親鸞なんて撮るつもりなかったんですよ。ほんとは親鸞でなくてよかったのです。しかし親鸞という名前を付けなければならないという私の発想の土台は通俗性からです。ほんとは映画そのものがとっくにあれを超えていなければならないわけですが。

野間　そうでしょう。これは現代より未来のほうから出てくるんですね。

三國　僕は二、三の批評を読ませてもらって、いちばん感じることは、僕がとにかくフィルムを逆回ししているんだ、ということに気がついていないということです。

野間　だから僕は、後ろからやっていこうと思ったんですけど、それでは解らない方が出てくるでしょう。順番通りやりますが、後ろからといっても後ろのほうに、こう無限に続いていましてね、後がじつに膨大なんですね。後ろからもう、とうとうと流れていますものね。

三國　ほんとは素直にラスト・シーンから映画が始まるべきものだったんでしょうね。

野間　しかし、そういうことをしたら、カンヌに爆弾をしかけて吹っ飛ばすわけですから（笑）。

大胆きわまる傑作である、ときちんとまずいいましょう。非常に太い線が通っていながら、そのなかにあさと善信の念仏を真ん中においた激闘があり、また善念と善信、一方の善念は念仏門弾圧によってすでに念仏の未来を失っていて、そうはいいながら自身の保存を考えて、仕えている人たちに念仏門弾圧に自分は係わりがないと冷然としていなけりゃならない。しかし善信はあくまで念仏門の絶対を中心に置いて、いかなる障害をもしりぞけようとしている。善信とそういう身近な人たち、それが射鹿と善信の身近の一人ですが、これは「あなたを連れて来たのはこういうわけで……」と、策略ですね。しかし策略とわかっていて乗らざるをえない。それだけ頼られるとすれば乗ってみようと。阿藤太も入っているのですね。阿藤太がまた鼓という子供

セレクション
竹内敏晴の「からだと思想」

月報 1
第1巻
（第1回配本）
2013年9月

目次

竹内さんの帽子……………………松本成晴
「姿のいい」人……………………岡嶋正恵
同じ地平の目線で語りかけた人……………小池哲央
いまだに……………………廣川健一郎

藤原書店
東京都新宿区
早稲田鶴巻町 523

竹内さんの帽子

松本成晴

竹内さんはたいてい帽子を被って来る。自転車で来るときも、タクシーを使って来るときも。その帽子をとり待合室の椅子にちょこんとのせ、扉をあけて治療室に入ってくる。扉を閉めることはあまりない。開け放しである。わたしが扉を閉める。そして「やれやれ」と言って服を脱ぎ始める。この「やれやれ」が、竹内さんは東京の人なんだなあとわたしに感じさせる。あるいはわたしの父母の世代の人なんだなあと。

竹内さんは文字通りパンツ一丁になって木製の治療ベッドに横になる。肌着を着ていても治療はできるのだが、必ずパンツ一丁になる。どうぞ私の全身を診て下さいと言っているように。このパンツも頑なに白のブリーフである。

竹内さんのお腹はふっくらしている。驚いたのは足の裏の柔らかさだ。タコやウオノメがないのはもちろん、かかとのひび割れもない。古稀を過ぎているのにまるで赤ちゃんのように柔らかい。どういうからだの使い方をしたらこういう足の裏になるのだろう。

わたしは名古屋で鍼灸院をやっている。名刺には院長と書いてあるが、鍼灸師はわたしひとりだけの小さな鍼灸院だ。そんな街の小さな鍼灸院に竹内さんは十数年通ってきてくれた。

そもそもはじめはお子さんの唯ちゃんの治療だった。親友の子が唯ちゃんと同級生で家も近く、わたしの鍼灸院を紹介してくれたのだった。確か彼女が小学校二年生のときだったと思う。

唯ちゃんはお母さんと来ることもあれば、お父さんと来ることもあった。お母さんは唯ちゃんの治療中は待合室で雑誌などを読んでいた。お父さんの竹内さんは治療室に入ってきて椅子に座り、治療の様子を眺めていた。どんな治療をするのかという知的好奇心は薄く、ただ見守っているという感じだった。唯ちゃんがふざけすぎると注意したり、なぞなぞで盛り上がったりすると一緒に笑ったりした。（唯ちゃんが長じてバレエコンクールで賞を取ったり、アメリカのバレエ団で活躍しはじめると、そのことを嬉しそうに竹内さんは話すのだった。ちょっと自慢の混じった報告という感じで。）

たまに竹内さんも唯ちゃんと一緒に治療を受けることがあったが、やがて定期的な治療を希望され、週一回の、ときに週二、三回の通院が始まった。

その頃竹内さんは南山短大に籍を置いていたので、わたしは「竹内先生」と呼んで治療室へ招き入れていた。竹内さんはわたしを先生とは呼ばず、「松本さん」だった。わたしはべつに先生と呼ばれなくても平気だが、ひょっとして竹内さんは、弟子でも生徒でもない者から先生と呼ばれることに抵抗があるのではないかと思い、そうたずねてみた。

すると、「ぼくが先生と呼ぶのは二人だけです。一人は演出家の……」という返事だった。そんなことがあって、わたしはそれから竹内さんと呼ぶようにした。

治療の合間に竹内さんとはいろいろな話をした。うなぎは東京より名古屋の方が美味いこと、仕事で行く各地の風土や料理のこと、新幹線やホテルの冷房がからだにこたえること、那覇の空港で台風のため足止めされたこと、操体法の橋本敬三氏や太極拳の楊名時氏のこと、などなど。

絵に関する話も多く、竹内さんはルオーが好きだということを知った。また、わたしがゴッホの絵を見るとからだが不安定になる気がすると言うと、「美術と芸術の違いはそういうところにある」ということばが返ってきた。

カラバッジョについてもかなり感銘を受けていたようだ。わたしはその展覧会を見逃していたのだが、カラバッジョを特集した雑誌を貸して下さった。

竹内さんは五分刈りくらいの短髪だったから、冬は寒さ対策、夏は暑さ対策として帽子を着用していたのだろう。その帽子は、ハンチングとかチロルハットとかいうものではなく、レインハットやチューリップハットのようにつばが大きめの円い形をしたものだ。ちょっと女性的な帽子で、奥さんの帽子を借りてきたのではないか、と思ったこともある。色は黒や白、茶など地味なもの。竹内さんはけっこうおしゃれだったが、帽子に関しては実用性が優先していたように思う。あまり似合っているとは言えなかったが、不思議と帽子は竹内さんの佇まいに溶け込んでいた。麦わら帽子を被る少年のように、様になっていたのである。（まつもと・しげはる／鍼灸師）

「姿のいい」人

岡嶋正恵

改めて数えて、ああ四年になるんだと思った。亡くなってからの年を数えることはなかったが、何か変わっただろうか。例えば、「竹内さん」「竹内敏晴」と文字を入力すると、悲しいとか辛いとかいう自覚がないのに涙が落ちることはなくなった。入力している手にぽとぽとと落ちてくるので、これは何だろうと考えて、涙なんだと気づいたことがよくあったが、今、原稿を入力しても、何も落ちてこない。著書を無意識のうちに裏返して置くということもなくなった。著者として印刷されている「竹内敏晴」という文字が見えないように、意識する前に手が裏返していたが、今は普通に本を手にとっている。でも、名古屋から大阪へ行く近鉄に乗るときは、ホームをずっと、列車の窓越しに竹内さんの顔を探して歩く。今日はどこに乗ってるかな。そうか、乗ってないんだ。大阪の定例レッスンはないんだ。名古屋も東京も、どこのレッスンも、ないんだね。

この頃時々「竹内さんなら、どう言うだろう」と思う。竹内さんが生きているときは思いもしなかったが、そう思う。生きているときにそう思わなかったのは、レッスンでいつも会うことができたからだろう。かと言って、レッスンで竹内さんに何かを質問していたわけではないのだ。竹内さんはレッスンを休まれたことはない。行けばいつも竹内さんがいた。そのことだけで自分が支えられたことも多かった。

竹内さんのレッスンには、いろいろな形のレッスンがある。それらは現象としては違うけれども、レッスンを受けている者、参加している者にとって、揺さぶられているところは一緒だし、問いかけられているものは同じだと私は思う。「それでいいのか?」決して批判のための問いかけではないし、竹内さんが高みから発するものではない。そうではないありようが確かにあるだろうという実感に裏打ちされた「それでいいのか?」「それが人間としてしあわせか?」という問いかけ。自分一人の気持ちのありようではなく、必ず相手との関係のなかで自分のありようを問われるのだ。そして、レッスンの場に行かなければ、その〝こえ〟は聞かれない。

「竹内さんなら、どう言うだろう」とこの頃思うのは、今の芝居や言葉や人間関係などに現れる時代状況について、竹内さんは何を見て何を考えるか、話してみたいからだ。原発事故、選挙結果、改憲論議、今の状況を受けて「これから悪くなるよね」「嫌だね」「こわいね」という声が私の周りでは多い。不安は生きている以上付きものかもしれない。でも、「だからそうならないようにしなくちゃね」というふうに動く〝からだ〟はあまりなく、「そう悪くはならないんじゃないの」と気楽に構えるか、悪くなることを前提に、悪くなったときに傷つかないよう身構えている〝からだ〟が増えているような気がする。

亡くなる半年ぐらい前、竹内さんが言った。「一日の始まりの気構え、心構え、といったようなものが、ほんとは大事なんだけど気にしなくなっちゃってる。だからって、こうしなきゃいけないってなると、それは嫌だからね。朝起きてどういうふうに一日を始めていくかという身仕舞いが消えてしまったなあ」。竹内さんはお洒落な人だったし、好奇心旺盛な人だった。とても「姿のいい」人だった。それはおそらく身構えることの対極にある〝からだ〟だ。

この「身仕舞い」とは別の文脈で語られた話だが、お祖父さんに連れられて浅草の土手からお日様を待つ話がある。子どもの頃、竹内さんがお祖父さんの家に泊まると、朝まだ暗いうちにぱっと布団を剥いで、畳み終わったらまず雨戸を開けなければならない。ハタキをかけ、ゴミを掃き出したら、お祖父さんは竹内さんの手を引いて外へ出て行く。どの家からも人が出てくる。このときの挨拶が「おはようございます」。「おはようございます」「おはようございい」と言いながら、あとは何も話もせずにみんなじっと東の方を見ている。すると向こうの方からだんだん明るくなってきて、向こうにお日様が出てくる。一瞬きらっと輝いてぱーっと光が広がって、だんだん上がってくる。たなびく雲があって、お日様がいっぺんそこに入るから、みんな居住まいを正して待っている。で、もう一度出てくると、今度は、ぱーっとまっすぐの光が来て、みんなが一斉にパンパンと手を打って拝む。それから「こんにちは、よいお日和でございます」と頭を下げるのだ。

この話で印象に残るのは、語っている竹内さんの姿ではない。ぱっと布団を剥いで、畳んで、雨戸を開ける子どもの竹内さんの〝からだ〟である。じっと東を見て、居住まいを正す隣近所の人々の〝からだ〟であり、挨拶を交わす〝こえ〟であり、〝からだ〟である。ぱーっと光が広がり、お日様に照らされて、あたたかくなるみんなの〝からだ〟である。

このとき、竹内さんはユングの日の出を拝むヒヒの話を付け加えた。何頭ものヒヒがじっと日の出を待ち、お日様に照らされていく。その姿が竹内さんの語りによって現前する。「人間以前から生き物にとって光が当たることで命が始まることは当たり前のことだった。その喜び、驚きが、『こんにちは、よいお日和でございます』という言葉。相手に投げかける、共に生きる言葉だ」という竹内さんの〝こえ〟が、すっと自分の腑に落ちていく。

竹内さんは、いつも生きてそこに在る人だったし、今もそうだと私は思う。

（おかじま・まさえ／教育ファシリテーション）

同じ地平の目線で語りかけた人

小池哲央

私と竹内さんとの出会いは平成六年。私が勤めていた沖縄県立芸術大学音楽学部でカリキュラム見直しがあった折に、その重要な柱の一つとして「身体性の復権」があり、私が起こした身体に関する五つの異文化体験としての科目「身体表現演習」の中の一つ、「からだで感じ、からだで考える」の担当をお願いするためにコンタクトを取って以来のものです。

当時私は竹内さんと面識はなかったのですが、「歌う楽器としての肉体、音楽する主体である身体」を学生に感じてもらうという、私のこの授業にかける思いを、竹内さんに手紙か電話できっと一生懸命話したと思います。

楽器というと、道具、と思いがちですが、私は「声を出す楽器としての肉体を創る」という作業は「思想を伝えるための声を創る楽器＝からだを創る」ということで、歌は世界を表現できなければならず、生理的な息の流れ、呼吸がその世界を創る、と思っています。その意味で私の「からだと歌の関係」は竹内さんと接点があったのでしょう。

私は竹内さんに直接お会いした時も、お構いなしに考えをまくし立てたことだろうと思いますが、竹内さんはニコニコしたりして話を聞いていたはずです。

不思議なことに、長い付き合いの中で、私が竹内さんの舞台を見に行ったことも、また竹内さんが私の歌、演出した舞台を見たこともない。互いの専門分野には入り込まないなかで、沖縄の年一回の逢瀬で付き合いは成り立っていました。

その後、竹内さんの来沖の時には、重心は段々と授業のコーディネーターより、個人的興味での話と、居酒屋で飲みながら食べながらの家族を交えたユンタクに変わっていきました。

最後の方は、我が家の娘が子供から大人になる悩み多かった時期でもあり、また染色をやっていたこと、竹内さんの娘さんがバレエをやっていたこともありで、双方の娘のことが話の中心だったように思います。

孫ほどの年齢差にもかかわらず、染色作品のことを語るときには、娘に対しても「創造する者」として竹内さんは同じ地平の目線で語りかけていたように思います。

この文を書くことになった時、電話で娘と、竹内さんのこと、何が彼女の中に印象に残っているか、を話しました。彼女からはすぐにいろいろな言葉が出てきました。

「大学二年の絵、母親の身体がうつ伏せで大地の中に入りこみ、その背中の土壌に藤の木が重なった絵を見せた時、『ゲド戦記』を想い出す、といった竹内さん」「生きることや死ぬということ、自分が発した疑問に対し、多くの大人が、そんなに考えてもしょうがない、という中、ああ、そういうことを考えているんだね、と一緒におしゃべりを楽しんでくれた竹内さん」「心が痛いのではなく体が感じる、日常におこる身体の体験、ここから感じ取ろうとしたことを見てくれた竹内さん」「精神的に揺れていた時期に、それが作品という形になったとき、興味を持って見てくれた竹内さん」「ノーと言わない人、他者に対して否定しない人」「人と会うことに関して他人を楽しめる人、よく見ている人」「疑問に対して一緒に考え面白がってくれる人」など。電話口で、『生きることのレッスン』を読んで竹内さんの背景を少し知って今思うこともある、とも言っていました。

先日、竹内さんの娘さんのバレエの舞台を見せてもらいました。植物的ともいうべき柔らかさとしなやかな強さをその踊りとからだに感じて、彼女の考えの中に竹内さんの続けてきた活動と考えが果たしてどのように影響を与えたのか、与えていないのか、という思いがよぎりました。今まで奥様とは電話で話しただけでしたが、直接お会いすることもできました。娘さんの舞台を見ることが出来て、私の中では勝手に竹内さんとの約束を果たして一区切りついた気持ちになっていました。

竹内さんはご自分のことをみずから進んで話すような方ではなかったですし、私は彼のいろいろな背景も断片的に年月を経てポツリポツリと聞いたくらいのもので、知らないことも多いのです。しかし、ずっと同じ目線を持ち続けた活動をしてこられて、竹内さんは人間が好きなのだな、という印象を強く持ちます。人間のからだも自然の最たるものですが、今の時代、音楽の世界でも、道具＝楽器はどんどん進化する反面、予測しがたい自然＝からだを扱う声楽、「うたう」という行為はどんどん衰退している状況があると思います。現在、沖縄から故郷群馬の山懐に移り住んでいますが、今また竹内さんとこんな話をしたらどんな感じかな、とも思ったりしています。

（こいけ・てつお／沖縄県立芸術大学名誉教授、声楽家）

いまだに

廣川健一郎

会場入口の案内板には、いつも決まって「からだ様」と書いてあった。「からだとことばのレッスン参加者様」では長すぎるから、縮めてそう書くのだろう。

レッスン会場である琵琶湖畔の文化センターにたどり着いて私は、「からだ様かあ」とぼんやり考えながら靴を脱ぐ、下駄箱に靴を収め、荷物を持ち直して顔を上げる。そうしたら、長い廊下のむこうから竹内先生がすたすたとこちらに歩いてこられるのが見えた。

先生はいつも白い服を着ておられた。レッスンの場ではいつも、上下ともに白い服を着ておられた。すたすたと近づいてくる白い影が竹内先生であることに気づいて、私ははっとして嬉しくて、何と挨拶したものかなどとあわてて考えている。

あわててつっ立っている私に真っ直ぐにすうっと近づいてこられて、先生は「やあ、しばらく。お元気でしたか」とか、「遠いところをようこそ」とかおっしゃった。そして「それではのちほど」と、すたすたとむこうへ行かれた。

ある年の夏、雲仙でのレッスンが終わると、帰りの飛行機までいくらかの時間があって、先生は、原城跡を見てみたいとおっしゃった。天草・島原の乱の最後の戦場となった場所である。八月の、それはそれは強い日差しの中を、何を探しておられたのだろう。先生はすたすたと、今は公園となっている原城跡を歩き回られた。暑くて暑くてついて歩くのが大変だった。真っ直ぐにある地点へ歩くと、そこから見えるものを確認する。そこからまたある地点へ真っ直ぐに歩いて、そこから見えるものを確認する。その動きを何回か繰り返して、最後に青い海の一点を指さして、「あれが湯島ですね」とおっしゃった。そしてその島が「談合島」とも呼ばれるその由縁を話してくださった。

先生は食べ物の好き嫌いをおっしゃらなかった。戦中戦後の食糧難の時代を生きてこられたからだろうと私は勝手にそう思う。すこし嬉しそうにして食事と向かわれた。「美味しいけれどこんなにたくさんは食べられないなあ」と脇にいる若者に料理を分けてやられたこともあった。玉子かけご飯がお好きなようだった。旅先の旅館の朝の生玉子を楽しみにしておられる節があった。仲居さんが、目玉焼きがいいか生がいいかと尋ねかけたら、「生でいただきます」とためらわずにおっしゃった。

先生は私たち参加者に、何かとサービスをしてくださることがあった。先生に気遣いをされると申し訳なく思った。私たちが参加費を払っているから、客として気遣いをしてくださっているのかと思いもした。

運転をしている私に後ろの座席から先生が声をかけられた。「ドイツでの講演を頼まれましたがね、行って帰ってくるその体力が不安でして、どうしようかと考えているところです」。

今思えば多分、黙って運転させていては申し訳ないという先生の気遣いから、話題を提供してくださったのであって、私の意見を求められたのではなかったのだろう。「行くべきです」と申し上げた。そうしたら思いかけず、きっとなられたようだった。すこし強い声で「どうしてですか」と言われた。私はあわてた。あわてて言い訳のようなことを申し上げた。しばらくして「そうですか」と言い、「そういう考えもありますね」とおっしゃった。

二度電話をもらった。先生から直接に電話を受けようとは思いもしないでいたから、低めの押しのきいたその声を、物売りと勘違いをしてしまい、つっけんどんに応対をした。そしたら「あなたの声はこんな声だったかなあ」と。あわてた。しどろもどろになってしまった。

二度目の電話は、出先にいる私の携帯電話にかかってきた。「がんになりましてね。手術ができない場所のがんなのでして」とおっしゃった。「痛くはありませんか」と聞いた。その言葉の他に思いつかなかった。あわてた。

「あなたにはお伝えしておこうと思いましてね」と、遠からぬ自らの死を予告された。「そうですか」、この言葉しか出てこなかった。

出会いのレッスンだったと思う、「じたばたするな」とおっしゃった。けれど先生、私はじたばたし通しです。「観客に支えられていることを信じよ」とおっしゃった。「全身で相手を見よ」とおっしゃった。けれど先生、私はできずにおります。

最後の琵琶湖畔のレッスンで口にされた「突き抜ける」とは、仮の言葉ですよね。決して異物としての対象を突き抜けるのでなく、決して突き破るのでなく、ある方向を信じてあるいは探して、真っ直ぐにからだと意識を向けることですよね。じたばたせず。死をも恐れず。いやその対象に死をも含めて。

（ひろかわ・けんいちろう／保育園園長）

次回配本　2　「したくない」という自由　（12月刊予定）

のことになると、とたんにどういうものか、泣き出してしまう。お願いします、といって頭をすり付ける、人買いがね。こういうのをむき出しにしなきゃならない。いまもいろんなそういう、この映画の登場人物に似た人たちがいます。

三國　僕は阿藤太に私としての知りうる日本人を賭けてみたんです。

野間　やがてこうなるぞ、という……。しかしそういう中で一枚起請文を、

▶「親鸞　白い道」撮影中の三國連太郎

九州の「唯信鈔」を書いた方、聖覚に起草させる。違いますか？

三國　はい。

野間　次のようにシナリオ（決定稿）には書いてあります。三尊のわきに正面を向いている法然。顔を、顔だけで法然を出している。善信は沈黙。法然は気がすすまないのに花押を印す。地獄へ行ってもいいと。

三國　映画では、その部分をオミットしてしまっているのです。

野間　いや、そのあたりは、あさと善信がね、激突して己己（ここ）の死骸を、死んだわが子を火葬にするという善信、あさはこの子といつまでもいっしょに住まっている。善信は「事実を事実として見るのが念仏だ」といいますが、あのあたりは言葉が変わってないですか。

三國　ここも本編では少し変わっています。慈悲の問題について「事実を事実として」ということが、少しロジカルすぎて伝わりにくいと思いまして、「慈悲」という善信のセリフを「生きる者、一人一人が己れの生きざまをはっきりと受けとめることが慈悲の心なのだ」とし、入れ替えていますけれども。

　それとこれも僕はカンヌの国際映画祭でまた聞きしたのですけれど、ある審査員の方は、この映画の最後の一〇分にテーマのすべてが集約されている、と。映像を羅列しているのだけれども、それを実証的に最後の一〇分でそれを語ろうとする手法にこの映画の創造性を見た、というい方をしている審査員がいたということでした。たしか最後の一〇分というのは脚本にも書いてありますけれども、ここから手法を変える、というふうにカッコしておいたんです。

宝来の眼

野間　そうですね。一〇分というのか、もうちょっと長いのではないかと思ったりしますけれども、宝来の初めの出は、大切なのですが、とらえにくいですが、宝来がこの映画を受け取る一つの岩のように置かれますね。しかしその宝来の岩も一工夫あって、流されて行く。善信はその流れのなかを歩いて行くばかりである。

三國　宝来のいちばん最初の出は、垣山から人買いの阿藤太たちが来て、垣内と垣外に差別されて生活している。そこはいつも氾濫原でそこの門番が説明的にそのことをいいます。「あそこは去年、全部、利根川の水害で人が死んでしまったから、勝手に使ってかまわないんだ」といわせています。もともとあそこは河原なんだから、誰にも文句を言われる筋はないよ、遠慮しないであそこに住みなさい、と。この二つに二分されたパターンの真ん中に狂女を置き、状況として清目に阿藤太の子供の死骸を埋めさせ、まだどんどん死骸が出るよ、といった墓場のシーンで「善悪の二つ総じてもて存知せざる」親鸞の意識の異端を宝来に見せているわけです。

野間　ああ、わかります。そうですね。

三國　だからあそこの場面の実証者として僕は絵づくりをしているわけです。

映像の断念

野間　このあたりの画面がちょっと思い出せなくて。これは出てくるんでしょうか。「筧から流れる水だけが真っ赤だ」

三國　そこは切ってしまいました。

野間　その前は白と黒のサバチエというの、これも切りましたね。

三國　はい、切ってしまいました。

野間　惜しいな。こういうじつに念入りな対立。そのすぐ前が白黒で、次は赤。その白黒の画面が適正露出をたてて真っ白になってね。

三國　日本のスタッフというのは、そういう映像の端末現象とでもいったらいいのかな……そういうことにすごく抵抗を感じるのですね。そのどこにリアリティがあるのかとか質問ぜめにあいましてね。どうしても理解してもらえません。何日も何日も話し合ったのですが、どうしても理解がつかないと首をタテに振らないんです。どうしても理解がつかないということだと現場がめちゃめちゃになりますから、それでは普通にやってもいいだろうということで、そういう端末現

象の部分を全部、切ってしまったわけですよ。つまりプロフェッショナルとして露出が狂ったと見られては生活問題なん

▲「親鸞　白い道」撮影風景

です。彼らは意識的に狂わせるわけですけれど、それはプロキャメラマンの失敗だと観客に取られるのが怖いということです。

野間　非常にそう取られやすいですね。

三國　だからそういう体質をつくってしまったという、なにかこう、悲しむべき状況とでもいうのかな。いまの日本の映画は、観客を含めてそういった実情に堕ちてしまっているのではないですか。

野間　ほんとにまだカメラが生かしきれないのですね。

三國　単純に批判ばかりはいえないと思いますね。

野間　そういう点ではこれからそれを払いのけて、もっと違う質の高いものが出てくるわけですね。

三國　と思います。そういう本を書きますとね、現場のスタッフは助監さんを含めてすぐ鈴木清順の世界だというのです。決して鈴木さんの真似をしているわけではないんですよ、と説明しても、なかなか自分の経験にばかり固執して、受け入れようとしない体質が日本の映画界にはあるんじゃないですか。

　なぜ作家として最後まで自分の意志を押しつけないかというと、先ほどもいったように、監督は全員を数ヵ月間も引っ張っていかなきゃならんということがある。そこでもし初体験のアマチュア監督の僕が強引にこれをやろうと思ったらスタッフ全員も替えてしまうということ、そして膨大な時間を浪費することになってくるということですね。そういうことは政治にもあるじゃないですか。そこでいろいろと考えて、これはもう切り捨てようという、ある意味の妥協もやむを得

まいという気持ちになったわけですね。

野間 カメラのことでも、カメラマンを踏みとどまらせてるっていう、偉いものですね。

三國 僕はそういうのは日本人のつまらないプロ意識がそうさせるんだと思いますね。自分はプロなんだ、プロなんだから素人の考えていることは駄目だという……。

——何なんでしょう、そういうプロ意識というのは。

三國 あまり大した問題じゃないと思いますが、気にかかることですね。

野間 宮島カメラマンはプロ意識の最たるものですよ。よい意味で。

——日本という枠組みの中では、そういうプロ意識を持っていない人じゃまた困るでしょうね。そういう人を使うかっていうと、使えない人が続出して……。

野間 映画のショットを決定するということは難しいことなんでしょうか。大変だったんでしょうね、ロングショットは。

三國 ショットは、どうせ素人監督ですから気にするほどのことはありませんでしたが。つまりカメラ・ポジションというのは演出家にとって非常に決意のいることだということは判りました。

野間 そうですか、どこで決意されるんですか。

三國 やっぱり映画常識との闘いみたいなものがあったと思うんです。つまり一般のプロ監督でしたら、この芝居はもっと寄って大きく写すべきだろうということがまずあると思います。しかしこれは、むしろ逆にロングに引いたほうが性質として説得力を勝ちとる効果になるだろうという、そういうような自分の中での葛藤の部分でカメラ・ポジションを決めていったわけです。

タイトルバックは苦肉の策だった

野間 また初めに戻りますと、最初は平氏といいますか、平氏の一族の生き残っている人たちでしょうね、それが、残党狩りに切られる。それと重なった形で安楽の打ち首の場面が出てきますね。

だから最初はこの京都の鴨川の六条河原ですね、墓地というか葬るところですね、そこまでずーっと辿っていくわけですけれど。その中で権力もまた、いつなんどき葬り去られることになるか解ったものでないと思わせる。つまり二つがどうなるだろうという思いがしてくる。しかしそこだけ見ていた限りではどうなるのか、いっこうに解らないのだが、タイトルバックの形で出てきます絵は非常に柔らかなんだけれども、この中で非常に険しいものを予感させるし、そういうすべてを包み込んだような柔らかさですね。それが空のほうから包み込んでいるし、そっちのほうからそういう思いをさせようと誘い出されますね。あの絵は誰が描かれたのでしょうね。

三國　あれは小笠原宣さんという、真宗のお坊さん画家ですけれど。

野間　ああいうのはタイトルバックとしては非常に成功しているというか、新しいものですね。

三國　新しいというか、あれは一つの演出プランから生まれた苦肉の策なんです。

僕はこの映画のイントロの部分をリアルに撮りたい、と脚本の段階では思ったのですけどね。時間も予算も許さないということで、小笠原さんに無理矢理お願いしたんです。一応はロケハンは全部して、せめて六条河原だけでもと美術と相談したのですけれど、どうしても予算の中に入れるためには、それはできない相談だったのです。どうしたらいいか、しかしこの部分がないと困るんだということで、いろいろ考えていたときに丸山照雄先生のところで、小笠原さんのインドの絵を偶然に見たのです。それで「この方、誰ですか」と聞いたら、岐阜に住んでいらっしゃる僧侶だと聞きましてね。こういう絵をお描きになれる方だったらきっとオミットさせられた六つのシーンですか、その部分をきっと如実に再現していただけるだろう、と考えまして、それではお願いするのに橋渡しをしてくれないかと思い立ちまして、丸山先生に頼んでもらったわけですけれどね。

野間　あれは一番終わりにいって、またあれを思い出すようになるのですね。するとあの絵の柔らかさといいますかね。しかしその中身はそうではなくて、いろんなものを含んでいる。観客を包み込んでいる。それで何度かよく見ていると、新しい感じがありますよ。ああいうところは割合にヨーロッパ、アメリカなどのミュージカルとか、そういう映画の場合にはタイトルバックが非常に工夫してありますね。この映画のタイトルバックは、そういうものに対抗できるようなものになっていましたですね。

（後略　構成・編集部）

（みくに・れんたろう／俳優　1923-2013）
（のま・ひろし／作家　1915-91）

親鸞から親鸞へ〈新版〉
現代文明へのまなざし
三國連太郎＋野間宏
四六判　三五二頁　予二七三〇円

アメリカを代表する社会起業家、ロザンヌ・ハガティの仕事とは？

10万人のホームレスに住まいを！

――アメリカ「社会企業」の創設者 ロザンヌ・ハガティの挑戦――

ロザンヌ・ハガティの先進性

青山 佾

社会起業家の代表的人物

ロザンヌ・ハガティは、アメリカにたくさんいるソーシャル・アントレプレナー（社会起業家）の代表的人物の一人である。

ニューヨークに大勢いたホームレスの人たちのために、繁華街の荒れ果てたホテルの建物を買い取り、その周辺にいるホームレスの人たちのための住まいをつくった。それは当時、アメリカ政府やニューヨーク市役所が提供していたホームレスのためのシェルター（一時的宿泊所）ではなく、簡単なキッチンやシャワーがついた個室であり恒久的なマンションである。

ロザンヌは建物を買い取るために**〈コモン・グラウンド・コミュニティ〉**というＮＰＯ団体をつくり、政府や市役所の補助金を獲得し、企業や個人の寄付も得たし借金もした。借金返済のためにその後も寄付等を獲得したが、運営経費も含め、入居した人たちが働いて一定の家賃を支払う仕組みもつくった。

この方法が一つのモデルとなって、ロザンヌと〈コモン・グラウンド〉はその後もニューヨークの各地にいくつものホームレスのための住居をつくり、彼らの生活再建に努めた。

プロジェクトが定着し成果が見えてくると、補助金も寄付も少しは集めやすくなる。こうして事業が安定するとロザンヌはこのやり方をアメリカ各都市に拡げる一方、ホームレスのためのマンション運営の事業は〈コモン・グラウンド〉に任せ、今度は**〈コミュニティ・ソリューションズ〉**という新しい組織を立ち上げ、自らはこれに移った。

地域再生事業への取り組み

〈コミュニティ・ソリューションズ〉は、地域再生、すなわち、古くなって荒廃した公営住宅団地等を、まちづくりの面からも住む人々の生活面からも、改善していこうとする試みである。ロザンヌは手始めに、ニューヨークのブルックリンの中央部にある、ブラウンズビルという大規模な公営住宅団地の再生に取り組んでいる。

ブラウンズビルは、三万戸余の公営住宅に十二万人余が住むが、一九一〇年代から既に荒れ始めたというから、一〇〇年に及ぶ荒廃の歴史をもっている。特に

▲青山佾氏

一九七〇年代頃から荒廃がひどくなって、貧困やスラムの代名詞ともなった。住宅地なのに、域内に少年刑務所があったりする。公営住宅といえばスラム、というイメージはブラウンズビルがつくったというニューヨーカーもいるほどだ。

ロザンヌはここで、まずは出産・育児から学校、就職、住宅など生活相談から始め、小口金融、雇用創出などのプロジェクトに取り組むほか、落書き消し、少年指導、健康的な食事の推奨、犯罪防止などに取り組んでいる。無味乾燥な住宅群をみどり豊かなスペースに変え、雇用の場創出のため商店を開業し、レクレーションや交流の場の創出など再生計画の議論も始まっている。

今まで誰も取り組んだことのない方法でホームレスの住まいを提供し、それが定着すると荒れたコミュニティの再生に転ずる――ロザンヌがアメリカのソーシャル・アントレプレナーの代表選手の一人とされる所以である。

本書は、そんなロザンヌ・ハガティの半生を、彼女のプロジェクトへの取り組みを中心に紹介したものである。

第Ⅰ部は、対談という形でロザンヌの活動を振り返り、ロザンヌの考え方を紹介した。

第Ⅱ部は、その背景にある貧困問題、それに対する社会的包容力（ソーシャル・インクルージョン）の考え方、その具体化としての社会企業論などを私が展開した。敢えて表現形式の異なった二部構成を採用したことにより、問題の本質を浮き彫りにすることができていれば幸いである。

（あおやま・やすし／元東京都副知事）

社会企業とは何か

ロザンヌ・ハガティ

青山さんと私

青山佾さんには二〇〇〇年に、東京都の副知事をやっておられるときに初めてお目にかかりました。私はその当時、たまたま日本のワンルームマンションなど小型住宅の勉強をしたく来日していました。このモデルが米国のホームレスの状況を改善するために役立つのではないかということで、調査しに来たのです。

〈ジャパン・ソサエティー〉の関係で私はこの時来日することができ、特に山谷地域の関係者にお目にかかる機会をつくっていただきました。御承知の方が大半だと思いますが、山谷地域は東京の中でも日雇い、またホームレスになる可能性のある人たちが歴史的に集まり、その地域に生活している人たちが多い地域でした。

私が山谷を訪ねたとき、当時二〇〇〇年でしたが、いかにホームレスをなくしていくか、関係者が山谷のためにいろいろな解決案を模索しておられました。

私はニューヨークでどのような活動をやっているのか、日本のNGOや政府関係者に説明しました。その当時も、ホームレスの人たちを支援するために住宅を建設し、保健衛生、精神衛生、また就労支援などをやっているということを説明させていただきました。

そのとき、山谷の関係者から、当時日本で社会問題について一番よく考えておられるベストシンカーは、青山さんだということを私は聞いたのです。日本滞在の最後の日に青山さんにお目にかかることができて、社会がいかに改善できるのかについて非常にパワフルな考えをお持ちの方だという印象を持ちました。ソーシャル・アントレプレナー（社会起業家）の概念が今ほど流行する前の時代でも、その考え方そのものはまさに青山さんの御活動、お考えに反映されていたわけです。

このソーシャル・アントレプレナー、社会起業家というのは米国でも、また最近は日本でも非常に人気の高い概念となっています。人々に対してよりよいサービスを提供しながら、社会にとっても意味のあるソリューション（問題解決）を生み出す、それが社会起業家の意味だと思います。

我々の仕事での主要なミッションは、ホームレスの人たちに対して持続可能なソリューションを提供することだと考えています。ということは、あと一日どうにか生き延びるための支援を提供するということではなく、そのような状況から完全に脱することができるように支援をするということです。というのも、彼らが尊厳を持って、また自分の生活をよりよいものにすることができる、またそれに貢献する機会があれば、社会全体にとってそのような状態の方が好ましいと、我々は思っているからです。

新しいビジネスモデルの必要性

さらに我々は、本当に建物だけつくり続けることに専念したいのか、それとも全米レベル問題の根幹に対応し、問題の解決そのものを検討したいのかという選択を迫られるようになりました。この問いかけの答えとして、やはり異なったビジネスモデルが必要なのではないかという事実に気がつき、このビジネスモデルを実施していくためには、違った形での社会的企業が必要だという結論に至りました。

もちろんビルを建てていくことは重要であるということは認識しつつも、最も重要なのは、だれがいま最も住宅を必要としているのか、ある一定の基準に基づいて優先順位を設定し、例えば健康上の問題を一番ひどく抱えている人びとを優先する、その人たちの住宅へのニーズに合った形で住宅を提供していく。その支援の優先順位をどのように設定していくかということが、最も重要であることに気がつきました。

したがって、我々が今までやってきたプロセスを微調整し、自分の力だけではホームレスの状態から脱却できない、健康上の非常に大きな問題を抱えている人たちを特定し、そういう人たちには優先順位を高く設定して、どこでもいいからまず住宅を彼ら個人に、また彼らの家族にも提供する。そして住宅を確保した後に、サービスを提供し、彼らが生活できるよう持っていく。それが重要だと、現在考えています。

（Rosanne Haggerty／社会起業家）

▲ロザンヌ・ハガティ氏

卑弥呼は、沖縄の平和思想を広めた、ヤマトの救世主だった!

卑弥呼コード　龍宮神黙示録

海勢頭豊

ふるさと・平安座島の謎

私のふるさとは沖縄本島中部、礁湖に浮かぶ平安座島であった。今思えば「平安が座る」という島の名前も変だが、私がそこに生まれたというのも不思議でならない。運命が全て決められていたように思うし、平安座島はまた周辺離島に負けず劣らず古代の謎を秘めた島だったからである。向かいの浜比嘉島には琉球開闢の始祖「アマミチュー・シルミチュー」の遺跡があったし、その浜比嘉の向こうには津堅島や神の島だという久高島が見え、そして斎場御嶽のある知念岬が見えたからだ。つまり私は、これらの島々に潜む神秘が好きだった。

子供の頃の私は、海に浮かぶ島影を毎日見て遊んでいたし、そして祭りのたびに白い神衣装を着けた神女たちの厳かな儀式を見ながら育ったと言ってよかった。

特に旧正月の三日には、島中の人が与佐次流泉の湧水の周りに集まり「孵で水」の儀式を行なうのであったが、門中ノロ（神女）から額に聖水を付けてもらうと、何故か心身ともに清らかになり、力が湧くのを感じたものだった。

私がノストラダムスの存在を知ったのは、高校入学前の中学三年の冬だった。世界には沖縄のユタとは比較にならないほどの超能力者がいたことを知って驚いた。そして「どうせ死ぬなら、せめて島で使われている意味不明の言葉や仕来りの謎を解き明かしてから死のう」と、決断した。それが生涯をかける宿題の始まりになった。

謎は卑弥呼につながっていた

この本は、私が中学三年のときに自分に課した宿題のレポートである。これが、子供たちの希望に繋がるかどうか、それは分からない。たとえ読んだにしろ、今まで通りの日本人のように欲望と臆病の負け組になって、国家権力の迷信に与するようであれば、この本は触れてはならない「禁断の書」ということになる。

何よりも、本物の沖縄人、本物の日本人とはどう生きるべきだったのか？　歴史からそれを学んでリセットして初めて、人類の危機を解決する知恵も生まれるのではないかと思うからである。

今、空前の沖縄ブームが続いている。魅惑的な沖縄文化や観光に乗じて、案内書や解説書や沖縄学といわれる専門書までが、数多く出回ってはいる。それなのにどれ一つとっても、歴史の本質を日本の精神史・宗教文化史から捉えて明かした書は見当たらないのである。

「マブイ」とは何か、「火ヌ神（ヒヌカン）」とは何か、「トートーメー」とは何か、「ニライカナイ」とは何か、「ウタキ」とは何か、「グスク」とは何か。それに何故、ヤマト（日本本土）が男性中心の祭祀で、沖縄は女性中心の祭祀なのか、その対立したままの精神文化についても説明がない。また、神女（ノロ）たちは何故勾玉（まがたま）を持っているのか、そして何故、琉球国時代から巴紋様の標章を多用しているのか、そして何故、琉球国時代から龍宮神ジュゴンを守護神としてきたのか、その歴史は秘匿されたままだ。

しかし私は、このまま済ます訳にはいかなかった。とにかく宿題をまとめるために古代の解明を急いだ。すると幸いにも、平安座島で龍宮神を祀る海勢頭家を継いだ頃から、長年謎に思っていた言葉や仕来りが、すべて卑弥呼の行なったヤマトの「世直し」に直結したものだということに気がつくようになったのである。

そして、ついに古代「倭国」のようすを窺い知るようになり、それが現代の世相に重なって見えてきた。今や疲弊し行き場を失ってしまった我々日本人は、かつて「神」との約束を果たそうと祖先たちが努力したときのように、再び卑弥呼の時代の「世直し」の実現を目指す以外には、もはや「救いの道」はないと思うようになったのである。

しかもこの龍宮神の問題は、驚くべきことに今世界を不幸に陥れているキリスト教社会対イスラム教社会との宗教対立・宗派対立の根元に位置する問題としてあるのであった。

（構成・編集部）

（うみせど・ゆたか／ミュージシャン）

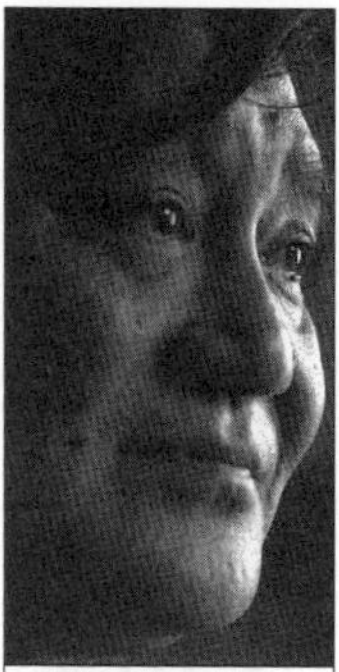

▲海勢頭豊氏（1943- ）

トルコ最高の諷刺作家アズィズ・ネスィン(1916-95)、珠玉の短篇集を初邦訳。

口で鳥をつかまえる男
――アズィズ・ネスィン短篇集――

林佳世子

笑いのなかにひそむ棘

アズィズ・ネスィンがこの世を去ってすでに一八年がすぎた。生涯に短篇集四七冊、小説一一冊、戯曲一八冊を残し、なにより社会諷刺の達人として知られたアズィズ・ネスィンが、愛し、批判した「トルコ社会」はこの間に大きくかわった。ひたすら貧しかったトルコから、経済成長の結果、豊かさと貧しさの混じり合うトルコへ。さらに、政治の対立軸も、右派と左派、資本家と労働者の対立から、イスラムや民族のからみあう複雑なものに転じた。しかし、彼の笑いのなかにひそむ棘は、いまも、トルコの人々の心につきささったままだ。アズィズ・ネスィンが今のトルコをみたらどんな言葉を投げかけるか。多くの人が、ふと考えることだろう。

「アズィズ・ネスィン的な」という表現は、トルコではいろいろな場合に使われる。「無神論者」という彼の宗教的立場を思いだし、非難の言葉にもなるだろう。しかし、多くの場合は、「アズィズ・ネスィン的」とは、愚かな人々が巻き起こす、悲喜劇的な物事の展開をさしている。地中海性のトルコの人々は、明るくポズィティブだが、その一方で、とても自嘲的だ。愚かで呆れた出来事には、「これだから、ここはトルコ!」の一言。トルコではよく聞く言葉だ。アズィズ・ネスィンの描いたトルコは、こうした自嘲を常とするトルコの人々にとって、まさに苦笑いして眺める自画像だったのだろう。アズィズ・ネスィンは、トルコを愛し、憂い、からかい、そして自分自身が「愚かな」トルコ人の一人であることを示し続けたそんな彼がなんども「国家侮辱罪」で訴えられること自体が、「アズィズ・ネスィン的な」展開に見えてくる。そして、この勇気ある作家は今でも、多くの人々の記憶の中で生きている。

人間への深い観察と愛情

本書は、作家アズィズ・ネスィンの一九五九年『あっぱれ! Aferin』と一九六

▲ネスィン氏と護雅夫氏

一年『気のふれたもの、百リラで売ります Yüz Liraya Bir Deli』という二冊の短篇集から一六篇を集めたものである。この二冊の短篇集の出版の間には一九六〇年クーデターが起こっている。クーデター前後の社会や経済の混乱、言論の制限、検閲、戒厳令、警察の横暴、官僚主義……。本書の諸作品に影を落としているのは、こうした当時の政治・社会情勢である。初出からすでに五〇年がたってもそのシニカルな笑いが今も棘を失っていないのは、アズィズ・ネスィンの指摘していた問題が、今もトルコから（そしてこの世界から）払拭されていないせいだろう。しかし、それ以上に、彼の作品を今もかがやかせているのは、作品にみられる人間への深い観察と愛情である。「そうそう、こういう人いる、こんなこと、ありそう」と思わせる臨場感が彼の作品の魅力といえよう。

本書の翻訳は、長くネスィンと交流を続けた、日本の東洋史学者・護（もり）雅夫（東京大学名誉教授）の手による。護先生（そう呼ぶことを許していただきたい）は、『古代トルコ民族史研究I～III』（山川出版社）などで知られるトルコ史の大家である。二人の交流は六〇年代にはじまり、一九九五年七月にネスィンが亡くなるまで続いていたという。

酒豪でしられるお二人は会えば酒杯を酌み交わしたそうだ。こうした交流のなかで、アズィズ・ネスィンの作品を日本に紹介しようと思い立たれた。翻訳はほぼ完成されていたものの、まもなく護先生は病を得て闘病の日々を送ることとなり、出版が実現せぬまま長い時間が流れてしまった。

その後、ご遺族と財団法人東洋文庫の関係者が護先生の蔵書を整理するなかで、手書きの翻訳原稿が見つかった。粕谷元氏（日本大学）、新井政美氏（東京外国語大学）と私の三人で出版のための体裁を整え、ご家族のご協力をえて、本書を藤原書店から刊行できることになった。

（本書解説より構成・編集部）

（はやし・かよこ／東京外国語大学総合国際学研究院教授）

「意志強く思念純粋な詩美と清潔感」（金子兜太）薄明の峡の女流俳人。

秩父が生んだ女流俳人、馬場移公子

金子兜太

寡黙の女人

郷里の秩父盆地（埼玉県西部）を産土(うぶすな)と呼び慣わして久しいが、その産土が生んだ誇るべき女流俳人に馬場移公子あり、とあちこちで自慢するようになって、これも久しい。しかし、移公子の句集二冊『峡の音』『峡の雲』と、宇多喜代子、黒田杏子編の『女流俳句集成』、加えて、秩父地方の人たちの書いたものに出てくる移公子についての記述のいくつかを読んだていどで、あとは直に接した印象を、そう言えないくらい大事にしているにすぎない。私の推輓の土台はそんなに厚いものではないのである。しかもこの寡黙の女人は、私の多弁に受け答えすることまことに僅か、笑みを湛えているばかりだったのである。

今回の中嶋鬼谷の出現は朗報だった。この人も秩父出身で、いまは東京にいるが、これはと思う同郷人に出会うと、徹底的にしゃぶりつくしてしまう。さきに、明治十七（一八八四）年の秩父事件のとき、蜂起農民集団の会計長として中心的役割を果たした井上伝蔵を徹底追究して、『井上伝蔵――秩父事件と俳句』、『井上伝蔵とその時代』などの好著を世に問うている。伝蔵が半生を過ごした北海道の石狩に何度も足を運び、伝蔵がつくっていた俳句を丁寧に顕彰している。言い忘れたが中嶋は俳句を能くする。俳句の世界における発言力も強い。

車中の初見

その中嶋が私に言う。俳句をつくりはじめたころの移公子と直接話している秩父の俳人は、貴公以外にはいまではいない。初見の印象など書いておいてくれ、と。

そうだったのだ。夫君を戦場で失ったあと、生家に戻っていた移公子は、敗戦の翌年、皆野(みなの)町の開業医で俳句もやる、私の父の伊昔紅(いせきこう)（本名元春）を訪ねて、俳句をつくりはじめている。二十八歳だった。その年の初冬、私は戦地トラック島から復員した。二十七歳。

その頃の伊昔紅を軸とした集りを、中嶋は「皆野俳壇」と呼ぶが、元気のいい「七人の侍」も既に他界している。残っているのは、侍の一人で、料理屋を営み、侍たちの集り場所にもなっていた、塩谷孝(俳号 潮夜荒(じょうやこう))の跡継ぎの容さんと、容さんが大事に豊富に保存している資料のみ。

移公子との初見は、十二月三日の秩父夜祭の数日後と覚えている。上京のため乗った秩父鉄道は閑散で、冬の陽ざしがいっぱいだったが、その車内の向こうの座席にいた和服の女性が、ゆっくり立ち上がって私の前に来たのである。そして淡淡と、「兜太さんですか」と言う。父の家で写真でも見て、知っていたのだろう。好い勘(かん)である。「そうです」と答えると、「御苦労さまでした。体を十分にお休めになって下さい」という。トラック島にいたことも知っていたのだ。そしてさっさと自分の座席に戻っていったのだが、私は鴉のようにハアハアと答えるばかり。

▲馬場移公子(1918-94)

中肉中背、和服のよく似合う色白の美形。意志強く思念純粋な詩美が清潔感もろともに伝わる。そしてその後、句会やら何やらでいくどもお目にかかることがあったが、こちらの話しかけにも淡泊。自分から話す場合も、車中の初見のときと同じように淡泊。そしてどこかきっちりしていた。

以来、しばしば恋愛感情について尋ねられることが御多分にもれず多いわけだが、そして私も人並みの色気には恵まれているつもりだが、どうもその感情がないのである。しかしそう答えても信用する人が皆無に近いのには恐れ入る。

戦死した夫君に生涯をかけて殉じようとしていたのではないかと思う。

——早春の熊猫荘にて

(かねこ・とうた/俳人)

馬場移公子(ばば・いくこ) 一九一八〜九四。俳人。秩父生。四〇年馬場正一と結婚。四四年一月、夫が戦死、生家に戻る。四六年、父を失う。俳句に生きる支えを求め、金子伊昔紅に師事、「馬酔木」に投句を始める。秋桜子の門下となり、のち「馬酔木」同人に。句集『峡の音』『峡の雲』(俳人協会賞)。「いなびかり生涯峡を出ず住むか」

渋沢栄一と後藤新平

――二人に通い合う志――

市川元夫

後藤を動かした渋沢の言

一九二〇（大正九）年の年末近く、乱脈を極めた東京市政刷新のために、新市長への出馬要請がきたのは、後藤新平にとって寝耳に水であった。当時、後藤は大調査機関設立につき、原敬首相、高橋是清蔵相説得に奔走していた。後藤が仕事をするとき、いつも調査研究の機関が随伴していたが、第一次世界大戦後、世界の物心両界の大変化を直観した後藤の調査機関構想はこれまでのものとはスケールの大きさで段違いであった。

市長就任要請を断られた東京市議会は、後藤の「自治」への熱意を熟知し、すでに実業界を退き、社会・公共事業に専念している渋沢栄一（当時八十歳）に後藤の翻意を依頼する。渋沢の懇請にも回答を留保した後藤は、原首相と会見し、大調査機関の始末につき、ある種の口約束を得たのであろう、市長就任を承諾する。『正伝　後藤新平』第七巻）

しかし、ここに内務省で地方庁を巡任し、後藤市長によって東京市助役に任ぜられた前田多門による回顧的証言がある。「（後藤新平伯が）市長に選ま（ママ）れてその受諾を躊躇して居られた時、渋沢子爵は切々の言を以て……市の養育院長として、憐れな人達に代って御願すると言われた。後藤さんを動かしたのはこの一語であったと思ふ。」（『渋沢栄一伝記資料』第三〇巻）

養育院の沿革

松平定信による寛政の改革の際、困窮町人救済のため設立された江戸町会所の蓄積金（七分積金）が明治維新後に東京府に引き継がれ、東京のインフラ整備に投下された。その執行機関として東京会議所が発足し、生活困窮者の保護施設として明治五（一八七二）年に養育院*が創立された。渋沢は当初から養育院と深く関わり、明治十二（一八七九）年から昭和六（一九三一）年まで半世紀以上院長職でありつづけた。この間、井の頭学校（非行少年を農工業で更正）、巣鴨分院（保護者のいない幼少年を保護）、千葉県の安房分院（呼吸器系疾患児童の保養）など、養育院の福祉医療活動の基盤が確立した。

渋沢栄一が、この養育院を管轄する東京市の長として、後藤を措いて他にはいないと言ったのは何故か。衛生局技師時代からの後藤による数々の社会政策建白についてよく知っていたからだ。さらには、後藤が相馬事件に関わるきっかけとなった、瘋癲患者をほしいままに監禁することの非を説き、人権問題として提起したことまでも思い出したかもしれない。

▲東京市長時代の後藤新平（前列左より３人目）

後藤と渋沢　二人の「公共」意識

後藤の「衛生」の原理は、人誰しも互いに「生を衛る」という公共の概念に基づいていた。後藤は、「公共」意識を育む「自治」活動をどのように考えていたのか。

後藤にとって「自治体というのは……府県郡市町村の団体〔筆者注―行政機関〕をいうだけでなく、農会、同業組合、産業組合等の公共団体より、青年団にいたるまで……各地にあって、その一郷一里の福利のために、各員が相集まって……自分たちの仕事を処理していこうとする団体を指す」のであり、人間同士が切り離された所で相競うのではなく、地域において顔の見える人と人とが結びついて生活していく所で「公共」意識が育まれるというのである。そして「公共」が成立してこそ健全な国家が成り立ち得ると言う。

一方、渋沢栄一は「公益」と「起業」とをどう捉えていたか。彼の唱える「合本主義」は、誰でも利益を求めて投資行動に参加できる、しかし、たとえその会社がうまくいかなくなりそうと思っても、資金をすぐに引き揚げず、長い目で見ていこう、つまり会社は公共のものであるから……というものである。また渋沢は地域で起業が必要となると、自ら出資するとともに地元の人たちからたくさんの出資者を募り、地域企業を支えた。

「公共」―「自治」を追究しつづけた後藤新平と社会企業家渋沢栄一――二人の志は通底していたのである。

＊養育院は現在、地方独立行政法人東京都健康長寿医療センターの運営となり、高齢者の福祉医療総合施設として受け継がれている。

（いちかわ・もとお／後藤新平プロジェクト）

Le Monde

■連載・『ル・モンド』紙から世界を読む　122

塀の中の暗黒

加藤晴久

二月二一日、日本で三人の死刑囚が絞首刑を執行された。安倍晋三内閣が発足して二カ月後である。短命だった第一次安倍内閣の期間中、一〇人が処刑された。先進国で死刑が存続しているのはアメリカ、韓国、そして日本のみである。

日本には現在、一三四人の死刑囚がいる。史上最多の数字である。これらの人々は「死の廊下」に隔離され、何カ月も、いや何年も最後の日を待っている。毎日、明け方、彼らは廊下をやってくる看守の足音を数える。いつもより多ければ誰かが刑を執行されることを意味する。マサオ・アカホリは三一年間、毎朝、この戦慄を経験した末、再審の場で無罪を言い渡された。

一般に、日本の刑務所の生活条件は苛酷である。他の先進国の収容条件と比較して時代遅れな規律が敷かれている。一九〇八年制定の法律で管理されているのだ。「雑談禁止」「わき見禁止」の掲示。作業場、食堂は静粛の場である。グリーンの囚人服、サンダルにつば付きキャップの受刑者たちは一五分間の休憩時間と夕食後しか言葉を交わすことができない。前の者の後ろ首を見つめ、両腕を前後に振り、歩調を合わせて行進する。一日二回、身体検査がある。六〇日を超える独房隔離、手錠付き拘束胴着の使用などの制裁も科せられている。

刑務所以前の段階でも問題は少なくない。たとえば留置。二三日間、弁護士の立ち会いなしに被疑者を取り調べることができる。推定無罪の原則は尊重されていない。裁判はしばしば自白にもとづいておこなわれ、有罪判決が大半である。

日本政府は経済協力開発機構ＯＥＣＤ加盟国で最低の犯罪率を楯に死刑の存続と刑務所内の苛酷な規律を正当化している。他の諸国の刑務所で起こっている諸問題（暴動、麻薬使用、看守襲撃、喧嘩、脱獄など）がないのはそのためだ、という。

「日本の犯罪率の低さはたしかにうらやましい。しかし受刑者の人権を配慮しなくてよい、ということにはならない。」

三月二日付『ル・モンド』に載ったフィリップ・ポンス記者のコラムを紹介した。

（かとう・はるひさ／東京大学名誉教授）

リレー連載　いま「アジア」を観る　124

「アベノミクス」日本の役割

田村秀男

アジアのめざましい経済発展とともに、かつて日本で流布したヘーゲル・マルクス流「アジア的停滞」論は死語となった。復活したのは、シュペングラー流「西洋の没落」史観である。金融資本に偏重する米欧がリーマン・ショックやユーロ危機で動揺し続ける中、産業資本主導の「アジアの世紀」は米欧からも受け入れられつつある。

一国または地域全体の経済は投資、消費と輸出のいずれかが活発化すれば成長するのだが、市場経済のグローバル化なしに飛躍は不可能だ。アジアがまさしくそうで、七〇年代末の対外開放路線で高度成長の道筋をつけ、二〇〇一年一二月の世界貿易機関（WTO）加盟を機に急速に成長を遂げてきた中国が典型例だ。

もちろん、アジアには経済成長と共に格差拡大、環境破壊、汚職腐敗など大きなひずみが生じ、政治や社会制度の改革を迫られる。中国がまさにそうだが、放置していたら社会の安定や国民全体の生き死にに関わる。時間はかかっても彼らは自らの手で解決するだろう。

「アジアの世紀」を本物にするための、日本の役割とは何だろうか。外交、安全保障での信頼関係や自由貿易協定を築くのはもちろんだが、グローバルな金融波乱に共同でどう向き合うか。

一九七七、八年のアジア通貨危機の根源は、九五年夏以降の急激な円安にあった。東アジア通貨は割高となり、巨額の資本逃避が起きた。その反省から、日本主導で各国間の外貨融通の仕組みができ上がったのだが、アジア通貨が基軸通貨ドルに対して変動する仕組みは以前と同じだ。

「アベノミクス」日本は今、円安一筋だ。このままだと小刻みに対ドル・レートを切り上げる人民元や資本の流出入に左右される東アジア各通貨と円の均衡が再び狂ってくる可能性が大いにある。

妙案はある。円高が一定水準まで是正された段階で、日中間で協議して人民元の対円レートを固定する。次に、各国は円または人民元を基準に自国通貨を安定させる。日中の関係修復が待たれる。

（たむら・ひでお／産経新聞特別記者・編集委員）

連載　女性雑誌を読む　61

『女の世界』（一五）

尾形明子

　一九一六（大正五）年七月『女の世界』（第二巻第八号）の巻頭グラビアに「女職業番付」として、それぞれの職業の代表格の写真が載る。ベースは「大正婦人録」だが、芸者（音丸）音楽家（三浦環）女医（吉岡弥生）髪結（伊賀虎）女優（松井須磨子）小説家（田村俊子）、他に無名で看護婦と美顔術師の写真が載る。番付の一、二位は芸者と音楽家だった。

　同じ号に「竹柏会の女流の群れ」と題して、その誕生、歴史を評論家の〈白葉生〉が細述している。主宰者佐佐木信綱の「歌風の平明」「社交術」「古の大宮人」を思わせる「風采都雅」があいまって「上流貴顕の人々」、とりわけ「華族の夫人令嬢」及び「女学生と学者の夫人」が多く集まっているとする。「竹柏会」出身者として故大塚楠緒子、長谷川時雨をあげ、現在の「閨秀作家」として片山廣子、柳原白蓮、女優の森律子をあげる。会費は月に五〇銭、添削・指導は御礼として各自に任される。門下生の夢は自身の「家集」（歌集）を「心の華叢書」の一巻として出すことだった。信綱の許しを得て、選歌を依頼する。たとえば柳原白蓮の第一歌集『踏絵』（一九一五年三月）は、竹久夢二装幀・挿画の一六〇頁、三五九首。出版費用は五〇〇円といわれる。その他に御礼、出版祝会の費用等々、一〇〇〇円近くかかったのではないか。小学校教員の初任給が六〇円の時代だった。『翡翠』の歌人・片山廣子は日本銀行調査局長夫人、『白楊』の白岩艶子は日清汽船専務取締役夫人。上流階級の夫人令嬢の社交場といわれた由縁なのだろう。

　日本近代文学館で、女性作家の書簡を編纂する機会があった。佐佐木信綱と女性たちの間に交わされたおびただしい書簡に息を呑んだ。短歌添削から古典の解釈、身の上相談まで細やかな師弟の関係があふれていた。白蓮が住んでいた福岡県飯塚の穂波川河川敷には「師の君の来ますむかふと八木山の峠の若葉さみとりのして」と刻まれた白蓮の歌碑がある。信綱を迎える心の弾みが聞こえる。現在に至るも脈々と続く竹柏会と歌誌『心の花』の歴史を改めて思う。

（おがた・あきこ／近代日本文学研究家）

■連載・生きる言葉　71

小栗上野介という存在

粕谷一希

> 薩長の討幕軍を前に、徳川慶喜の態度は、四転している。主戦論の演説をぶつかと思うと翌日には、幕軍を放り出しての逃亡を試みる。
>
> （高橋敏『小栗上野介忠順と幕末維新』岩波書店、二〇一三年）

この書物で幕末維新の主戦派、勘定奉行の要職にあった小栗上野介忠順の周辺が明らかになった。著者高橋敏氏は近世村落史の研究家で、国定忠治や清水次郎長の研究書があり、今度の小栗論は頂点を目指すものといってよいであろう。

著者も語るように、野口武彦氏の慶喜周辺研究が積み重なり、京都上洛、二度の長州征伐周辺の実態は明らかになってきたが、高橋敏氏の研究は昭和二十七年に発見された『小栗日記』の分析が主となっている。そのことが大切だろう。『小栗日記』は感情を殺した交友録であり、十二代つづいた小栗家の家計簿が入っている。妻君や母親にわたす金は一部に過ぎない。

私のような維新好きには早くから小栗上野介が主戦派の中心人物であったこと、慶喜も小栗や松平容保を最後まで見放さなかったことは漠然と頭に入っていたが、とくに小栗が箱根に拠って食いとめれば、西軍、薩長連合軍は食いとめられると主張していた。

勝海舟が再浮上するのは慶喜が大坂城の数万の部下を見限って要人だけが江戸まで船で逃げ帰った時で、このことは何とも情けない話として映っていた。

こうしたリーダーを頂いていては、どんな軍隊も敗けることだろう。リーダーの態度がぐらついていてはどうにもならない。

英国、仏国の公使だけでなく、プロシヤの公使も「十五代つづいた名誉の家門も戦うこともなく滅びたのである」と判断していた。勝はそれまで謹慎を命じられていたのだが、慶喜は小栗、松平容保も退けて「勝を呼べ」という決断がでてきたのだ。人間社会の運命はわからない。

（かすや・かずき／評論家）

連載　ちょっとひと休み　2

披露宴いろいろ（一）

山崎陽子

　最近、二つの結婚披露宴に招かれたが、どちらも仲人無しの結婚式だった。一つは知人の孫娘、一方は若い友人の長男だったが、いずれも若い二人が、自由に企画し、映像を駆使したり、友人たちの演奏や奇抜な余興などで、年配の人たちの度肝をぬいたかと思えば、最後に両親への感謝の手紙を朗読して、親も出席者も滂沱の涙、などというシーンも用意されていて……親たちの心配をよそに、構成も演出も見事なお手並みであった。

　昔は、頼まれ仲人が殆どだったから、私たち夫婦も、かなりの仲人を経験した。規模の大小はあっても、都会のホテルの披露宴は、似たりよったりだが、地方の結婚式場の披露宴は、趣向をこらしていて面白かった。

　新郎と新婦が、ゴンドラで天井から降りてきたり、壁がどんでん返しになっていて、いきなり煙と共に登場したり。残念ながら、その日は煙が多すぎて、仲人まで、煙に巻かれて掻き消えてしまったのだが。

　司会者も会館付きのベテランともなると、テレビの時代劇のナレーションのような詠嘆調だったりする。一人娘の結婚で、父親は、ただでさえ複雑な心境なのに、司会者は、ここぞとばかり声を張り上げ、「蝶よ花よと育てた娘……今日はお立ちか花嫁御寮、ああ、父上様お世話になりました」妙な声色に、花嫁の父は、ついに号泣！　新郎が、仲人夫婦に訴えるように言った。「僕たち恋愛結婚なんですよ。でも何だか、僕が略奪したみたいに聞こえませんか」

　指輪のサイズが合わなかったのか、宴のさなかに、薬指がタラコのように腫れ上がった新郎がいた。何とかせねばと思った時、目の前のバターに気づいた。早速、タラコ指にバターを塗って引き抜きを試み「痛い痛い。折れそうだ」と呻く新郎に、花嫁は平然と言ってのけた。「折れたって平気よ。うちのパパ、接骨医ですもン」

（やまざき・ようこ／童話作家）

連載　帰林閑話　221

八十四吟

一海知義

自分でも信じられないのだが、ことし私は何と八十四歳になった。

たまたま中国宋代の詩人陸游（号は放翁、一一二五―一二一〇）に、「八十四吟」と題する五言律詩三首がある。

その一首は、次のようにうたい出す。

七十　人　到るは稀なるに
吾は過ぐること　十四年

「人生七十古来稀なり」

とうたったのは、大先輩杜甫（七一二―七七〇）だったが、私はもうそれを十四年も超えてしまった。

交遊　輩行無く
懐抱　曾玄有り

「輩行」は、同年輩の者。「懐抱」は、胸、ふところ。「曾玄」は、「曾孫」と「玄孫」。同年輩の友人はみな亡くなり、懐に抱いているのは、曾孫や玄孫ばかり。

このとき放翁にまだ玄孫（曾孫の子）はいなかったが、ここは言葉の綾。

飲むには　騎鯨の客を　敵とし
行くには　縮地の仙を追えり

「騎鯨の客」は、李白の自称。「縮地の仙」は、『神仙伝』に見え、距離を縮めてしまう仙人。二句はいずれも超人ぶりを誇示する。

そして、さいごの二句。

城南　春事動き
小蹇　又た翩翩

「小蹇」は、放翁愛用のロバ。春に誘われ、ゆらゆらと出かける。

原詩を示せば、

七十人稀到　吾過十四年
交遊無輩行　懐抱有曾玄
飲敵騎鯨客　行追縮地仙
城南春事動　小蹇又翩翩

（いっかい・ともよし／神戸大学名誉教授）

四月新刊

デフレからの脱却と日本の未来

環 学芸総合誌・季刊【歴史・環境・文明】 Vol.53 '13春号

〔特集〕経済再生は可能か
〈インタビュー〉浜田宏一（聞き手＝片岡剛士）／ロベール・ボワイエ（植村博恭訳・構成）／若田部昌澄
〈寄稿〉安達誠司／片岡剛士／榊原英資／髙橋洋一／田中秀臣／田村秀男／中島將隆／中村宗悦／西部邁／原田泰／松尾匡

〔緊急特集〕「アルジェリア・テロ」事件とは何か
ストラ／ペロー／ダルモン／谷口侑／加藤晴久／伊勢﨑賢治

〔小特集〕『石牟礼道子全集』本巻完結に寄せて
渡辺京二／赤坂憲雄／池澤夏樹／金井景子／鎌田慧／河瀬直美／志村ふくみ／金大偉／鈴木一策／高村美佐／能澤壽彦／石牟礼道子

〔小特集〕『清朝史叢書』発刊に寄せて
清朝とは何か　岡田英弘
〈座談会〉『清朝史叢書』の現代的意義　宮脇淳子＋楠木賢道＋杉山清彦

〈寄稿〉大石芳野／米谷ふみ子／平川祐弘
〈書物の時空〉粕谷一希／市村真一／河野信子／平川祐弘／永田和宏／川満信一／中井真木／三田剛史
〈新連載〉小倉紀蔵／川勝平太＋梅原猛
〈連載〉石牟礼道子／金子兜太／松岡小鶴（門玲子・解説）／三砂ちづる／新保祐司／河津聖恵／能澤壽彦

菊大判　四三二頁　三七八〇円

『失われた時を求めて』発刊百周年

マルセル・プルーストの誕生

新編プルースト論考

鈴木道彦　口絵八頁

個人全訳を成し遂げた著者が、二十世紀最大の「アンガージュマン」作家としてのプルースト像を見事に描き出し、この稀有な作家の「誕生」の意味を明かす。長大な作品の本質に迫り、読者が自らを発見する過程としての「読書」というスリリングな体験に誘う名著。

四六上製　五四四頁　四八三〇円

読者を深く揺さぶる書

盲人の歴史

中世から現代まで

ジナ・ヴェイガン　加納由起子訳
序＝アラン・コルバン　口絵四頁

「歴史書の中には、夢想を刺激するものがある一方、読者を深く揺さぶるものもある。本書は、この後者に属する。我々が盲目に対して持っている考えの底深く、執拗に存続する非合理な謬見について自ら問いただすことを強いる力を持っている。」（コルバン「序」より）

A5上製　五二八頁　六九三〇円

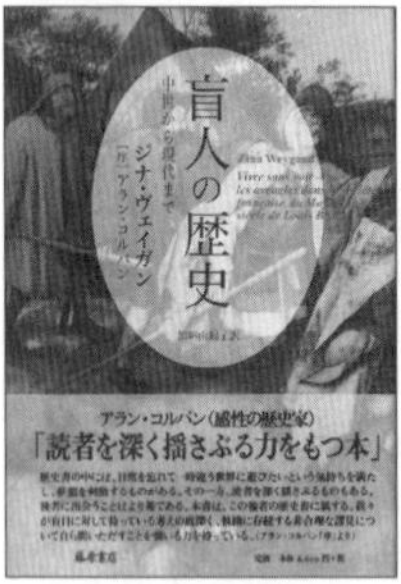

電磁波汚染が全生活を包囲している!!

携帯電話亡国論

携帯電話基地局の電磁波「健康」汚染

古庄弘枝

爆発的に普及する〝ケータイ〟〝スマホ〟。その基地局は幼稚園や小中学校の近くにも増えつづける。四六時中電磁波にさらされ、健康が冒されている。

四六判　二四〇頁　二一〇〇円

水俣の再生と希望を描く詩集

光り海

坂本直充詩集

坂本直充　推薦＝石牟礼道子
特別寄稿＝柳田邦男　解説＝細谷孝

「水俣病資料館館長坂本直充さんが詩集を出された。胸が痛くなるらい、穏和なお人柄である。「毒死列島身悶えしつつ野辺の花」という句をお贈りしたい。」（石牟礼道子）

A5上製　一七六頁　二九四〇円

読者の声

福島 FUKUSHIMA 土と生きる■

▼大変失礼ですが、貴書店のものは全体に高価です。従って、あまりひんぱんに買うことはありません。大石芳野写真集は久方ぶりの購入。その価値はありました（あたりまえですが）。そこには撮らざるをえなかった著者（撮影者）の内発性、いわば思想的鋭意の必然性を強く感じ、こころの深部をうちました。殆ど、きばらない一つひとつのショット（シーン）からあふれる土と人のありのままを黒白ゆえの凝縮された高い質感に昇華されたと感じました。

（香川 **二志亜** 77歳）

▼大石芳野さんの写真、いつもすばらしすぎる。生きる。生きる。生きたい。

（奈良 施設職員 **大田裕庸** 60歳）

ユーロ危機■

▼三月二三日の学会で著者と質問、討議の予定があり、読解を急いでいる。御出版社は個性的な著者の出版をされることで知られています。

（東京 コンサルタンツ **今井正幸** 76歳）

下天の内■

▼良い本を出していただきました。私の大学時代、ただ一人勇気を与えてくれた先生でした。

数冊買って、知人、友人に紹介します。志を曲げずに生きる人々に読んで欲しいと思います。

（埼玉 日本語教師 **申谷雄二** 66歳）

石牟礼道子全集 不知火⑮全詩歌句集■

▼句集「天」を読んでみたかったのです。とても感銘を受けました。

装丁もりっぱで、他の巻もこれから徐々に求めたいと思っています。

（北海道 **石黒正次** 70歳）

石牟礼道子全集 不知火（全17巻）■

▼全集完結を待ち望んでおりました。石牟礼道子は宮澤賢治とともに小生が最も好きな作家です。

（千葉 **川島由夫** 69歳）

メドベージェフvsプーチン■

▼木村汎さんは中日新聞のソ連、ロシアのコメンテーターでいつも読んでいます。

ただハードカバーで本自体がぶあつくすごく重いので高齢者には読みづらい。手首が痛くなる。上中下の文庫本にしてほしい。

（愛知 薬剤師 **中西享子** 77歳）

サルトルの誕生■

▼清眞人さんの〝受難した子供の眼差し〟を底辺においた哲学を読むことができました。

人間の〈感性の先駆的構造〉―〈存在の危機（存在欲望の危機）〉―〈想像的人間（存在感の代理充足）〉の流れがよくわかり、『存在と無』に再びむき合いたくなりました。

〈相互性のユマニスム〉のキーワードに胸を熱くしました。

清眞人さんの講演会を希望します。

（東京 **桑原芳子** 72歳）

「移民列島」ニッポン■

▼私の住んでいる地域、掛川・菊川にも多くの外国人がいたことに驚きました。普段暮らしていて外国人を見かけますが、数字を見せられ、これほど多いことを実感しました。

（静岡 教員 **八木茂樹** 59歳）

歴史をどう見るか■

▼日本の現在を理解するにはアウトラインをしっかり勉強すべきと……参考になりました。

（山梨 **原藤千元**）

▼良書。感動的内容。

（兵庫 **川島好一** 89歳）

新渡戸稲造 1862-1933 ■

▼近年稀にみるすばらしい著作である。草原氏の強い意志と努力が感じられる。戦後の日本には知識あふれるエリート？？は七〇〇余りの新制大学で量産されたが、愛国心をもったエリートは殆ど育てられなかったのではないだろうか。真の教養豊かなエリートを育てる教育体系が要請される。著者に一言。「衣服哲学」では「サーターリザータス」の語を頻用しているがその意は？ 四七四頁、貧しい東北地方の兵が軍に特に多かったのではなく、東北地方の兵に貧しい農村出身が多かったのではないか？

（東京 医師 **町田武久** 71歳）

▼日本の農学史を調べておりますが、本書はとても有益でした。

（東京 教員 **山本悠三** 65歳）

「排日移民法」と闘った外交官 ■

▼経済は〝グローバル〟を喧伝されているにもかかわらず、外交は点と点の二国間交渉の発想で見ていました。国際協調の難しさと重要性を改めて気づかされ、また先人の全霊をかけた努力を識り、外交のあり方を考えさせられたところです。

そして大正という時代に近代史の大きな手がかりがあると、感じているところです。

（岩手 地方公務員 **松川章**）

※みなさまのご感想・お便りをお待ちしています。お気軽に小社「読者の声」係まで、お送り下さい。掲載の方には粗品を進呈いたします。

書評日誌（三・一六～四・一八）

(書) **書評** (紹) **紹介** (記) **関連記事**
Ⓣ **紹介、インタビュー**

三・一六 (紹)タウンわたらせ518号「福島 FUKUSHIMA 土と生きる」（新刊レビュー）

三・一七 (紹)日本経済新聞「岡本太郎の仮面」（「あとがきのあと」／『顔』を描き続けた芸術家」）
(書)毎日新聞「最後の転落」（「ソ連崩壊『予言の書』から現代を解読する」／鹿島茂）
(紹)愛媛新聞「『画家』の誕生」（「新刊」）
(書)西日本新聞「華やかな孤独 作家 林芙美子」（「女流作家が見た人物像」／梯久美子）

三・一九 (書)毎日新聞（夕刊）「華やかな孤独 作家 林芙美子」（「注目です」／「評伝でも小説でもなく」／棚部秀行）

三・二一 (紹)月刊美術四月号「岡本太郎の仮面」（「ART BOOKS 新刊案内」）

三・二三 (記)週刊読書人「満洲浪漫」（「康芳夫・大島幹雄対談〈サーカス・伝説の興行師・満洲浪漫〉」／「平岡正明と野毛人脈」／「アラビア大魔法団」／「長谷川濬と神彰」／「呼び屋の東大」）

三・二四 (書)産経新聞「『画家』の誕生」（「読書」／「視覚芸術の自律と論理」／中村隆夫）

三・二六 (書)朝日新聞（名古屋本社版）「和歌と日本語」（「東海の文芸」／「論理にとどまらぬ読解」／荻原裕幸）
(紹)北海道新聞「福島 FUKUSHIMA 土と生きる」（「新しい本」）

三・三〇 (記)東京新聞（夕刊）「石牟礼道子全集 不知火」（「土曜訪問」／「全集『不知火』が完結」／「胸の内 伝え継ぐため」／中村陽子）

三・三一 (書)毎日新聞「幻の野蒜築港」（「今週の本棚」）
(書)西日本新聞「最後の人 詩人 高群逸枝」（「読書館」／「母祖の系譜が響き合う」／上野千鶴子）

(書)毎日新聞「日本のアジア外交　二千年の系譜」(「今週の本棚」／「力を持つ『国家の物語』推薦・佐藤氏」／「歴史の極端化に問題」／池澤夏樹・松原隆一郎・佐藤優)

四・二　(記)聖教新聞「福島　FUKUSHIMA　土と生きる」(「写真家・大石芳野さんに聞く」／「放射能の津波」／「大地には両親、祖父母の人生が」／「根こそぎ奪った原発事故――」／「人々の悲しみと怒りを撮る」／「疎外される命」／「〝なぜ私ではなかったのか〟」／「誰にも被災者の可能性が」)

(書)毎日新聞(夕刊)「最後の人　詩人 高群逸枝」(「今週の筆者は」／「世紀越えることばの世界遺産」／上野千鶴子)

四・三　(記)福島民友「福島　FUKUSHIMA　土と生きる」(「福島の写真を見て精神的につながって」)

(記)福島民友「岡本太郎の仮面」(「旬英気鋭」／「『岡本太郎の仮面』貝瀬千里さん」／「自由で冒険的な研究」)

四・四　(記)朝日新聞(夕刊)「華やかな孤独　作家 林芙美子」(「林芙美子　満州の戦意新聞に二作品」／「決戦『陰に陽に力を』」／大久保真紀)

四・五　(紹)週刊読書人「メドベージェフVSプーチン」(「著者から読者へ」／「二つのロシアの闘い」／木村汎)

(記)朝日新聞「『画家』の誕生」(「『ルドン』展」)

四・七　(書)河北新報「岡本太郎の仮面」(「読書」／「大衆に向かう真の芸術」／山本和弘)

(書)北海道新聞「幻の野蒜築港」(「鳥の目　虫の目」／「渚から近代を問いかけて」／赤坂憲雄)

四・九　(紹)読売新聞「石牟礼道子全集　不知火」(「石牟礼道子さん全集完結」／「人間そんなに偉くない」)

四・一〇　(記)(ロベール・ボワイエ)「クラブゲスト」(「絵図のない欧州」／気仙英郎)

(紹)出版ニュース「岡本太郎の仮面」(「ＢＯＯＫ　ＧＵＩＤＥ」)

四・一四　(書)読売新聞「岡本太郎の仮面」(「芸術と思想を読み解く」／岡田温司)

(紹)東京新聞「後藤新平と日露関係史」(「読む人」／佐々木洋)

(紹)日本経済新聞「小説　横井小楠」(「読書」)

四・一六　(紹)週刊新潮「岡本太郎の仮面」(「十行本棚」)

(紹)毎日新聞(夕刊)「歴史の不寝番」(「特集ワイド」／「戦争すれば南北とも全滅」／「米軍艦プエブロ号、謎の移送」／「平壌の本音は『米朝平和協定』」)

四月　(紹)聖路加看護大学図書館ＨＰ「シモーヌ・ヴェイユ『犠牲』の思想」(「るかこの棚　おすすめ本リスト」／中山令子(研究支援室))

(紹)機械設計「ハイチ震災日記」(「編集子の読書日記」)

四月号　(書)望星「和歌と日本語」(「ＢＯＯＫＳ」／「和歌に探る、共鳴する心」／松永裕衣子)

(紹)北斗「華やかな孤独　作家 林芙美子」(「力まかせに生きた人――尾形明子著『華やかな孤独　作家 林芙美子』のことども」／竹中忍)

(紹)北斗「華やかな孤独　作家 林芙美子」「長谷川時雨作品集」(「座右の書(作家論)ひたすら書いた人たち(四二)」／「四一三、尾形明子」／清水信)

六月新刊

＊タイトルは仮題

世界史を打ち立てた歴史家の集大成！

岡田英弘著作集（全八巻）　発刊！

1 歴史とは何か

内容見本呈

岡田英弘

旧来のアカデミズムを打ち破り、世界で初めて各国史をのり超え、前人未踏の世界史の地平を切り拓いた歴史家の集大成、発刊。第一巻は、歴史のある文明と歴史のない文明、時代区分は古代と現代の二つ、等、根源的で骨太な〝岡田史学〟の真髄。

月報＝J・R・クルーガー／山口瑞鳳／田中克彦／間野英二

日本思想史の大家による金字塔

横井小楠研究

源了圓

幕末・開国期において世界を視野に収めつつ「公共」の思想を唱導、近代へ向かう日本のあるべき国家像を提示し、維新の志士たちに多大な影響を与えた思想家・横井小楠（一八〇九—六九）の核心とは何か。江戸思想と日本文化論を両輪として日本思想史に巨大な足跡を残してきた著者の五〇年超にわたるライフワークを集大成した、横井小楠研究の金字塔。

未踏の「横井小楠山脈」を初めて描く

横井小楠の弟子たち

熊本実学派の人々

花立三郎

横井小楠の理想と世界観に多大な影響を受け、近代日本に羽ばたいた弟子たち——牛嶋五一郎、荘村助右衛門、徳富一敬、内藤泰吉、河瀬典次、山田武甫、嘉悦氏房、安場保和——の人物像と業績を初めて掘り起こし、「横井小楠山脈」の全貌に迫った、著者の永年の業績を集大成。

たった一人でシルクロードを歩いた男

ロング・マルシュ　長く歩く

ベルナール・オリヴィエ

内藤伸夫・渡辺純訳

妻を亡くし、仕事を辞し、自らの精神を見つめて一歩一歩を踏みしめていったとき、当たり前と思っていたことが一つ一つ削ぎ落とされていく。歩く——最も根源的な行為から見えたこととは。仏の話題作の完訳。

石牟礼道子論の決定版！

石牟礼道子の世界

初期作品から書き下ろしの戯曲まで石牟礼道子の全作品を収録した全集一七巻の完結を機に、解説・月報・その他一〇〇人以上の寄稿を集成。作品論から人物像にいたる、多面的かつ重層的な石牟礼道子論の決定版。

5月の新刊

タイトルは仮題、定価は予価。

親鸞から親鸞へ〈新版〉＊
現代文明へのまなざし
三國連太郎＋野間宏
四六判　三五二頁　二七三〇円

卑弥呼コード　龍宮神黙示録＊
海勢頭豊
A5判　三七六頁　三〇四五円

10万人のホームレスに住まいを！＊
アメリカ「社会企業」の創設者
ロザンヌ・ハガティの挑戦
青山佾
A5判　二四八頁　二三一〇円

口で鳥をつかまえる男＊
アズィズ・ネスィン短篇集
護雅夫＝訳
四六上製　二三二頁　二七三〇円

峡（かい）**に忍ぶ**＊
秩父が生んだ女流俳人、馬場移公子
中嶋鬼谷編著　序＝金子兜太
跋＝黒田杏子　口絵四頁
四六上製　三八四頁　三九九〇円

6月刊

岡田英弘著作集（全8巻）発刊
1 歴史とは何か＊
月報＝J・R・クルーガー／山口瑞鳳／田中克彦／間野英二

横井小楠研究＊
源了圓

横井小楠の弟子たち＊
熊本実学派の人々
花立三郎

ロング・マルシュ　長く歩く＊
ベルナール・オリヴィエ
内藤伸夫・渡辺純訳

石牟礼道子の世界
赤坂憲雄／池澤夏樹／伊藤比呂美／今福龍太／臼井隆一郎／永六輔／加藤登紀子／河瀬直美／金石範／志村ふくみ／土屋恵一郎／鶴見俊輔／原田正純／町田康／三砂ちづる／水原紫苑／渡辺京二　ほか

好評既刊書

『環　歴史・環境・文明』53　13・春号＊
〈特集　経済再生は可能か〉
浜田宏一／安達誠司／榊原英資／田中秀臣／田村秀男／中村宗悦／西部邁／原田泰／松尾匡／R・ボワイエ／若田部昌澄ほか
菊大判　四三二頁　三七八〇円

盲人の歴史＊
中世から現代まで
Z・ヴェイガン　序＝A・コルバン
加納由起子訳　カラー口絵四頁
A5上製　五二八頁　六九三〇円

マルセル・プルーストの誕生＊
新編プルースト論考
鈴木道彦　口絵八頁
四六上製　五四四頁　四八三〇円

携帯電話亡国論＊
携帯電話基地局の電磁波「健康」汚染
古庄弘枝
四六判　二四〇頁　二一〇〇円

光り海＊
坂本直充詩集　推薦＝石牟礼道子
〈特別寄稿〉柳田邦男
〈解説〉細谷孝
A5上製　一七六頁　二九四〇円

小説・横井小楠
小島英記
四六上製　六一六頁　三七八〇円

竹山道雄と昭和の時代
平川祐弘
A5上製　五三六頁（口絵一頁）　五八八〇円

京都環境学
宗教性とエコロジー
早稲田環境塾編（代表・原剛）
A5判　一九二頁　二一〇〇円

欲望する機械
ゾラの「ルーゴン＝マッカール叢書」
寺田光德
四六上製　四二四頁　四八三〇円

〈新版〉**四十億年の私の「生命」**
生命誌と内発的発展論
中村桂子・鶴見和子
四六上製　二四八頁　二三一〇円

＊の商品は今号に紹介記事を掲載しております。併せてご覧戴ければ幸いです。

書店様へ

▼3／17(日)『日経』「あとがきのあと」欄での絶賛紹介を皮切りに、共同配信での著者インタビューも続々掲載の**貝瀬千里『岡本太郎の仮面』**、今度は4／14(日)『読売』で岡田温司さん絶賛書評！

▼4／14(日)『日経』で早くも**小島英記『小説 横井小楠』**が紹介され大反響。今後も各紙誌書評紹介続々予定。歴史と文芸の二箇所で大きくご展開を！

▼4／18(木)『毎日』(夕)「特集ワイド」欄で**『歴史の不寝番』の鄭敬謨**さん、「祖国統一に生涯をささげる『亡命』韓国人」と題してインタビュー記事が大きく掲載され再び大反響！　在庫ご確認下さい。

▼4／16(火)水俣病認定最高裁判決を受け、4／17(水)には各紙「水俣病判決『かすかな希望』石牟礼道子さんに聞く」として石牟礼道子さんのインタビュー記事を大きく掲載！　同じく、4月に**『光り海』**刊行の前水俣病資料館館長**坂本直充**さんも大きく紹介！「前資料館長坂本さん／差別おそれ避けてきた検診／認定申請を決心」。「水俣病」フェアをぜひ！

（営業部）

東京河上会講演会

TPPと消費増税〈予定〉

高橋洋一（嘉悦大学教授）
田中秀臣（上武大学教授）
原田泰（早稲田大学教授）（敬称略・50音順）

【日時】六月一七日（月）一九時開会
【場所】アルカディア市ケ谷
＊問合せは藤原書店内係まで

後藤新平の会

第7回後藤新平賞

本賞　園田天光光氏
（元衆議院議員、NPO世界平和大使人形の館をつくる会代表）

授賞式　七月一三日（土）午前一一時～正午
於・日本プレスセンター　ABCホール

シンポジウム　後藤新平と五人の実業家たち

青山佾／粕谷誠／見城悌治／中村青志／新田純子／由井常彦　（司会）小島英記

【日時】七月一三日（土）午後一時～
【場所】日本プレスセンター　ABCホール
【会費】二〇〇〇円
＊授賞式・シンポジウムとも問合せは藤原書店内「後藤新平の会」事務局まで

出版随想

▼今から二十六年前になるだろうか。作家の野間宏さん宅に伺った際、三國連太郎さんの話が出た。すばらしい親鸞の映画が出きた、自分も試写を観てパンフレットに推薦文を書いたとのことだった。同時期に、友人のM氏から、三國さんが監督第一作の映画を作ったので試写を観ませんかとのお誘いを受け、松竹本社で観ることになった。

▼所感は、この映画はストーリー性がないだけに難解だが、親鸞の生きた時代を映している。踏鞴場で踏みすぎて土炉が吹っ飛ぶシーンを観ると、二年前に起こった原発事故を想う。又、砂鉄廃棄物が近くの川に流れて魚が腹を上向けに死んでいる姿は、水俣病を想い起こす。まさに現代社会の姿そのもののリアリズムを感じさせる。

▼しかし、映画は国内では不評で、商業ベースには乗らなかった。それが'87カンヌ国際映画祭で審査員特別賞に輝き、国境を超えて評価する人が居た。アメリカの作家、ノーマン・メイラー氏が絶賛したということだ。

▼これを機に、野間さんと三國さんの対談を企画し、箱根で三日間二十余時間話し合っていただいた。この記録をまとめたのが『親鸞から親鸞へ——現代文明へのまなざし』である。この難解な映画作品をどう読み解くか。野間さんには、かなり長目の注・解説を随所に付けていただいた。三年が経過して野間さんは末期のガンで入院を余儀なくされた。しかし、五校、六校と朱入れは留まることなく、最後は、ゲラをもぎとるようにして責了した。'90年の暮れも押し詰まって新著が出き上がった。もう独力で椅子に腰を下ろすことも出きない程衰弱しておられた野間さん。二週間後に息を引き取られた。

▼三國さんは、野間さんを自分の最良の理解者として大変尊敬しておられた。人間が作り出した差別の問題を生涯を賭けて考え抜き行動した両者。公害の原点ともいわれる足尾鉱毒事件を描いた『襤褸の旗』で田中正造を演じた三國さん。原発をはじめ環境と生命の問題に'70年代から取り組んできた野間さん。

▼三國さんの最期の走り書きに「どう闘って生きるか？」とあったようだが、いかにも三國さんらしい言葉と思う。合掌　（亮）

い……。あの姿は、俺の今までの姿と変わらない。

ですから、私にとっては、そのとき、生きていることの意味が二重になってしまったというか、あるいは事実と真実が乖離して近づかなくなったというか、やっても意味のないことに向かって必死になっている空虚さと、その空虚のなかに生活のリアリティが確実に存在している不思議さ。開かれている世界と閉ざされている世界、両方にわたって自分がいる。その二重性に圧倒されていたのだと思います。

これは、こう言ってよければ、真実が真実のまま偽りと化していく姿を見たということでしょう。あるいは、真実やリアリティというものが、両義性の十字架を背負ってしまったということです。『ことばが劈かれるとき』の中に書きつけたことばでいえば、それ以来、私にとって、真実は、「存在するもの、ではなく、発見されるもの、としてある」ということになりました。この思いは、その後、演劇表現の世界に私を誘う根底的な要因にもなったような気がします。私にとっては、この一時間くらいの間に起きたことが、演劇に限らず、戦後を生きてゆくことの出発点になったのです。

二度目の失語体験

若い人たちにはわかりにくいかもしれませんね。もう少し別の方向から話してみましょう。

例えばいま、東京で山手線に乗り、渋谷駅で降りるとします。高層ビルが立ち並んでいる。すると、私には、林立しているビルの風景と二重映しになって、敗戦前後の焼け跡の光景が透けて見えるときがあります。

高校生のとき、ホームの上で突然、天皇のリアリティを失ったときの記憶も残っていますが、見えるのはそれだけではありません。道玄坂を抜け、代々木練兵場があった裏の道から原宿方面に向かう道などを歩いていると、防空壕を掘り、焼けぼっ杭で差掛け屋根を作って住んでいた人たちや、風に翻っていた洗いざらしの洗濯物、水を汲んだバケツを運ぶ子どもたちの姿などが見えます。その上にガラス張りのビルが輝いている。

私は、敗戦後しばらくの間、ことばがまったくしゃべれなくなりました。二度目の失語体験ですが、今度は耳の障害がぶり返したから起こったわけではなく、そもそも話すべきことを失ったことからくるものでした。

実家に戻っていたときに、ある日父親が、ちょっと座れとあらたまって言った後で、「お父さんは気味が悪い」と言い出したことがありました。「俺」ではなくて、「お父さん」と言ったのが印象に残っているのですが、「お前は一日中、一言も口をきかない。そのくせ夜になると、眠りながらゲラゲラ笑っている。気味が悪くて、これ以上我慢ができない」、そういう意味のことを言ったのです。

私は実は、そのことにほとんど自覚がありませんでした。話したくても話せないのではなく、話すこと自体を忘れてしまったような状態にいたのですから、それも当然なのかもしれません。だから、父親に言われたときはびっくりしました。自分自身に唖然として、結局、寮に戻ることにしました。

そんなことがあったのです。

　それまでひたすら死を見つめ、死までの日々をいかにして、いくらかでも手ごたえのある、心躍る時として充実させられるか、という思いに集中していた——これは考えれば、死刑囚の執行までの日々のようなものです。それが突然、「さあ、生きてもいいぞ」と言って放り出されたって、何が何だかわからない。生きられる！　と気づいた時は、その可能性が無限大にひろがって、輝きに目が眩むようだったけれど、同時に「生きる」ったって、どういうこと、どうしたらいい、というとまどいに突き落とされた。戦地の兵隊たちは、これでクニに帰れる、家族に会いたい！　と一途に思っただろうけれど、昨日まで天皇陛下のおんために死ぬつもりだった少年は、生きる意味を剥奪され、つまり別のかたちの「死刑宣告」をされたまま、行き場を失ったのでした。ことばは失われた、というより、なくなってしまったのです。

　世間では、新しい時代——アメリカ軍占領下の——が始まっていました。デモクラシーやヒューマニズム、マルクシズム、実存主義……といった「思想」がわあっと押し寄せて、周りの青年たちは、なだれを打つように、マルクシズムに、労働運動に、あるいはキリスト教の信仰にのめりこんでいきました。生きることに深刻に悩んでいた男が一転して、颯爽と東大政治学科に進み大蔵省に入り、出世街道まっしぐらというありさまも目の当たりにしました。姿形のいいことばで言えば、国家再建に向かってみんなが頑張っていたということになるのでしょうが、私にはそういったものが、どうにも理解できませんでした。愚かしいといえばその通りです。ことばを失っていた、何もしていなかったのですから。

しかし、例えばヒューマニズムということばは、初めて声高に口に出して言うのを聞くそのことばは、人間性を尊重し、それを束縛するものから人間を解放することを目ざす――それは、自分たちは天皇に跪き、軍国主義教育に閉じ込められていた！　と気づいた若者にとって、目も眩むほど美しい理念だった。しかし、それを体現する代表者のようにふるまうアメリカ軍とは何か。ヒロシマの原爆は、私は体験していないから言わないが、東京の街を焼き尽くし、数十万の人を焼き殺したあの無差別爆撃を、あのヒューマニストたちがやったのか。彼らにとって日本人とは、生きて温かい血の通っている人間ではなく、ただの標的、ただのモノに過ぎなかった。これはアウシュヴィッツでのナチスの残虐さと同じではないのか。ヨーロッパ産、アメリカ産のヒューマニズムを、どうして知識人たちは信じることができるのか。あの、肉の焼けただれる臭いの前で、人間の尊厳とはいったい何か。

魯迅の姿勢

そんな状態がどのくらい続いたのだったか。次の年になって新学期がはじまったとき、たまたま本郷の東大構内に行った私は、そこで、講演を告知する一枚の立て看板を目にしました。「竹内好」という名があり、演題には、「中国における近代意識の形成――魯迅の歩いた道」とありました。

私はそのとき、魯迅のことを知りませんでした。当時のほとんどの日本人と同じように、中国に近代があったなんてことは、考えたこともありませんでした。封建的半植民地だった中国に近代がありえたとすれば、それはどこから始まったのだろう。どこから近代へ出発することができたのだろう。同じ課題を背負うものとしての自分を、私は重ね合わせていたのです。私は、薄暗い階段状の二十五番教室に入り、竹内氏の講演を聞きました。

魯迅は、啓蒙的なヒューマニストではありません。そのときの竹内氏の話を聞いた私の記憶をもとに述べれば、自分が古い人間であることを自覚し、そのことを徹底して憎むことによって、中国社会の古さと闘った人でした。

私は、自分の古さを憎むことによって社会の古さと闘ったという魯迅の話を聞いたときに、方向を見失ったまま虚無のなかをうろうろするばかりで、もう新しい時代に生きていくことはできないと思っていた自分が、いったいどこに向かうことができるのかを、おぼろげに見たような気がしました。ことばを失っていた状態に、はじめて光が射したというか、自分を憎んで、とまで行けるかどうかわからないが、見すえ、批判し、鞭打つことで歩いていけるなら、私でも生きていけるかもしれないと感じたのです。

実際、敗戦以降それまでの私は、再生に向かう世間の喧騒をよそに、いつ死ぬかということばかり考えていました。しかし、いつ死ぬかといっても、ことは容易に進みません。ここは表現するのがとても難しいところですけれども、要するに、どうも簡単な話ではないのです。

死ぬということは、生きていることを切り捨てるということです。でも、生きていること自体が空虚になってしまうと、当人の正直な感じで言えば、それ自体がもう死んでいることと同じになってしまうのです。ついこの間までは、目の前に死を置いて、その前でどう生きるかと考えさせられていたのに、今度は逆に生きていてもいいよと言われ、その限りでは確かに、生理的には生きる可能性がひろがったに違いないのだけれども、手応えとしては、すでに死んでることと何も変わらないところまで行っちゃっているわけです。

だから、死ぬために必要な、生きることに対する踏ん切りのようなものが、どうにもつかないというところがあるのです。虚無に宙吊りになった感覚といったらいいのかも知れませんが、人間には、そういう状態があり得るのですね。

実際に死のうと企てたことも、何回かありました。友人の一人に、上州の水上温泉の旅館の次男坊がいて、そこにいって、誰もいないことを確かめて一人ぼっちで宿を脱け出し、山道をたどって谷川の崖に出て、そこから身を投げようとしたのです。しかし、飛び込もうとすると、どこからともなく人が現われました。

現われるのは、背負子（しょいこ）を背負った農婦だったり、鉄砲をもった猟師だったりしました。そんな人たちが、ときにキセルをふかして話しかけてきたりするのです。後から聞くと、あいつは危ないということで、宿の人が後をつけさせて見張らせていたということでした。

だから、そのころの私は、人目にもすでに死んだ状態だったのかもしれません。そういう状態から脱け出すきっかけになったのが、魯迅だったということです。私は竹内好の講演を聞いたその足で神田にいき、改造社版の古い「大魯迅全集」を買って、『吶喊』を読み、『野草』を読み、『花なきバラ』を読みました。「絶望の虚妄なること、まさに希望と相同じい」という有名なことばは、魯迅自身のものではなく、彼が引用したあるハンガリーの詩人のものですが、これにいき当たったときの衝撃は忘れません。

一度書いたので詳しくは繰り返しませんが、要点をいえば、私はこのことばを、事と正面から向き合って、過度な絶望にも過剰な希望にも惑わされずに一歩一歩を踏み出すという、いわゆる通常の理解だけではなく、「虚妄の虚妄なることも相同じい」という形で読みました。

例えばあることがらを虚妄だとみるとき、その視線の中には真実があるかもしれません。しかし、「虚妄であることは真実だ」といったん言ってしまったら、その視線も含めてすべてが虚妄と化します。

私は、これは油断のならないことだと思いました。しかし、これなら、自分を出発点にして、何かの手がかりを見つけることができるかもしれない、とも思いました。リアリティが剥離した世界にしか立つ場所が見出せそうもなかった自分にも、「虚妄という虚妄」を出発点にすることによって、何か歩く方向が見つかるかもしれないと思ったのです。

魯迅にかんしてもう一つ思い出すのは、竹内好の講演の後で神田に向かうときに見た、道端で遊んでいた子どもたちの姿です。講演によってわずかな火が灯された影響もあったのでしょう。私は彼らの姿を見て、不意に涙を流しました。自分はもう駄目だ。自分のなかにはもうプラスのものがない。世間の人たちがそうしているように、新しく生きることもできそうにない。でも、その自分を憎むことをしながら、闘うことならできるかもしれない。自分のなかにある古さと歪みをてこにして、新たにこの子たちを歪ませ、圧殺しようとするものと対決することならできるかもしれない。圧殺させてたまるか。殺されてたまるか。子どもたちの元気な声を聞き、走り回るしなやかな四肢に圧倒されながら、そんなことを、溢れるように考えていたのを覚えています。

しかし、これは、要するに出発点に至る手がかりを摑んだというだけの話でした。自分が何者であるのかということについては、一向にわかっていませんでしたし、具体的に何をするかということも決まってはいませんでした。世界と歴史の成りゆきを、学問的に知らねばと思って、社会科学の勉強もはじめましたが。

竹内てるよのいのちの闘い

ところで、魯迅を知る前、まだ生きながら死んでいるような状態でいたところに、私はある事情から、詩人の竹内てるよの養子になっていました。まだことばを発することができないままでいたときのことですが、この養母との出会いは、魯迅とは違ったところで、生きるとはどういうことかを教えてくれたと思います。

養母は結核性の脊椎カリエスをわずらっていて、そのとき、すでに二十年来の病臥生活を続けていました。しばしば容態が悪化して呼吸困難に陥り、ときには脈搏が止まってしまうことがあって、そうなると目の前で、実際に死んだといってもいい状態に陥りました。静脈注射を打ち、人工呼吸と皮膚マッサージを三十分ほど続けていると、ようやく息を吹き返すのですが、命が戻ってくるまでの間は、紛れもない死んだ状態が続くのです。手術もできませんでしたから、そうやって生きたり死んだりを繰り返すしかありませんでした。

私には、そのマッサージを毎日のようにしなければいけない時期が、二年ほど続きました。朝起きると容態を確認し、帰るまでに死んでいるかもしれないなと思いながら、出かけていくという生活です。

そのとき、まず、生き返ってくるときの生命の凄まじさに驚きました。脈が先だったか呼吸が先だったかは覚えていませんが、マッサージをしているときの、呼吸が戻る瞬間に立ち会う凄まじさというのは格別で、くるかな、きたなと思っていると、あるところでクゥッ、クッとからだが詰まり、次に突然、スゥーッ、ハァーッという、音を立てるような激しい呼吸が始まるのです。脈が戻るのと違って、緩やかなプロセスではないのです。

竹内てるよは、素朴なアナキスト系の詩人で、草野心平や高村光太郎、更科源蔵などの仲間でした。引き取った私を医者に見せ、また私に詩を書くことを勧めましたが、死の影を見つめていた私の志向を、とりたてて止めだてしませんでした。そこからくる、信頼されているという感触が、当時の私にとっては、とても貴重だったと思います。それと同時に、そのときに見た彼女の生きる闘い、その喘ぎの凄まじさが、個人に限定されない、いのちそのものがもつ力に対して、私の目を開かせてくれたことは、まちがいないと思います。

「民主主義」と「人間」の虚妄

その後、私は、魯迅の影響から東京大学の東洋史学科に入りました。そして中国近代史を学び、日本が近代西洋を、憧憬と崇拝と反発と模倣の対象としたのとは違って、中国は帝国主義列強を、自分たちを半植民地として収奪する仇敵と見ていたことを知りました。また、日本が近代西洋を模倣した結果、帝国主義列強の一員となり、中国に対する一方的な加害者となったことを知りました。被害者である彼らから見れば、日本のアジア進出のスローガンとして私が教えられてきた「アジアは一つ」などということばは、支配のための口実にすぎず、日本はアメリカだけでなく、被害者である中国や朝鮮やベトナムの人民にも負けたのだということを知りました。一高で学んでいた中国人留学生たちのにこやかだった顔、知りあいの朝鮮人たちの表情や反応を、私は歯噛みするような思いで思い返すしかなかったのです。

世間には、「人民」とか、「人間」とか、「民主主義」といったことばが氾濫していましたが、そういった時代を語ることばのほとんどを、私は依然として語ることができませんでした。

たとえば、本郷の講演会の帰り道で見かけた遊ぶ子どもたちの躍動する姿に、もう俺の二の舞は踏ませない、殺されてたまるか、俺を圧殺し、子どもたちを殺そうとするものと、からだを張って闘ってやろうと考えたときに、それが闇のなかで垣間見た、信頼に足るたった一つの内発的な光であったとしても、具体的な社会生活のなかで行動しようと思えば、何を規準に行動するんだという問題は、当然もちあがります。

しかし、日本のなかには、これだというものがないのです。

自分がその中で育ってきた軍国主義の崩壊を目の当たりにして、死ぬこともままならない空虚な失語状態の中から、ようやく見つけかけたのが、俺は自分のなかの古さを憎むことによって進むしかないという、ぎりぎりの隘路（あいろ）だったわけですから、憎むこともままならない外国産の観念にからだを預けるなんて、最初からできっこないわけです。預けるも何も、デモクラシーであれ、ヒューマニズムであれ、あるいはコミュニズムや人民であれ、そもそも何のことか身にこたえてはわからないんだから。

「虚妄の虚妄なることも相同じい」といいましたが、それは、あえていえば、自分の中にある古さを虚妄とする虚妄のことだけではなく、外からあたらしく入ってきたものを、疑いもなく真実としようとする虚妄のことでもあったのです。

冒頭で、私は観念操作が苦手である、その意味で思想家ではないと言いました。それをもっと単純に言うと、からだのなかに具体的なイメージとして広がっていくようなことばでなければ、安心してものを考えることができないということです。

それは、意識できない深層の内発性のレベルでは、幼時からの言語体験や、敗戦後の養母の介護体験、それにその後の演劇やレッスンによって養われてきたものだと言うことができるのでしょう。でも、からだで考えるしかないという点では、敗戦後のこの時期に、社会的な用語に対する問題として、ことは端的に現われていたといっていいと思います。私が、デモクラシーを作業仮説として受け入れる決心をしたのは、後に新劇に入って働きだしてからのことですが、これにかかわる話を一つしましょう。

そのころ、一高の友人の家に招かれて、その父親である元東大法学部教授の矢部貞治に会って、最近はデモクラシー、デモクラシーと猫も杓子も騒ぐけれど、大正時代に日本に初めてデモクラシー理論を紹介したのは私たちだと、その経緯を滔々と述べたてるのを聞かされたことがあります。矢部貞治は、政治評論家としてジャーナリスティックな活動もした政治学者で、後に拓大の総長になった人です。詳しい内容はもう覚えていませんが、そのときに感じた違和感はよく覚えています。

簡単に言うと、そのとき私が思ったのは、あなた方の言うデモクラシーは理屈の紹介で、実体はないだろうということでした。そもそもみんなで、ああやりこうやりするという実践の積み重ねがあり、そのプロセスのなかで何かの形がまとまる。それに名前をつけたらデモクラシーということに仮りになる、というようなもののはずで、その結果を理論としてこねまわして得意になっていたって、せいぜい偉そうな掛け声くらいのものじゃないか、ということですね、乱暴に言えば。

彼は若い者があまり感嘆しなかったので、なんと鈍いやつだとがっかりしたかも知れない。しかし、私から言うと、それが自分たちの生活に、教育に、何のかかわりがあったか、むしろ彼らが私たちに、こんな時代にしてしまった自分たちの非力を詫びるべきじゃないのか――これは英雄として出獄してきた共産主義者たちに対しても抱いた感じでしたが――というのに近い感じで聞いていたのです。そのとき、何か見切りをつけた感じがありました。

もう一つ、これはもっと後で小学六年生の教科書を調べたときのことですが、会議の仕方という項目があって、読んだときに、ああ、やっぱりと驚いたことがありました。多数決が大事だという話が書いてあるのですが、その書き方がどうしようもない。ただ多数決が民主主義だと、何の留保もなしに書いてあるのです。少数に属する一人ひとりの人間を大切に考えるという配慮は、まるでない。多数決を、有無をいわせぬ至上の形式としてとらえているわけです。これじゃファシズムと何ら選ぶところがない、戦争中だって同じことだったじゃないかと思いました。

もっと先のことを言っておきますと、いま言った「人間」ということばが、またよくわからないんです。民主主義なら、民(たみ)が主(あるじ)になって、みんなでああだこうだとやることだろうと、そこにある行きつ戻りつを想像しながら理解することがかろうじてできますが、ヒューマニズムとなると、人間を大事にしろってことだよといわれても、考えてみると、その「ヒューマン」という概念が、そもそもはっきりしないのです。

後で詳しく話しますが、私は、人間主義とか人権とかいわれる時代にこれでは困ると考えて、レッスンの場で実際に確かめてみたことがあります。参加者に目をつぶってもらい、ある程度の集中ができたときに、私が「にんげん」ということばを発して、浮かんできたイメージをそのまま話してもらうのです。すると、「にんげん」のイメージはなかなか具体的になりません。ぬいぐるみの人形とか、ぼやっとした黄色い光だとか、ときには、明朝体の「人間」という漢字が出てきました、などという人が現われるのです。ある程度の共通したイメージというものが出てこない。

これは、日本の戦後社会といいますか、明治以来の日本社会といいますか、ともかく私たちの生きている社会において、尊厳や権利をもつイメージとしての「人間」は、まだ生活の中で生きている日本語になっていないということです。まだ民衆の生活語になっていないものの上に、社会制度が築かれていることの一つの証明みたいなもので、自分たちにもよくわかっていない観念が、リアリティと乖離したまま、一人歩きしている。

そういうふうに、ある体感的なものにもとづいて手探りで考えていくと、敗戦後の日本には、私の腑に落ちるものがまるでなかったのです。

作業仮説としてのデモクラシー

作業仮説として、広い意味でデモクラシーを選ぶという考え方は、その結果として出てきた。まあ言わば窮余の一策ですが、しかしそれは追い詰められた受け身ということとは違っていた。

戦後という時代は、敗戦によって崩壊してしまった軍国主義に代表される古い価値観が、それまであったものを何もかも一緒にひっさらって、社会の表面から跡形もなく消え去ってしまったところに、ヒューマニズムや民主主義や人権といった、それまで庶民は聞いたこともなかった新しいものが入りこみ、国中がそれに飛びついて、誰もが右往左往を繰り返した時代です。私もその一人だったことに違いはありませんが、私はそれからとり残されて、後ろ向きのまま歴史の流れに入ってゆくような思いでした。

そこからとにかく向き直って歩き始める、他人と関わって仕事をしていくためには、私自身に課すルールが要る。私の奥底に根拠はないのだが、しかしなおかつ仲間と協働してなにかを創り出す仕事――それが演劇だったのですが――に賭けるとすれば、虚無と、生きる躍動とを二つともひっつかんで前へ出る覚悟をしなくてはならない。そう決心したのは一九五三〜五四年ころだったでしょう。

世界中が懲りて、もう二度としないかと思っていた戦争が、五年とたたぬうちに朝鮮で始まり、日本が軍需景気に浮かれ出したのに出遭ったショックが大きかったと思います。もはや「敗戦時」ではない。再び戦争へ引きずられてゆくかもしれない。それだけは承知できない、と。本郷で見た子ども、養母の甦ってくるいのちの激しさ、その他、あとで話すようないくつかのことが重なりあって、私を押し出した。

作業仮説にすぎないと思うものに自分を託したのは、乱暴にいえば、当時は、それ以外に託すべきものが、日本の思想の伝統の中に見当たらなかったからです。自分の内発的なリアリティに頼ろうとしていながら、それが見つからない。しかし、もう待ってはいられない。生きて考えていくために、足がかりとして選んだということです。また、「自分」がなくなってしまっていることを見極めつづけるためにも、外からきたものであっても、ヒューマニズムや民主主義や人権といった理念を受け取り、それに問いかけ、また自分を問い返しつづけていくしか方法はなかったということです。ある意味では、敗戦によって生じた虚無感は、私のなかに依然として残ったままです。

ある人が私を定点観測者と呼びましたが、もし私がそのように見えるのだとすれば、その原因の一つには、敗戦で生じたそんな切迫した虚無感のようなものが、変わらずに残っていることが影響しているのかもしれません。

体験をどうことばにするか

話は変わりますが、戦後に読んで心を打たれ、何かが深く刻まれた本は、あまり多くありません。竹内好の『魯迅』以外ですぐに書名が浮かぶのは、武田泰淳の『司馬遷』（現・講談社文芸文庫）と北森嘉蔵の『神の痛みの神学』（現・講談社学術文庫）でしょうか。

いずれも戦後になってから出版されたものですが、戦争中に、まだ二十代だった著者が、いつ死ぬかわからないという差し迫った状況の中で、自分が抱えている痛みやマイナスと闘いながら書いているところが、胸に迫ったのだと思います。

ほかにも、ギリギリのところで、後にも先にも出てこないようなものが書かれている例は、いくつかあるでしょう。文学でいえば、木下順二の『夕鶴』も、もとの話が戦争中に書かれていますし、外国のものであれば、戦後文学の代表作だとばかり思っていたサルトルの『嘔吐』が、戦争直前の一九三九年に書かれたと知って驚いたことがあります。

『夕鶴』は、かつて私も演出したことがある作品ですが、木下氏が「純粋言語」と呼んだ主人公つうのことばと、与ひょうや子どもたちが使う、地域を特定できない「共通方言」との対照が、標準語が生活感を表現できず、地方語が抽象的な思考の操作に慣れていないという、近代日本のことばが抱える根本的な問題を構造化している作品でした。さらに言えば、それは、生活とそれを超越する価値との戦いの場が、正確に設定できないことを意味するでしょう。人と人とが、ことばが通じなくなる否応ない悲劇は、今から見れば、戦後社会の人間関係の予言といっていいのかもしれません。

民主主義に話を戻しますと、私たちは、「多数決という方法しか選びようがない」という経験をしないまま（降伏の決定さえ上御一人の決断に棚上げした始末ですから）、多数決という外来の結論だけを、技法としてもらっている面があるわけです。そうすると、意見を集約しようという集団内の苦痛に満ちた努力の果てに、少数が、最終的に多数に従うことを決断しなければならない、反対に、多数が自らの決断を押し切っていいかどうかを、改めてみずからに問うという苦渋の過程は——それこそが民主主義の実質であるのに——いったいどこに行ったんだろう、ということになります。

本来なら、民主主義というものは、そういった構成員個々の内発的な決断なしには成り立たないはずです。それが他者の人間性を尊重することですから。ところが、身につかない観念だけでやっていると、決断に至るプロセスをまったく度外視したところで、支配者層による多数支配の結論だけが、忽然と現われることになる。

それを、一つひとつ、いったい何の意味があるの、どういうわけで出てきたのと、結論のほうから、みんなで逆に問い返してみる作業が必要なのだと思います。方法論としてというよりは、むしろ内発的な実体験の記述として。それが、ゼロから「ことば」を生み出す作業でしょう。

そういう形で、生活する人たちの体験的な思想というものを成り立たせようという試みは、「思想の科学」などをはじめ、いろいろな人たちによって実践されてきました。私の『ことばが劈かれるとき』という本も、そういう作業の一つの形として出てきたのだったかと思います。

生活する人にとって、本来、体験というものは、伝えるのがとても難しい。詩句としてであれば、「沈黙のことば」といった言い方も可能でしょうけれども、それはあくまでことばの上での話、それもインテリゲンチャのことばの話であって、沈黙してことばにしないもの、ことばにできずに沈黙してしまったものは、ただ生きられ、そして埋もれる。最近は、ことばになった戦争体験でも通じないといわれています。語られぬ戦争体験が、通じるわけがないのです。

ですから、ことばにされていない体験をどうやってことばにするか、ことばにならない体験にどうやって表現を与えるか、ということが大切になります。そこには、易しいか難しいか、正しいのかそうでないのかといった判断は、入りようがありません。易しかろうが困難だろうが、正しかろうが正しくなかろうが、ことばにすることによって初めて、人は自分が生きている形を知るのだから。

内発性を求めて

私は、自分の中に、民主主義の根になるものがないことを自覚して、それを探しながら戦後を生きてきました。作業仮説としての民主主義を、内発性の問題として考えてきたということになるのだと思いますが、それは、私が演劇を続けてきたモチーフとも、そのまま重なっています。

内発性というものを演劇に結びつけると、私の考えでは、アクションということになります。この、演技はアクションであるという感じ方が、私の演劇観の核心といっていいと思いますので、そこに至るまでの話を、少ししてみます。

敗戦後のゴタゴタの渦巻きのような歴史の流れに、後ろ向きに入っていくと感じていた時期、自分を本当に動かしているものは何だろうと考えて、社会科学の勉強をしていました。マルクスや大塚久雄、羽仁五郎などを読んでいたのですが、今考えると、私にはむしろヴィットフォーゲルという人の「東洋的停滞」の理論のほうがわかりやすく、影響があったのではないかと思います。これはマルクシズムから出たには違いないが、観念的に単純化してしまっているところがあるのですが。

ヴィットフォーゲルの理論というのは、簡単にいうと、東洋に近代工業が興らなかったのは、水車制限の問題があったからだというものです。

例えば、中国にしても日本にしても、水田耕作を安定させるために、水の流れを長期にわたって広域的に確保する、統一的な権力が必要だった。水車は水の流れを停滞させる。それゆえ、東洋では、統一的な権力者は、これを管理下に置いた。東洋では西洋のように、民間人が自由に水車を動力として利用し、紡績などの機械を大規模に発展させることができなかった。だから、東洋には原始資本の蓄積からマニファクチュアの発展に至る図式が成立しなかった、という説です。粗っぽい理論なのだけれども、初めてそれを知ったときには、なるほど、人間と環境とはこのようにしてかかわるのかと、目の覚める思いがしたものです。

当時の新劇の、というよりも、戦前のプロレタリア演劇以来の、劇中の登場人物の性格や行動の分析というのも、そういった社会科学的な生育環境の理解のもとに行なわれるのが主流だったのです。でも、こういう階級の出身で、こういう生育歴だから、こう考えるようになるだろうと考えて演技してみても、演技はいわば近似値にしかなりません。それらしい人物にはなるけれども、人物が生きて動いているというふうにはならないのです。

決定的なのは、役者の創造性が出てこないということです。つまり、からだが、解釈した自分の操作の対象になってしまって、演技に内発性が感じられないのです。生きた自分が、役の目で見て聞いて行動するのではなく、作ったイメージをなぞるやり方になるわけです。私には、そのことが、どうにも納得できなかった。

そこで、もう一度、自分＝人間を本当に動かしているのは何だろうと考えて読んだのが、フロイトでした。でも、これもよくわからない。彼は十九世紀末のウィーンで生まれた人ですが、私たちの生活とかけ離れている感じがして、内面的な動きの理解はどうにかできるが、じゃあ具体的に内発するものと動作とをどう結びつけるか、というところまでいかない感じになるのです。そういう演技創造上の問題と、民主主義というものを自分の中に作り出していこうとすることとに、内発性という同一の問題がからんでいたわけです。

内発性にかんしていえば、明治四十四年、つまり明治の最後の年に和歌山で語られた夏目漱石の講演(「現代日本の開化」)が胸にこたえました。ある民族が作り上げた文明は、どんなに素晴らしいものでも、一度頂点に達すれば必ず没落する。一つの文明が没落したところで、またあたらしい文明が生まれてくるんだ。しかし、日本の場合は、まだ頂点に達する前に外国の文明が押し寄せてきて、これは大変だと躍起になって後を追いかけはじめた。そうすると、私たちは、自分の中に上滑りの感をもたざるを得ない。しからば我々はどうすればよいかという問いに対して、漱石は、万やむことを得ない、このまま上滑りに滑っていくしかない、と答えるのです。

これが、当時の私にはショックでした。まったくその通りだと思った。しかし、障害児だった、今でもうまくしゃべれないような私に、民主主義であれ、ドラマであれ、上滑りの感をもちながら滑っていくなどという器用なことはできそうにもない。転げ落ちるだけだろう。何とか内発性の手がかりを見つけ出すことはできないのだろうか。

『土』の主人公の怒り

そんなことを思っているときに、私の演劇上の師だった岡倉士朗さんが、雑誌『文学』誌上に、「昭和十年代の新劇」という文章を執筆する手伝いをすることになりました。養母の知人だった山本安英さんの紹介で、岡倉さんが演出家をしていた劇団「ぶどうの会」に入ったばかりの、一九五〇年代はじめころのことだと思います。

そのとき、私は手伝いに必要な作業をするために、岡倉先生宅の二階の書斎で閉じこもり切りになっていました。岡倉天心の弟で、漱石と親交のあった英文学者の岡倉由三郎時代からの家で、練馬の畑のなかにぽつんと建っている大きな西洋館でした。

その書斎に、昭和十年代の新劇に関する雑誌が山積みになっている。私はそれを、朝から晩まで片っぱしから読んでいました。先生が帰ってきて、その話を聞きながら書斎でノートをとりはじめるのが、夜中の十二時から一時くらい、そこから一、二時間、作業をして寝るという生活です。翌朝起きると、また本を読みだすのです。それが十日間ほど続きました。

そんな中で聞いた、昭和十一年ごろの新築地劇団での逸話があります。

弾圧やら大恐慌やらがあって、世間がめちゃくちゃになった時期の昭和九年から十年にかけて（先に述べた反戦ビラが作られた頃です）、プロレタリア文学・美術運動で知られる村山知義という人が、新劇大同団結の提唱をした。結局まとまり切れずに二つにわかれたのですが、その一方だった新築地劇団に、山本安英さんや岡倉先生がいたわけです。

当局に目をつけられたら上演中止になる時代ですから、いろんな苦労があったらしいのですが、そんな中で、ある劇作家が長塚節の『土』を脚色して、まだ若かった岡倉先生が演出することになった。でも先生は、読んでみてちっとも面白くなかったと言う。内容は、地主と小作人の階級対立が柱になっていて、いかに地主が横暴かということを描いた脚色で、そういう階級対立の図式を鮮明に描くことが、当時のプロレタリア演劇の眼目だった。しかし岡倉先生は、そういう説明を舞台で絵解きしてみたところで、劇としては何もはずまないと感じたらしい。

そこで、どうしようかと考え込んだ。そのときに岡倉先生は、「勘次という主人公は土っくれみたいな、人間らしいところのまったくない男で、どんなにひどい目にあっても、へいへいと、黙って言いつけ通りに働くだけだった。しかし、最後になって地主のおかみさんに、小作料のかたに娘のおつぎを差し出せと強要されたときに、生まれてはじめて怒りを発する。つまり、土くれの中に初めて人間性が現われる。その一瞬をとらえることができれば、芝居になるかもしれない」、と思いついたという。

私はそれを聞いたとき、ああ、そういうことをするのが演劇ならば、自分にも演劇ができるかもしれないと、初めて思いました。内発ということの具体的な現われに、初めて気づいたのです。

スタニスラフスキーのアクション

そのころのことで、もう一つ記憶に残ることがあります。岡倉先生に頼まれて、「夕鶴の演出ノート」というものを書いたときのことです。それ以前に書かれた、いろんな人の演出ノートを参考に読んでみたのですが、これがまたつまらないのです。こんなことを書いたって仕方がないじゃないか、と言いたくなるような、舞台技術やら段取りに関する細かな注意ごとが並んでいるだけで、戯曲そのものを深く理解して形象化することと、関係ないじゃないかと思ったわけです。

そのころ私は、一方で、ある人に協力して、日本で刊行されていなかったスタニスラフスキーの後期資料の一部を、原文から翻訳していました。「オセローの演出ノート」です。

スタニスラフスキーは、「オセロー」を演じるのが生涯の夢だったという人で、そのノートには、自分が舞台に立たなくなった後に演じる役者たちに向かって語った、自分はこういうふうに役を理解した、あなたはこういうことに気をつけなさい、というようなことが、メモふうにダーっと書いてある。友人がロシア語の原文から訳してきたものを、週に一度、たしか月曜日だったかに、二人差し向かいで、私が英訳で見直して、文を決定する形で読んでいきました。

スタニスラフスキー・システムと呼ばれている演技術の最初のものを、彼が作り出したのは、二十世紀の初めモスクワ芸術座の初期のことです。ところが、それから二、三十年たってロシア革命を経た晩年になって、彼はそれを全面的に否定して新しい方法を作り出そうとする。

しかし、モスクワ芸術座の指導者たちは、そのときはなはだ困り果てます。今までのシステムでやってきて成功した世界的名声があるし、それで育ってきた名優だってたくさんいるわけですから、それを壊されてはたまらない。彼は次第に疎外されるようになります。そして、晩年は自宅をスタジオに改造して、若い人を集めて実験と訓練に打ち込みます。

「オセローの演出ノート」には、そこで若い人たちを相手に探っていた、晩年の方法が書いてあったのです。彼の死後、彼の指導で若い人たちが実験的にやっていた芝居を観て、モスクワ芸術座の幹部連中が、度肝を抜かれたというエピソードがあります。

その内容を一番わかりやすい例で言うと、シェイクスピアの「オセロー」に、「ハンカチのシーン」という有名な場面があります。妻の不貞を疑ったオセローが、妻にやったハンカチを取り戻そうとして、「ハンカチーフ！　ハンカチーフ！」と叫ぶ場面です。名優たちがどのように嫉妬の怒りを爆発させるかというので、注目を浴びる見せ場になっているところで、マルセル・カルネの映画『天井桟敷の人々』にも取り上げられている話です。あの映画ではピエール・ブラッスール扮する女たらしの名優が、「俺は、いままで嫉妬ということが理解できなかった。あれ（ジャン＝ルイ・バロー扮するバチストというパントマイム役者を見たさに、毎晩桟敷に通いつめているかつての愛人）を観て、初めて嫉妬というものを知った、これでオセローがやれるぞ！」と叫びます。それほど、ヨーロッパでは、あのシーンが嫉妬の表現の最高例として受け取られているのです。

ところが、スタニスラフスキーは全然そんなふうには考えない。ここは感情の爆発ではなくて、全身心をあげてのアクションだというのです。「ハンカチよ出てきてくれ、出てきてくれないと、俺は破滅だ！」と叫びかけるのだという。行動そのもの、からだを含めた存在全体による内発するアクションなんだ、というのです。原文を見るとこのせりふは、「ハンカチーフ！」です。日本では「ハンカチだ」と訳されますが、これではデズデモーナに対する「出せ！」という脅しになって、じかにハンカチに呼びかけるという発想は、思いもよらない。

それを読んだとき、私は強いショックを受けました。（今読み返すと若いなりの思い込みもあるのですが）全存在を賭けた、相手に対する働きかけとしてのアクションということが、初めて目に見えた。これを彼は、当時の日本語訳で「身体的行動の方式」と呼びました。アクションというものは、フロイト的な心理分析によって出てくるものではない、環境に尻を押されて出てくるのでもない。私はこのとき、初めてリアリズムというものが理解できたと思いました。

私は、「夕鶴の演出ノート」を、その視点から書き始めました。そのときから、「アクション」ということばが、私を導くモチーフになったのです。

私にとってのリアリズムとは、そういうものです。その目で、いままでの新劇のいわゆるリアリズムを見てみると、自分の考えているものとは、まったくかけ離れたものであることがわかりました。それは頭で考えたことを肉体の動きでなぞる、単なる説明としか見えないわけです。そういうやり方の芝居の中でも、役者によっては生きてくることがあります。だから、あのときのあの人の演技はすごかった、感動したということは起こるのですが、しかし、全幕を観てみると、やっぱり一人の人間が解釈して読み取ったことを、説明しているだけにしかならないことが多い。人間まるごと、そこに生きているという具合いにはならないのです。

主体としての「からだ」

この「夕鶴の演出ノート」を書いているときに出会ったショックは、今考えると、のちの「ぶどうの会」解散の遠因にもなったのでしょう。木下（順二）さんは、彼の考える人間的なリアリティにつながったところで仕事がしたくて、それを「ぶどうの会」で、山本安英さんのためにやるという形で続けていたのだと思いますし、山本さんは山本さんで、戦後の新しい時代の、新しい演技者へと脱皮しようと努力していたのでしょう。「ぶどうの会」は、感情の真実を眼目としていた、前期のスタニスラフスキーの方法を勉強するための集団でした。それがどれだけ日本的「写実芸」から脱け出せたかも問題でした。「オセローの演出ノート」からみれば、どこまでいっても描写の演技で、全身心でのアクションではなかったと私には見えたのです。「ぶどうの会」は一九六四年に解散し、その後、私は前衛劇をはじめることになりました。

六〇年代の前衛劇の時代にやっていたのは、だから、それまでの説明的な芝居を解体し、どんどん破壊することばかりだったと言ってもいい。役者の内発性を見つけ出し、アクションを生み出すということを、ああでもない、こうでもないと言いながら探ってゆく。

後に、「ぶどうの会」の末期に上演した「明治の柩」(宮本研・作)と、解散してから結成した「演劇集団・変身＝代々木小劇場」で行なった「冬眠まんざい」(秋浜悟史・作)が、リアリズムの中から出てきて、日本のそれまでのリアリズム演劇に引導を渡した、という評価を受けたことがあったけれど、要はそういうことだったのではないかと思います。

その時期に私がぶち当たったのが、現象学者メルロ＝ポンティの、身体の多義性という考え方でした。身体は客体であるだけではなく、主体でもあるという理論ですね。その「主体としての身体」ということばが、ビビッときた。そうか、主体は意識ではなく「からだ」なのか、と思ったのです。スタニフラフスキーによるアクションの考えが、大きく飛躍した。

私にとって、本当の意味での戦後のスタートはそこからだと思います。意識がからだを動かすのが演技ではなく、からだそのものが生きてこなければ芝居が成り立たないというのが、前衛劇の実験の結果だったし、それが発展して、からだとことばのレッスンになったのですから。

そしてその二年ばかり後に、私の、たぶん生涯で最も大きな出来事がやってきます。

相手が一人だと話せない

さて、敗戦の朝の私に起きたことが、私の戦後の第一の出発点だったという話をしました。これは、生きることの意味を毟り取られる経験が、私個人にとっていったいどういうことだったのか、意味がいったん剥げ落ちた後に、人はどうなるのか、そこから這い上がろうとするじたばたでした。

この後に、私にはもう一つの決定的な、大きな体験があります。今ふれてきた、戦後に始めた新劇という仕事が、内発性を探るうちに私の中で解体し尽くして、レッスンの原型になるものを手探りで探しはじめていた、一九六〇年代の終わりころの話です。

第一の出発点と第二の出発点の間には、もっと話しておかなければいけない問題がいくつかあるかもしれません。岡倉士朗先生が亡くなられた前後に、「ぶどうの会」で本格的な演出の仕事をはじめた六〇年安保闘争のころの体験、「ぶどうの会」の解散前後、七〇年前後、「演劇集団・変身」の解散前後に経験した第三の短い失語状態のことなど——。

内に目を向ければ、この間には、岡倉先生の影響を受けながら吸収してきた、モスクワ芸術座以来のスタニスラフスキー的な演技・演出観が、日本の言語状況や社会状況の閉塞感を背景に、私なりの形でどんどん練磨と変貌を遂げたということがありました。

また、前衛劇が、具体的にそれとどうからみ、どんな実験として構想されたのかという問題もあると思いますし、さらにはメルロ＝ポンティとの出会いが、「ぶどうの会」で以前から知り合っていた、「野口体操」の野口三千三（みちぞう）氏との再会に新しい意味を与え、「変身」を解散する前後から、私を「からだの探求」に向かわせたことなどもあると思います。

しかし、ここではその一々についてあらためて語ることはしません。間を少し飛ばすことになるのは覚悟の上で、いきなり、第二の出発点の話をしてみたいと思います。

一九七〇年代に入ってレッスン活動をはじめる前の、十年間ほどの間、私の耳の状態は、比較的安定していました。ときどき疼くことはありましたが、薬を飲めば、かなりの程度まで沈静化する状態でした。四十歳を過ぎたころのことですが、聴力も、右耳はほぼ健常者に近いところまで回復していました。

演出という仕事は、人を組織する仕事です。演出家は、語ることによって、それを実現しなければなりません。そのころの私は、耳の状態が安定に向かっていたことと、演出の場で語ることを不断に要求されるという職業的な経験があったせいで、聞く力だけではなく、語る力も、ある程度まで獲得していたと思います。外から見れば、まあまあ普通の生活には間に合う、というところまでいっていたのかもしれません。ただし、いま正確に復元することはできませんが、声に関しては、喉をこするようなひどいものだったでしょう。

しかし、そのときの私の語る力には、私自身の内側の実感からいうと、ある限界がありました。多人数を前にしたときには、理路整然と語り口に迷いがない、しかし相手が一人になると、とたんに、自分でもよくわからない閉塞感のようなものに襲われるのです。

その感覚のことを、第二の出発点を通過した後になってから、私はこう記したことがあります。

……もう一つのこと（小人数を前にすると上手く話せない感覚があること）は、今はもうよく思いだせない。おおまかに言うと次のようなことである。

他者のまなざしの前に身をさらして話をしている。それは苦行である。そのとき、奇妙な感覚がやってくる。「こうして話しているこの私の話を、この人は感心して聞いている。しゃべっている私を私だと信じて疑わない。ところが、こうしてしゃべっているオレは、あなたの目の前のあなたのためのオレ、にすぎないのさ。ほんとうのオレは、ほれ、あなたには見えやしない。オレはあなたの目の前でかくれおおせてるんだ」。……

（『ことばが劈かれるとき』／「ことばとの出会い」／他者のまなざし、より）

しかし、私はそのとき、「演じている」と感じていたわけではないのです。そもそも、自分のことばをどうやって相手に伝えるかが先決問題だった私にとっては、自分のことばが相手に通じるようになったという感覚を持てたこと自体が、すでに大きな喜びでしたし、ことばを自分の内から見つけ出して声にのせるので精一杯だったのですから。

相手と精一杯話しあっているのだけれど、しかし私だけ別次元にいる感じ……、これを後で、ある精神医学者は離人症だといいましたが。

今から考えると、話すことばを二十歳すぎて学び始めるということは、他人に対して、いわば公式の発言の仕方を獲得することだったのですね。考えた内容をことばにすればそれでいい、あるいは、情報伝達としてのことばは、ある程度技術として使いこなせるようになった、ということ。しかし、だれでもものの心つく前に獲得する感情表現とそのことばを、私は全く持っていなかった。

追いつめられた「からだ」

もう一つ具体的な話をしておきましょう。

演出家には、例えば「ダメ出し」という大事な仕事があります。演技を終えた役者に向かって、意見を述べたり、指示を与えたりする仕事のことです。そういう場所では、一対一で話すところに追いこまれるわけですが、具体的な例で言いますと、役者さんの演技を見終わって感想を述べるときに、「いい」とか「悪い」とかいった、断定的なもの言いができないのです。どうしたわけか、「悪くはない」という言い方になってしまうのですね。あるいは、「こうしろ」と言えずに、「こうすればいいね」と勧める形で言ってしまう。私にとっては、「いい」と言うべきところを、「悪くはない」と言ってしまうのは、ことばが「いい」に成長してゆく途中なのです。しかし、他人にとっては、意味が違ってきてしまう。そのことをどうすればいいのか。

自分の判断が曖昧だったわけではありません。思ったことを言って、役者さんに反発されることを怖れたのでもありません。客観的に事実の判断を語ることは明確にできるけれど、個人的な好悪とか、価値の感覚を相手に告げることは、なにか「してはいけない」感じがあったのです。気がついてみると、これは現代の若者たちに一般にある感覚のようですが。

これは、本質的に言うと、私には本当の意味での他者がまだいなかったという問題だったと思います。他者、すなわち私と全く異なる存在との混沌や闇の中でのふれあいとしてのことば、いわば触角としてのことばがなかった。いや、かつて呻き声や身振りだったそれが、ことばに成長していなかったということかも知れない。

いま突然思い出したんですが、劇団解散前、安保闘争の昂揚と混乱の頃からこんなことが起こり出していた。公式には自分が果たさなければならない役割を突然ほうり出して、別のことに駆けつけ打ち込んでしまう。まわりの人たちはあっけにとられ、時に激怒され無責任となじられるようなことになるのだけれども、当人は、こちらの方こそ緊急に大切なことだと思いこんでいるから、非難の方が不当に思え、そのことに集中している間は自分にとってもっとも自然であり、想像力も創造力もいきいき働き充実している――そういうことがあったのです。演劇、殊にアングラの前衛劇となれば、本来、存在の矛盾をそのまま鋭い具象に表現しようとあがく作業だといえるので、その過程では作者にしろ役者にしろ、非常識といわれるような逸脱をすることは珍しくない。だから周囲のものも怒りながら見過ごしていたのかも知れないのですが、ひょっとすると私はこのような形で「ホントの自分」に逃げこんでいたのかな、と思わないでもない、いや「自」が突然姿を現わしかけていたのかも知れない、とも思います。

別の言い方をすれば、自己の矛盾をいかに鋭く拡大して表現にもち出すかという試みとして、前衛劇活動とは「自になり切れぬ自分」そのものをこそ舞台にさらけ出していたのだとも言える。田中正造を扱った「明治の柩」から「冬眠まんざい」、ジュネの「屏風」の演出などがその絶頂期だったでしょう。稽古しながら、俺はこのままゆくともうすぐ「気が狂う」かもしれない、と思いつめていました。

後年、脳神経学者の伊藤正男氏は私の体験を聞いて、「小脳が大変な神経のつけ替えをしていたのでしょうね」と言いましたから、意識としての私の知らないところで、私の「からだ」は時が熟すのを待つように、変容の準備のために働きつづけていたのかもしれません。そして爆発が起こった。第二の出発点は機が熟していたからこそ起こったことであるのかもしれないが、今でも私には偶然か天の恵みとしか思えない。まったく思いもかけない姿で、考えもしなかった突然の飛躍が起きたのです。「自になり切る」と言うよりは、全く新しい「人」(ニン――臨済の言を借りれば)が現われた。

ガラスの壁が吹き飛ぶ

ある日、私は若い仲間と共に、当時ヨーロッパで最先端の試みをしていた前衛演出家のはじめた肉体訓練をやってみました。その一部に、声で、前にぶら下げた紙を裂くという強烈なものがあって、さまざまに試しているうちに、突然ピイーンと、出たことのない音が鋭く頭蓋骨を響きわたって、天井へ突き抜けていったのです。声とからだが一つになり、からだ全体が音の柱になった、と言えばいいか。何かがいっぺんに変わった。からだ全体――ということは、個体としての私と世界との関係の仕方ぜんぶが、変わってしまったのです。

そのときにどういうことが起こったかと言いますと、これはだんだんはっきりしてきたことを後でまとめた説明の仕方になりますが、以前の私は、話している相手との間に大きなガラスの壁があって、ちょうど放送局のモニタールームに入っているみたいに、相手の姿は見えるけれども、二人はふれることができないという感じだった。これが、それまでの私の普段の状態です。あるいは、健常者の多くの人も、実は同じかもしれないのですが。

このとき、ことばも聞こえて意味もよくわかりますが、声そのものをじかに受けとめているという実感はありません。マイクに拾われた声が、どこかを通って、見えないスピーカーから聞こえてくるといった感じです。

こちらの声も同じことで、一生懸命のどから絞り出してる声が、どこかのスピーカーから響いているのか、ああ伝わっているらしいと、ガラス越しに見ているように感じる、という具合いでした。

ところがその時は、ガラスの壁が吹っ飛んだ。はっきりとわかったのは、そのとき、私にとって、話していた相手がぱっとあたらしくなった、というか音を立てて変貌したということです。存在がじかに現われた、生（なま）の相手に触れた、まざまざと他者に出会った――いろいろな言い方が可能でしょうが。

これは、うまく言うことができませんが、相手がある、と同時に、向かい合う自分がある、二つが共にあるということが、パッと私に現われたという言い方もできます。それまでは、何かを隔てて意味の交換をしているだけだった相手が、自分と異なる「他者存在」として、今ここで剥き出しに自分と向き合っていることが、はっきりしたのです。

サルトルは「意味が剥げ落ちて存在が現われる」と言いましたが、ただ他者がそこにニュッと立っているということではありません。「場」に共にいることを介して、今までの「自であり切れぬ」自分は一ぺんに吹っとんで、「私」が「あなた」において「私」として息づいている。私の声はあなたのからだを震撼させ、あなたの息づかいが私をゆさぶる、「じか」に。メルロ＝ポンティの『幼児の対人関係』（木田元ほか訳、みすず書房）という文章の中に、「自他は一つの系の二つの項である」という表現があって、私はそれまで、気になりながらもずっとわからないままできていたのが、これか！と。

根源的に言うと、これはそういう意味づけを超えたまるごとの体験、あえて言えば、「存在がじかに現われた」とだけ言ったほうがいいようです。私は、以来その一事を、禅のことばを借りれば「自受用三十年」して生きてきたような気がします。

ことばは、声の一部です。声は、からだの働きの一部です。からだが他人に向かって働きかけているのでなければ、声やことばが、相手を動かすことはありません。私が「ぶどうの会」以後の前衛劇の場で探っていたのは、実はそういうことでもあったわけです。

ことばを知らない赤ちゃんや、小さな子どもたちの発することばを聞いているとよくわかりますが、あるいは私のような障害をもっていた者には自明に近いことなのですが、発語という行為はまず、ある具体的な人を動かすための全身的な行動です。

その意味では、赤ちゃんにとって声やことばは、単なる意味を運搬するだけのものではありませんし、他人も抽象的な「人間」ではありません。赤ちゃんにとっての人間とは、例えばミルクをくれる母であり、かわいがってくれる父であり、怖れを感じるよその人であり、というように、いつも顔と実在感をもってそこにいるのです。だからこそ、赤ちゃんはその人に向けて発語し、働きかけるわけです。「ギャア」とか、「アァ」とか、「イヤーン」とかいって。

しかし、意味に慣れ切ってしまった人間にとっては、事情が大きく異なります。他人が、必ずしも実在感をもった他者として現われない場合があるわけです。というより、現われなくとも全然かまわない、ということになってしまう場合がある。

例えば、古くは軍隊の命令が典型的にそうです。あるいは、学校の教員の指示・伝達の多くがそうです。さらに、人さえ介さないで伝えられる、会社組織の稟議や通達や回覧などがそうです。

他人に実在感がないとき、人は、他人を、「私」というものがもつ力で動かす気にはなりません。そんなことをしなくたって、一定の条件があれば、ただ意味を伝えるだけで、他人は動くからです。あるいは、意味さえ伝えてくれれば、自分が勝手に動いてしまうからです。

それは、私がここで言う「ことば」ではなくて、「命令」です。あるいは「情報」です。ことばが「命令」として情報化するとき、声とことばは、発語が本来もっていたはずの、他者との間で躍動する力を失って、単なる意味を運搬する道具になってしまうのです。そういう場所では、他人は、呼びかけ合う「あなた」でなく、意味を伝えるべき単なる対象物として現われることのほうが、よほど多くなります。

そのことから起こってくる問題は、まわりを見渡してみれば、私などがいうまでもなく、いくらでも見つけることができるでしょう。現代社会は、なまの「私」ではなく、情報、意味を伝えることだけにやっきになっている人たちが、寄ってたかって作り上げているのですから。

「仮設でない生」の現われ

私は、耳が回復しことばを獲得する過程で、内発的な真実をやっとこせっとことばにしてきました。そうすることでしか話すことができないことを経験しました。説明ではなくアクションだという私の演技観も、その上に成りたってきたところがあります。その意味では、障害者にとっては、嘘も冗談もあり得ないのです。

しかし、健常者は必ずしもそうではありません。ことばが、働きかけではなく、自己防衛の手段になっている！　精神医学の中井久夫さんが、健常者のことを、「自分の矛盾を人に押しつけることで、自分が健全であることを保つ人々」と言っていますが、私にもそれがよくわかる気がします。四十歳過ぎて、どうやら人並みに話せるようになったときにはわからなかったけれど、十年ほど経つと、人のいうことなんて八割方が嘘じゃないか、コミュニケーションなんて言うけれど、そのほとんどが、他人に対する防衛と攻撃じゃないかと思いました。

声が劈かれた！　というのは、素晴らしいよろこびでした。人に会って「おはよう」と呼びかけると、相手がにこっと応えてくれる。これがどんなに素晴らしい「生きてる！」ということか、すらすらしゃべれるのが当然の人たちには、おわかりにならないでしょう。

訓練しているうちに、声はぐんぐん成長した。前衛劇団代々木小劇場の最後の公演は、ジャン・ジュネの、アルジェリア原住民のフランスに対する叛乱を描いた「屏風」で、山下洋輔さんがピアノを肘でぶっ叩いて演奏するので、日比谷野外音楽堂の係員がとめてくれと悲鳴をあげていましたが、この一万五千人が入るという野外の円型劇場で、私の声は隅から隅まで通りました。

むき出しの自分——情動によって生きている自分が、そのまま隠れなく現われ始めた。公式発言でない感情表現が、ためらいなく現われることができるようになってきた。「仮設でない生」が現われ始めたと言っていい。私の創る劇は、思想と感情のドラマから、前衛的な存在のドラマへと変わってゆきます。そのときまでの「[自]であり切れぬ」状態は、このときから、本当の意味での「憎むべき体験」となって、人々を、私のかつての状態に追いこんで憚らないさまざまなもの、社会のなかでますます威を増すばかりのものと闘うことを促したと思います。子どもたちを取り巻く抑圧的な教育体制を批判して、そこで起きている事態を「緩慢な殺人」ではないかと述べたこと。七〇年代の末になって「むかつく」若者たちが現われたときに、私とはまったく違った彼らのからだのありようが、その証ではないかと見たこと。「レッスン」をやり続けてきたこと。そのレッスンを受ける、けっして演技のプロではない若者たちと一緒に、「田中正造」や「どん底」「セチュアンの善人」といった芝居を創り、神戸の湊川(みなとがわ)高校の被差別部落出身の少年たちや、横浜の寿町(ことぶきちょう)の日雇い労働者たちに観せ、語り合うために通っていったこと。すべてが、このときの体験の延長上にあると思うのです。

私の第一の出発点は、意味の剥がれたものに、依然として意味を貼りつける不思議として現われました。第二の出発点は、それに対して、その意味以前のところで、他者を発見する喜びとして現われました。すでに引用した、私の書いた文章の二つの箇所に冠してある見出しに即していえば、前者は、「ことばとの出会い」を経て現われ、後者は、「からだとの出会い」を経て現われたといってもいいでしょう。あるいは、前者が「他者のまなざし」と格闘することになったのだとすれば、後者は、「祝祭としてのレッスン」を通して、他者とともにいることの喜びを知ることになったといっていいかもしれない。

しかし、後者の体験によって、前者が消えたわけではありません。むしろ、後者の体験が、前者の体験をより深く感じさせ、前者の問題をより鮮明にしてくれる、と今は思います。一途に進めてきた、ある意味で愚かというしかない私の営為を、そのことによって、もう一つ先の段階まで確かめ、進められるということが、あるいはあるのかもしれない。

戦後六十年が経った今になって、私はそのことを強く感じます。

Ⅲ 演劇人・竹内敏晴

わたしにとって、演劇活動は敗戦によって生の中心に大穴のあいてしまった少年がデモクラシーもヒューマニズムも身にそぐわず、欺瞞と抑圧の匂いに歯をむいて、ひたすらコロサレテタマルカ！　と走りつづけて来た足跡であり、一方では幼時からの聴覚言語障害から抜け出して話しことばの獲得へ、人間への仲間入りへの、自己治癒のプロセスそのものであった。

（「「アングラ以前」――あるいは前期アングラとして」）

私の新劇解体史

私にとって新劇運動が解体して、演劇の本質を問いつめてゆくうち「からだ」の問題にたどりついた内的な過程は——たとえばリアリズム演劇と呼ばれてきたものの構造的な誤りとか、ことばは話者でなく相手のからだの地点において成り立つことの発見とかを含めて——『ことばが劈かれるとき』(思想の科学社)にあらまし書いたので、ここでは外的な状況に即して語ってゆきたい。

私の場合は、やはり「ぶどうの会」の解散の意味について触れておくべきであろう。一九六四年の当時には、戦前のプロレタリア演劇運動以来の思想的伝統を継いで団結を誇っていた新劇団が解散するなんてことは考えられないことだった。『新日本文学』の編集部にいた津野海太郎がかけつけてきていきなり、「ああぶどうの会に入っとけばよかった」と言うから「何故だ」ときくと、「劇団の解散に立ちあうなんてのは千載一遇のチャンスだからなぁ」と言ったのを覚えている。だがこれが戦後新劇の弔鐘だったことが間もなく明らかになる。一九六〇年に、訪中劇団として五劇団が行っている。

文学座、俳優座、民芸、東京芸術座、そしてぶどうの会、という具合だったし、主導者は戦前から芝居をやってきた山本安英さん、民芸と掛け持ちであったが既に亡くなられた岡倉士朗さん、それから木下順二さん、木下さんは戦後の新劇界のある意味でホープだったから、ぶどうの会は一応大劇団なみにみられていたことになる。ところが実はスタニスラフスキー・システム、ひいてはリアリズム演劇の研究会で、最後まで劇団とは名乗らなかった。たとえば木下さんが「夕鶴」を書いて、それを岡倉さんが演出して、山本さんが主演するという形が経済的基盤になっていて、その廻りでいろいろ実験的なこともやっていた。その意味では、文学作品としての戯曲があって、演出家がいて、それに主演女優がいて、あとは廻りに有象無象の若者がいる、というヒエラルキーができていた。

プロレタリア演劇とリアリズム演劇とを意識的に区別すると、ぶどうの会は前者を戦前から正統に引き継いでいたというより、むしろ後者の正統な嫡子であったといえよう。戦前の新劇の理想を非常に良心的に受け継ごうとし、また発展させようとしていた。若い連中もそのように思っていた。プロレタリア演劇にしろ、リアリズム演劇にしろ、戦前からの新劇団の理想として、民衆の演劇を創造しようという大きな目標があったが、その他にも経済的自立、つまり芝居だけで食っていけるようになりたい、という目標があった。単純にいえば、戦後もこの二つの目標を抱えていたのだと思う。後者の目標は、戦後しばらくしてラジオやがてテレビの発展で変則的ながらほぼ達成され、俳優座にしても民芸にしてもある程度の観客動員組織に支えられ、商業的にも成り立つようになった。

ところが前者の目標は、一九六〇年代にほぼ死滅したといっていい。新劇のテーマは戦前戦後一貫して変わらず、「近代的自我が、封建的社会関係といかに闘って成長し、それを超えていくか」であったといっていい。ぶどうの会もそれを正当に受け継いでいた。今の若い人達には信じ難いことだが、六〇年安保までは新劇団には共産党信仰があって、代々木の文化部があらかた取り仕切っていた。その状況に対して若い連中の間に不信感が生じてきて、芝居のテーマの持ち方にも影響してくるようになった。たとえば福田善之がその時期大きな意味をもったのは、そういうことに対する非常に尖鋭な感覚にあった。福田の「長い墓標の列」を私が五八年に演出したが、ぶどうの会の内部に厄介な亀裂を持ち込むことになったし、さらに六二年、宮本研の「明治の柩」を上演することになるが、これが結果的にぶどうの会解散を準備したことになった。内容からいえば、田中正造をその弟子達が批判する、とにかく議論ばかりやっている芝居だった。ところが、師を弟子達が裏切るということがどういう意味をもつかということをあれこれ詮索され、物議をかもすことになった。たとえば、共産党内部における戦前の指導者達に対するアンチテーゼと捉え、ぶどうの会内部においては、木下さんとか山本さんに対する若手の批判という具合にそれがダブって捉えられることになった。そのころニューレフトという言葉が流行っていて、私自身の意識を超えて他人からはそのように見られ、回りでそういう状況がどんどん進行していって、ついにぶどうの会の解散というところまでいってしまったといっていい。

「ぶどう」をこわしたのは竹内だ、とそしる側からも、ほめる人からも一様にいわれたが、私としては非常に不本意というより縁遠いことばであった。というのは、自分はぶどうの会というものの内容を創ってきたひとりの人間である、俺がこわすわけはないじゃないか、という意識が強かったからだ。解散のしばらく前、宮本とか福田とか高山図南雄とか、当時の若手が集まって会議をしたとき、「竹内が先頭に立って、木下、山本を批判しなければだめだ」という意見が強く出てきたことがある。その時私は随分考えた末、「それを俺がやらなければいけないだろうし、他の人がそれをやることは多分できないだろうと思っている。けれども、自分はぶどうの会というものにただついてきたつもりはない。たとえばリアリズム演劇といっても木下さん、山本さん、岡倉さんが一生懸命考えてきたことに、私はただ理解してついてきたとは思っていない。自分も一緒に必死になって考え、演出部として働き、ぶどうの会を創り上げてきた。自分が木下、山本を批判するのはいい、だけどその竹内を誰かがまた強烈に批判する、という二重構造を作り出さなければ、俺の批判自体がにせものになると思う」、という趣旨の意見を述べた。皆、シーンとしてしまったという記憶がある。やがて定村忠士が「これはフルシチョフ批判の問題ですよ」と言い出したので私はキョトンとしたが。

私は自分もぶどうの会を創り上げてきたと思っていたし、そこで骨を埋めるつもりでいた。どうしても志が指導部に理解されぬと判った時、私は退会届を出した。ところがそれに対して、総会で執行部は除名宣告をした。そこで「話が違う、竹内は退会するといっているのに、除名とはどういうことだ」と若手が一斉に反発して、すったもんだになってしまった。その半年前位に除名に関する規約が出来ていて、私は以前の苦い経験から、「正会員の場合、ひとりでも反対者があれば除名は成立しない」という一項も設けて承認されていた。つまり、執行部が規約違反を犯していたことを指摘されて、さらに収拾がつかなくなってしまった。結局私が退席していない間に、山本さんが解散を宣言した。反対側の人達も驚いたらしいが、山本さんの立場からすればつぎのようなことであったのだろうと想像する。ぶどうの会というのは正式にいうと、「山本安英とぶどうの会」という名称で、山本安英を中心にした一研究集団という形態をとっており、したがってある意味では山本さんに代表権というか、所有権のようなものがあるということにもなってくる。そこまで話がもつれると、もう泥沼でなにがなんだか判らぬ内に終わりと、これが大まかな経過である。私にとっては私自身の崩壊に他ならなかった。

当時は政治的な混乱が拡がっていた。たとえば、訪中新劇団が向こうで共産党に迎えられ、どんな困難があっても共産党を中心に闘い抜いてもらいたい、などと言われる。一方中国もスタニスラフスキー・システムを学んでいたことも調べて知っていたので、それが今どのように発展しているか伺おうとすると「いや、それは関係ない」という話になる。帰って少し経ってみると、ソビエト共産党と中国共産党がけんかしている真最中に私達は行っていたことが判ってくる。戦前からの新劇人たちは手痛いショックを受けて右往左往するといった具合で、共産党の文化政策は間違うはずがない、という戦前からの信仰のようなものがグラグラと崩れ始めていた。それを若い連中が鋭敏に探知してつっ走った、ということがいえよう。そのことの意味が、六〇年代の中頃になってはっきりしてくる。たとえば、木下順二は本をほとんど書けなくなってくるし、民芸も俳優座もその頃には、戦前からの名作の再演ばかりを上演しているということになる。新劇がずっと闘いながら培ってきたテーマが、高度成長を遂げる資本主義の発展に追い越されてしまい、それに代わる新しいテーマを見つけることが新劇の方法ではできなかった、ということだろうと思う。その意味では、商業ベースで劇団は生き延びているけれども、戦前からの新劇というものは、内容的にはそこで死んでいることになる。その後悪戦苦闘していたのはいわゆる前衛劇とかアングラとかいわれている連中であって、それがどんなに泡沫のごとくであろうが、まとまった作品を生まなかったであろうが、私の目から見ると六〇年代以後の演劇というものは前衛劇でしかなかったと考える。

他の劇団の人達が、若い連中は竹内の回りに集まって新しい劇団をつくるだろう、という言い方をしていたのを知っていた。しかし私自身が劇団をつくるということは、先で述べたようにあり得ないことであった。私としては必死になって何かを創ろうとして、しかも岡倉先生が亡くなられた後でぶどうの会は二回も分裂するのだが、その後を引き受けて演出部をとりまとめながら、なんとかして新しい集団にもっていきたいと思っていた。そしてやっと「明治の柩」によってその可能性が見えてきたところで解散になってしまった。自分としては新しく動き出すというよりは、もう自分は一旦そこで終わったという感じが強かった。事実、私はぶどうの会解散直後は何も考えていなかったので、収入は一文もなく、しばらく苦労が続いた。

回りの連中は早く芝居をやろうといってきたが、私は全然動けなかった。高山の演出による紀伊國屋ホールでの三本立、次の和泉二郎の演出による「物理学者」、これも私がぶどうの会時代から目をつけていたものだったが、人に譲るという形になった。その時、ぶどうの会の養成所の生徒たちのグループ、たとえば麿赤兒とか谷川俊之とかさきえつや、堀内博という連中も加わって、一つの集団を作ろうという話になった。竹内はどうするか、ということになって、私は大分考えた末、何ができるか見当もつかない状態であったが、とにかく参加することにした。というより正確には皆について行った。

ぶどうの会の解散は、他の人にとっては次へのステップになり得たが、私にとっては全くそうはなり得ず、したがって自分が歩き出すとすれば、どうしても今までの自分を捨てるか、壊すしかない、というところへ来ていた。この時の仲間に坂本長利や伊藤惣一がおり、美術・朝倉摂、照明・立木定彦の二人がとことん一緒にやってくれた。そのうち、椎名輝雄の「僕たちはベトナム戦争のことを話しているんだ」というかなり破壊的な芝居を和泉が演出した。これは今まであまり話題になっていないが、作品としていいとか悪いとかの問題ではなく、それまでの芝居を徹底的に壊しているという意味で私にはひとつの刺激になった。秋浜悟史もこれを観て、怖いものを感じたと言っていた。とにかく毎月一日から一〇日まで公演。あとが稽古。それを一年間休みなしにぶっつづけるという凄まじいスケジュールをやりぬいたのだから無我夢中というところだったが、年が明けて、秋浜の「冬眠まんざい」を演出するというところから、私が自分で初めて動き出したことを実感した。「冬眠まんざい」は今でこそ秋浜の代表的傑作になっているが、発表された時には何の反響もなかった。演劇時評にしても、一緒に載った他の作品は取り上げても、これについては一言も言及されてなかったことを覚えている。私が提案した時、男は大体みんな何だかよく分からないと言い、女はあらかた全部面白いと言った。女は感覚的に追っていって、男は理屈で追っていっているからであろうか。その割れ方が私には面白く思えた。秋浜に電話を入れたら、意外だという口調で、「あれは上演不可能ですよ」みたいなことを言ったが、とにかくやってみようということになった。結果的にはこの「冬眠まんざい」が、私にとっても、また「変身」にとっても芸術的には新しい出発点となったのである。

この作品は途中までいって、どうやってみても稽古が進展しなくなってしまった。それまでやってきた考えられる限りのことを尽くして稽古してみても、これ以上先へ踏み込まなければ本当にやりたい芝居にならない、という壁に突き当ってしまった。台詞はできているし、動きもできているし、まとまっているといえばまとまっているけれども、これがやりたい芝居ではないという感じだった。それで秋浜に来てもらって、一緒に観てもらった。場面の転換が多く、かなり単純化してはみたけれども、どうしても道具などの片付けに時間がとられてしまう。道具を残したんでは格好がつかないし、残しっぱなしにしないと転換がスムーズにいかないし、どうしようか迷って「このままじゃ駄目ですか」と言ってみた。そうしたら「いや、このまま行っていいいんじゃないですか」と秋浜が言った。それを聞いたときに私の中で、今までの思考形態がどこかでピーッと破れ、「そうか」という感じがした。ずうっと理屈が通っている必要はなく、その瞬間瞬間に成り立っていくことで縫っていけばいい、男が分からなく女が面白いというのはそういうことだ、ということが全部ひっくるめて問題が解けてきた。それから稽古が激しくなった。今から思うと実に単純なことだが……。

この時の坂本長利の演技が評判をとったが、劇場空間というものも変質したように思う。幕開きに着物を着た女が男にまたがって縄に首を吊る。肩が外れて女が縄にぶら下がったままぐうんと振れる。観客席の真中くらいまで、白い女の股が客の頭をかすめるように往復運動をした。観客はびっくりした。「これはゴダールの空間だ」、と一生懸命になって書いてくれた映画監督がいた。それまではプロセニアムの向こうで芝居しているのを、こっちの安全なところで客が観ていた関係がそこで壊れたという感じがした。もちろんそれまでも客席と舞台が犯し合う関係を取り込んではいたが、観客の方はあまり近過ぎて役者の顔をまともに見れず下を向いていたり、役者の方も観客の顔を見るのが怖くて上ばかり向いている、という有様だった。これは私たちのあとからスタートした小劇場の連中も同じだったようだ。この舞台で、そういう風に犯し合っていながら何かうまくふっ切れなかったものが、一挙に崩れて前進できたような気がする。それから後、代々木小劇場ではほとんど緞帳を使わなくなるし、少し後には、鉄パイプを壁に組んで客を下に入れて芝居をその上でやってみたり、客を上に乗せて地の底のような所で芝居をしてみたり、ブランコの上で芝居をするとか、とにかくタッパが高かったので、いろいろな空間を創ってみた。森秀男さんが一年位後に総括してくれた中に「冬眠まんざい」「椅子」と「ザ・パイロット」の三つが最高の成果であると記されている。この「冬眠まんざい」で、代々木小劇場というものが名実ともに成り立ったのだと思う。

「ザ・パイロット」についても若干触れておきたい。これは原爆を投下した飛行士の話で、ぶどうの会時代に私が演出するために宮本研が書いた台本だったが、解散になってしまい、しばらく私は何もできなかったこともあって、結局俳優座でやることになった。私は招待されて観に行ったが、リアリスティックにびっしり飾り込んだ重い芝居で、これが宿屋に一緒に泊まり込みながら苦労を重ねて書いてもらったあの芝居だったんだろうか、と思えた。ぶどうの会時代からの皆の執念があって、代々木小劇場で上演しようということになったとき、朝倉摂が「あんな小さな所じゃできない」と言った。私は能舞台風な裸の舞台を組み、プロローグ風に役者を登場させて、ト書を全部語らせた。「こちらでは竹林が風にそよいでいて、あちらでは……」と全部情景を語ってゆく。舞台には花道の附け根に一本だけ真赤な曼珠沙華の花を置いた。この裸舞台に、最後の幕になると、上に吊っておいた精霊送りの舟を一杯に吊り下ろす。観客の眼前というより頭上に一気に派手な空間が現出する。こんなこともそれまでの舞台空間にはなかったことなので観客を随分驚かせた。狭いということを逆手にとった空間処理が、新しい美をつぎつぎに生んでいったことはまたくわしく語りたいことの一つである。

代々木小劇場は、客席わずか六〇人の小屋であるということで当初いろいろ話題を集めた。べつに小劇場運動を始めようなどという気持はなかった。何しろお金がなかったから、いい小屋など借りられるわけはない。ここでやるしかない、というのが実情だった。それでも、ぶどうの会の稽古場で研究生公演のようなものを二、三回やったことがあったので、ぶどうの会にいた若い連中は、狭い所で芝居をやることにそう抵抗感を持っていなかった。もう一つは、観たこともないが、フランスのパリにユシェット座という小さい、便所の臭いのするような小屋があって、そこでいろいろ実験している、ということも聞いてはいた。

そういう状態で出発していたので、「冬眠まんざい」などをきっかけにして、私達の関心が舞台空間という考え方から劇場空間というべきものに変わっていった。つまり、演技をどういう風にそこで成り立たせるかという意味での空間でなく、俳優の演ずることが観客といかに触れ合うか、という場として劇場を考える、ということになっていった。

その頃、新宿のアートシアターの地下に「蠍座（さそり）」という小さな小屋があって、そこで当時大劇団にいた年配の俳優が一人芝居をしたことがある。形からいえば完全にアングラ調で、あの小屋は細長いものだから彼は客席の中に入ってきて、観客の一人一人に手を掛けんばかりに話している。ところがこっちから観ていると、プラスチック製のプロセニアムが彼の体の回りを全部とりまいたまま、ずうっと客席まで伸びてきていて、彼が手を出そうが何しようが、プロセニアムの中に手が納まっているという風に見えて仕方がない。ジカに観客に話しかけている感じがしない。要するに舞台の上に乗って演技しているのを、ただ客席の通路までもってきているにすぎない。これをやっている限りは駄目だと鋭く思った。こういう演技だったらどんなに形が前衛劇であろうが、不条理演劇であろうが、結局いままでの描写的なリアリズムと何も変わらない。プロセニアムを背負って歩いていることになる。その殻を破って観客と直接触れ合うことはどうしたら可能か、ということが私の中でのはっきりした課題になり始めた。

客席側からいえば、向こう側に額縁のようなものがあって、そのキャンバスの中に俳優が立っていることになる。そういう関係をぶち破るにはどうするか、ということだ。その頃は大学闘争の働き手たちが随分流れ込んできていたし、とにかく今までの芝居を根底からこわそう、ぶっこわすことなら何でもやるといった気合いが溢れていた。万引きで暮らしてるやつだの、女のヒモだの、毎晩ケンカしてはもらい下げに走りまわらされるやつだの、メチャクチャといえばいえるがごついエネルギーだった。男三人、客の目の前でパンツを脱いでフリチンでふざけぬいたこともあったし、女の子が舞台のハナに素裸で立ったこともあった。マスコミなど回りの人々はいろいろ騒いでいたようだったが、やる側は他人の驚きを予想したり計算したりする余裕などさらさらなく、今から思えば信じられぬくらい真剣そのものだった。

観客に直接話しかけること、演技する人間がそのまま直接に観客と触れ合うという鮮烈さはどうしたら成り立つか、自分を賭けてゆくと、今までやってきた芝居が全部化けの皮を被っているような感じがした。追求していくうちに、演技というよりその根底にある人間の存在の仕方の問題であることに気づいてゆく。フィクションとは何であるか、舞台に立つということは何であるか、人が人に働きかけること、行動するということはどういうことか。メルロ＝ポンティの現象学との出会いによる野口三千三氏の体操の見直しから、私は「からだ」の問題に気づいてゆき、新しいからだとことばのレッスンを始めた。そのへんを一生懸命論理的に考えたのが『演技者は詩人（ディヒター）たりうるか』であり、この中で、今までのリアリズム演劇をどう超えるかを論理付けることになった。

代々木小劇場を始めて七、八年経った頃、とくに文芸スタッフ——というのは「ぶどうの会」解散のころの「若い連中」にあたるが——の方から、「われわれは一体どんな風に芝居を壊してきたんだ、これからどうなるんだ、竹内の考えを聞いてみたい」という意見が出てきた。変身の出発当初、私はイニシャティブをとっていなかったし、芝居を創っていく中で様々な試みをしていくことにはなったが、その間ほとんど表向きの発言はしていなかった。それから、私が身体の問題に気が付いて少しずついろいろな実験をしていたことが、文芸関係のスタッフの方からはよく分からないということもあった。多分、私などが演出した舞台を観て、自分達の感覚とどこかで随分違っている、と感じていたのではないかと想像する。

話が前後するが、この代々木小劇場にはもともと俳優の問題というか、演技の問題を中心的に取り上げようという姿勢がメンバー全員に強く働いていた。作家—演出家—俳優というヒエラルヒーをひっくり返して、演技者が一個独立の創造者として自立しようという志向である。作者の多い文芸スタッフにはその感覚がよくわからなかったのでもあろう。それらの事情も絡み合って、とにかく私に一遍論文を書かせて、それによって問題点をはっきりさせようということになった。私も丁度、考えをまとめなくてはならない時期にきていると感じていたので書き始めた。

その当時、代々木小劇場には演出する人間が五人ほどいてローテーションを組みながらやっていたので、二ヶ月位は準備期間として体を空けることができた。この期間を利用してほとんど閉じ籠もりきりで書いたのが、『演技者は詩人たりうるか』である。これは全部で百八十枚位になるが、最初百枚位書いたところで、それをプリントして文芸関係のスタッフに回してみた。建設的な討論を期待していたが、私のところへはいつまで経っても何も言ってこなかった。この論文は、それまで文芸関係のスタッフが考えていたこととあまりにも共通点がなさすぎて、どういう風に議論を進めたものか見当がつかないという状態のまま放置されていたのであった。それを書く二、三年前から、私はメルロ＝ポンティの著書を読み続けていて、それまでの社会科学的なものの考え方とは違う、人間存在の現象学的な見方、とくに身体の問題に気付き始めて、演技というものはいったい何なのか、という問題を少しずつ問いつめるようになっていた。ところが彼等としてみれば、現象学的な思考方法に初めて出会ったわけで、評価しようにも手掛かりがなかったということだった。

私の方へ反応が戻ってきたのは彼等達からではなく、もっとずっと若い人達からであった。これは後で『ことばが劈かれるとき』を書いた時も全く同じで、同世代からの素早い反応といえば林光くらいだったろう。佐藤信とか、菅孝行とか、私からは二世代位下になるかなり若い演劇人達が一種の熱烈な反応をしてくれたことに、正直私にはその理由が分からず少なからず驚いたことを覚えている。しかし後から冷静に振り返ってみると、やはり六〇年代から七〇年へかけての思想状況の大きな変化がそこにくっきりと現れているので、その事態の大きさを私は身をもって知ったことになる。

文学としての戯曲が先にあって、それを舞台に翻訳するのが芝居である、という常識が揺らいでくる。一方演技の面では、単なる舞台上のフィクションの世界に自己完結してしまうのでなく、身動きもことばも最終的には観客の身体の地点で成り立つような働きかけであることが要請されてくる。そういう問題意識を持って、自分達のやろうとすることの意味を方法的に自覚する目的で、この『詩人たりうるか』は書かれている。ただ、この本を作るときに少し失敗したのは、「詩人」ということについてのコメントがどこにも一つも書いてないことであった。この「詩人」というのは、ドイツ語で言えばディヒターに相当し、ディヒテンという言葉は別に「詩を書く」とは限らない。構築するとか、何かを創っていくという意味がある。つまりこの「詩人」、ディヒターというのは、本源的な創造者という意味で使ったのであった。ところがそのコメントが落ちていたので、ある一部の人には「詩を書く人」という風にとられて不必要な誤解を招いたりもしたが、当時多くの若いグループがバイブルのように持ち歩いていたと聞かされたことがある。

いずれにしても、演技者というのはそれまで、舞台を構成する部品であるという考え方が支配的であった。それに対しこの論文では演技者こそが創造者である、とはっきり逆転の必要性を述べた。当時、たとえば唐十郎なども別の形で同じ主張をしていたとも思うし、今の若い演劇人にとってみればそれは当たり前のことになっているかも知れないが、その当時においては、それをどういう言葉で表現し、どう宣言するか、ということ自体容易なことでなかった。

やはり六〇年代という時代は、これからも大きな意味をもって振り返られることになるだろう。新劇はテーマを喪失し、死んでしまったと前述したが、実は新劇側の問題というより、社会的な意味での人間の在り方とか思想的な変化ということが外側で進行し、近代というものの内容が崩壊し始めたということであろう。たとえば大学闘争をある人は「人間的自然の反乱」と言い、またある人は「肉体の反乱」、私の場合は「からだの反乱」と呼ぶが、それまで知識人の根底を支えていたヨーロッパ的思考というか、より正確にはヨーロッパ近代合理主義精神ということになるだろうが、そういうものに対する異議を唱えることが広く噴出してくる。社会的現象としては大学闘争があり、文学や思想の面でも身心二元論の克服を中心としてさまざまな動きがあったが、それよりも私は演劇の方が先にそういうものの崩壊の感覚を鋭敏に受けとめていたような気がしている。そういういわばホットな状況の中で、私達は自分達のしていることを客観的に分析する余裕など持ち合わせなかったけれども、確実にその中の一つの動きを生きてきたのだと思っている。私などは社会的に目配りをしながら動いてきたわけではないし、小劇場運動という言葉でさえ拒否していた。「俺達は運動なんてしていない、第一運動なんてものを信用してはいない」という気分が代々木小劇場では支配的だった。今までの自分でさえ信用できないのだから、建設的な運動などというウサンくさいものより、一人一人勝手なことをやりたいようにやって、とにかく徹底的に壊してみるんだ、という気合いであった。

たとえばその後の自由劇場の連中を外側から見ていると、ある種のスタイルなりカラーがあったし、状況劇場の方は明らかに唐十郎の個性で見事に統一されていた。それに比べると代々木小劇場には全く統一性はなく、参加者個人がかなりバラバラな関係のままあったように思う。坂本長利にしても伊藤惣一にしても、あるいは麿や谷川やその他の参加者にしても、それぞれ個性的であると同時に独立した考え方を持っていた。その当時のせいぜい共通する考え方としては、一人一人が舞台に立ったときの存在感をどう創り出せるか、一瞬一瞬の爆発的燃焼はどう可能か、というようなことではなかったかと思う。一つの舞台作品を完成に導くために、役者全体の流れをある方向にもっていこうというよりは、それぞれの役者の火花の散らし方、ぶつかりあい方に主たる関心が払われ、そのためには台本もしばしば変えられた。

当然組織論も非常にユニークなところがあった。劇団組織の悪い面を互いに身をもって知っていたので、その反動としてかまず第一に、ヒエラルキックな集まり方は絶対しまいということ、したがってかなりアナーキスティックな集まり方をした。全員一票、公演もやりたい人間がやる。やりたくない人間は参加しない。別にやりたくないことをひとつのマイナスとは考えない、という原則をうち立てた。変身の構成メンバーは一年経ったら自動的に解散して、その時点でもう一度集まりたい奴は集まる、という方法で運営委員会は選出されたが、毎年毎年変えていた。一、二年休んでいて、また入ってくるということも全く自由であった。各人が相当のエネルギーを持ち込んできていたし、ある暗黙の了解の深さというか、強さというものがあった。

貧乏だったから舞台にはかけられなかったが、朝倉、立木、それに藤浪、小道具の松本氏などが献身的な協力をしてくれてなんとか成り立っていた。何しろ若いエネルギーが溢れていたから、今から思うと好きなことを自由にやれたという感じはする。とにかく他にそういう活動がなかったから、「何か一生懸命、ぶっ壊しぶっ壊しして今までにないものをやろうとしているんだ」、ということで通っていた。芸術的な意味でいい演劇であったと言えるかどうかは分からないが、とにかく観客には恵まれていて、観客の中にも変革の予感のようなものが確実にあって、私達の活動を支えてくれていた。

※質問に応えて気ままにしゃべったのをうまくまとめて下さった星野共氏に感謝します。私なりに文章に手を入れてみましたが、今六〇年代について語らねばならないことの重責を充分果たし得なかったのではないか、という気持が残ります。責任は私の散漫な語り口にありますが、文体も含めて文責は竹内・星野両者ということになるでしょう。

「アングラ以前」——あるいは「前期アングラ」として

はじめに

「アングラ」の演出論という問いにはかなり強い違和感があった。現代は、演劇という安定した芸術ジャンルが成立しているという前提になんの疑いも持っていない。その地点から固定した枠組みを過去に投影して浮かび上がる意味をすくい取ろうというわけだが、アングラとはそもそものような思考を拒絶する姿勢のことであった。

アングラとか小劇場運動とか呼ばれることのうちに、わたしのある時期の仕事も数えられているらしいけれども、わたしと仲間たちにとっては、その名称は後からやって来たもので、自分をそう規定したことがなかった。ただ自分に必要なことを必死に探っていただけだ。もともと安定したフォルムあるいはカテゴリーとしての演劇なるものがわたしたちにとってはコワレテしまっており存在しなかったのであり、うごめいていたのは、生きることを確かめるための試み——パフォーマンスの断片であって、表現には違いないが、「芸術的な表現」と呼ばれるものではなく、それを目指してもいなかった。

それまでその中で生き、見聞きしていた「演劇」というもののアイマイさ、ウサンクササ——それは自分自身のことなのだが——をぶちこわそう、ぶちこわす努力の中で正体が見えるかも知れぬ……という姿勢と言ったらよいか。

大雑把に言えば演劇そのものを解体しようというジタバタだから、そこに独特の「演出」なるものが、ある、とか、成り立たせようなどとは露ほども思わなかった。演出という専門作業自体が近代演劇において成立した歴史的産物なのだから、近代と共に消え去るべき作業と考えていた。つまり「アングラ演劇の演出」という語句自体が自己矛盾ということになる。

一　わたしの出発

わたしが師・演出家岡倉士朗と出会ったのは一九五一年である。幼時からの聴覚言語障害が十六歳から治癒に向い少しずつ語ることができ始めていたのが、敗戦によって再びことばを失っていた混迷から、ようやく歩き始めた時であった。

木下順二作「山脈」ついで「夕鶴」「風浪」の演出助手としてわたしは働らき始めた。(当時は大学出で芝居の裏方などやるものはいなかったから、かなりウサン臭く見られて、どうせ長く辛抱できやせん、さっさと追い出しちまえ、という扱いを、新劇の仲間からさえされていたことを大分後になって教えられた。新劇というもの自体が歌舞伎・新派など既成の演劇からはそもそも得体の知れぬ貧乏なシロウトの集まりとしてしか見られていなかったこととは別に書いたことがある。(『ドラマの中の人間』晶文社刊、「夕鶴の舞台裏」参照)

わたしと師との間には二〇年の差があった。その間には新劇の先輩はだれもいなかった。みな戦死してしまっていた。だからわたしたち同年輩の仲間の前には新劇の歴史というものはなかった。無知のままのゼロからのスタートだった。知識としておぼろにしか知っていなかった戦前のプロレタリア演劇の姿が生きた歴史としてわたしの前に現れたのは数年後のことである。

少し本稿の主題から外れるが書いておく。

劇団民芸で初演された木下順二作「山脈」を一〜二年後「ぶどうの会」で同じ岡倉士朗演出で上演した。その演出助手をつとめたわたしがさらに数年後に若手と組んで勉強会で上演した時、岡倉先生が参考資料として、初演の際、当時では珍しいことだったがNHKが部分録音した原盤のレコードを貸して下さった。聞いた私は仰天した。主役の社会科学者山田を演じる滝沢修のせりふに、見たことも聞いたこともない文言が朗々と語られているのだ。全く木下のことばではない。

第二幕、赤紙が来て広島に入隊する山田は山本安英演じる「とし子」に一目逢うために八ヶ岳山麓を登ってくる。疎開先の農家の離れを訪ねるとし子は不在。たまたま置いてあったノートをめくった山田は、とし子が日夜見聞きした農家の女たちの言動を、たとえばなにげなく語られる赤ん坊の間引きの話などの記録を、思わず引き込まれて読む。感動したかれは、戻ってきたとし子に、もし生きて帰ってきたら、あなたと共に自分もここから出発し直したい、ほんとうの学問はここからはじめなくてはならないのだ、と息をはずませて語る。ところが滝沢の語るせりふには、そのようなとし子に対する賛嘆はない。君は女の身なのにこのような社会の矛盾によく気づいたね、進歩したね、真の科学的理論からの分析はまだまだ先だけれども、わたしが帰ったら指導しよう、頑張って待っていたまえ、といった具合の（今原盤にあたれないので記憶だけに頼るのだが）上から見下して評価するほめことばである。わたしはあっけに取られると共に、戦前のプロレタリア運動の指導者たちの、前衛としての誇り、啓蒙者としての、善意のエリートとしての、いわば傲慢さに、まざまざと向き合った思いで、鳥肌が立った。後で確かめたところでは、これは滝沢が自分で書き改めた文章だった。

民主化運動・組合運動の高まりに応じて猛烈な勢いで職場演劇、農村演劇が広がっていた。わたしの狭い知見では、前者では国鉄大宮や大井の工場や中央郵便局のサークルが力強い舞台で若者たちの胸を揺さぶったし、後者では長野県の田んぼの中の仮舞台の裸電灯の下で三度笠で踊る歌謡曲シーンにまじって山本有三の「嬰児殺し」を見て驚いた記憶がある。

新劇では久保栄作「火山灰地」が幻の名作ということだったが、敗戦の廃墟の中でうろうろしている若者にとってはピンと来なかった。俳優座の「フィガロの結婚」の、見たこともない女たちの群舞の華やかな躍動感に目を見張った。

一九五〇年代は新劇の繁栄期であったろう。シバイでメシがくえるようになりたい、という戦前からの夢がいく分か達成された。映画、ラジオ、後にテレビへの、俳優たちの出演料によって支えられていたのではあったが。

わたしの所属した「ぶどうの会」はスタニスラフスキー・システムの学習による演技訓練の場であった。結果として最後まで研究会であって劇団にはならなかった。わたしはスタニスラフスキーのいわゆる『俳優修業』三部作の第三部、未完成の「役の創造における仕事」の断片である「オセローの演出ノート」を牧原純氏に協力して――英訳を参照しつつ討論する形で――翻訳した。これがわたしの以後の仕事の根幹を作った、演技と演劇の創造における方法的自覚と言えようか。

わたしの演出作品の最初は木下杢太郎作「和泉屋染物店」。試演会であった。大逆事件にかかわった青年が故郷伊豆の実家に逃れてきて、雪の中の一夜父に別れを告げて去る一幕で、作者の思いを吐露した長いモノローグがある。この大逆事件直後の執筆以後木下は北原白秋らと組んでいた『すばる』にも筆を絶つ。ノーカットでの初演であろう。

一般公演での演出は福田善之の新劇での処女作「長い墓標の列」。戦時中、自由主義経済学者、河合栄治郎が軍によって東京大学を追われた事件を描く。

正式の公演においては、一九六〇年安保闘争と新劇団合同の訪中国公演の後の宮本研作「明治の柩」。

足尾銅山鉱毒事件における田中正造とその周囲の青年たちを描く。この素材は後にわたしが新劇活動と離れて以後、林竹二氏に協力して授業その他に入った神戸湊川高校（定時制）及び東京都立南葛飾高校定時制でのなん度かの公演に発展する（「日本の天地砕けたり――田中正造と谷中村の人々」）。

二 安保闘争の敗北を契機として

一九六〇年、安保闘争。六月十五日国会を取巻く一〇万人のデモに参加していた新劇人の列に右翼が釘を植えた棍棒を振るって殴り込んで来、多数負傷。わたしも右腕を吊ったまま告訴人代表の一人として警視庁へ出向いた帰り、国会正門前で、後に樺美智子が殺されたと知る学生への警官隊襲撃に出会う。戦後民主主義化運動の昂揚の頂点であり、かつ新安保条約発効阻止失敗による挫折点である。

それから一九六八年の、フランスに始まる学生主体の五月革命から日本の大学紛争に至る七〜八年がアングラ前期に当るだろうか。日本社会は高度成長期に入る。企業社会の戦後体制の再編成への出発点であり、エリート技術者養成のための教育制度改変、戦後民主主義教育の放棄への要請、文部省による教育独占支配の成立の時期である。

新劇界に於て言えば、戦前からのプロレタリア演劇運動の伝統――共産党文化部の指導と平行する――終焉の時期である。一九六〇年代のいわゆる新劇団のレパートリーを見れば戦前の名作の再演が多いのが目につくであろう。新作はないに等しい。そのいわゆる新劇運動の最後を飾ったのが一九六〇年秋、国交回復以前の訪中新劇団の中国各地の巡演であり、終焉を象徴した一つが「ぶどうの会」の解散だったであろう。「ぶどうの会」解散は新劇界にとってかなりの衝撃であったようだ。宇野重吉が村山知義にあわてて電話した第一声が「大変だ！」だったそうだし、若い津野海太郎がわたしに「ぶどうの会に入っときゃよかった、劇団の解散なんて千載一遇のことを経験したかったなあ」と言った位、戦前からの伝統に支えられた五劇団体制は磐石のように見えていたのだったろう。その一方では後に劇団四季の発展に象徴される新しい中流観客像が育ち始めていたのだ。

これをキッカケに、「ぶどうの会」の若手が結集した代々木小劇場（劇団変身）が生れ、他にも「発見の会」など小集団による前衛的な演劇の試みが散発し始める。

三　一九六〇年代——代々木小劇場（演劇集団変身）

これほど多数の市民の、日本においてかつてなかった反対運動の昂まりにもかかわらず、アメリカ合衆国との新条約は阻止し得なかった。事実上の占領下にある政府、虚構の独立の認識。かつそれを支える無言の、魯迅にならって言えば「奴隷である」ことを動かぬ民衆があること、その暗黙の怖しさ。戦後を貫いてきた民衆の自由の拡大の幻想の崩壊——若い芸術家たちが直面したのは、ゼロからの出発、人間にとって根源的なことはなにかへの体当たりであった。

「ぶどうの会」解散、とりあえず表現の拠点を見つけよう、と、若手会員と研究生計五〇名ばかりが、代々木に、東映の特殊撮影の監督が亡くなって未亡人がスタジオの処分に困っていると聞きつけ、借りた。高い屋根のガレージのような建物で、まだ零戦のモデルがぶら下がっていて下は土間だった。

材木を十字に組み、ラワン材の床板を隅から一枚ずつ張っていくのに何日かかったか。鉄筋を組んで二階を作りライト音響などの器材を置き、まあ客席六〇人ばかりの小屋ができた。知人の松竹のプロデューサーが見に来て、先年俳優座が三六〇人の小屋を作ったというので、それでやっていけるのか？　と驚いたものだが、今度はまあ六〇人とは、常識外れだと呆れていた。舞台が持てればいいので客を大勢呼ぶつもりはまるでなかったが、詰めかけた客はいつも一〇〇を越えて溢れ時に二〇〇人になった。

決定的だったことは観客がプロセニアムのむこうの闇の中でなく、演技者の目の前に、舞台の明るさのひろがりの中に現れたことだった。もはやプロセニアムの奥にイリュージョン舞台を作り出すことはできない。演技者のじかなからだの存在感とアクションの力、ことばの幻出するイメージしか、なにかを成立させることはできない。シェイクスピアの時代、そのもっと以前、ほとんど大道芸に近い状態に立ち戻ったと言っていい。

演技者がまずとまどったのは、目を下にすればたちまち観客の視線とぶつかることであった。みな目を合わせないように上を見てしゃべり動いた——後に麻布で自由劇場が始まった時、演技者たちが同じ苦労にとまどっているのを見て苦笑したものだ。

近代劇舞台に特有のプロセニアム・アーチとは単に外的な建築構造に留まるものではない。演技者の存在を規定し内在化して表現の圏を閉じ込めるものだ。ある大劇団の俳優が小さな小屋に進出して実験的な作品を上演した折り、客席に下りて客に話しかけもしていたのだが、まるでプロセニアム・アーチが透明なゴムの袋のようにかれを包んで伸びて来ているように見えたのを鮮明に記憶している。

イリュージョン舞台の内で、自分のイメージを生きるのではなくむき出しに観客と向かいあい、じかにふれあいつつ、語りかけること。これらは近代演技術の想定しなかった、しかし根源的な、体験であった。これが決定的な出発点となって、否応なしに近代劇的方法思考は崩れてゆき、演技者の「からだ」そのもののみが舞台を成り立たせることとなる。のちに林立する小劇団たちは、この近代演技破産の場から出発したのだ。

組織——強固な団結を誇った劇団制というもの——その中には作者天皇制、演出者ヒエラルキーも含まれる——にみなウンザリしていた。それは戦前プロレタリア演劇時代からの伝統であり、それを裏で支えていたのが日本共産党文化部の支配力であったのだろう。

代々木小劇場のやり方はとりあえずこうだった。毎月初めの一〇日間が公演、二〇日間は稽古と道具作り。参加したいものが自由に集まってやる。他のものは求められれば協力するが、基本的には次の出し物の準備にかかる。一年毎に年末に解散。新しい執行部を選出してやりたいものが集まる。わたしのイメージの底にはスペイン内戦当時のアナキズム系の労働者総同盟員数百万人に、専従者ただひとりだったという伝説があった。

一人の人がそこに立ち、ことばであるいは無言の身動きで語りかけるとき、舞台が、あるいはドラマが始まる、その初発点こそ真実であれ、という感覚からわたしたちは出発した。一九七〇年ころわたしは代々木小劇場の演技者たちに対する演出にあたっての前説を整理したパンフレット「演技者は詩人たりうるか」を出したが、詩人とは詩を書く人ではなく、ことばを生み出す人、創造者を指すつもりであった。

自由連想風のことばの乱舞も起り、作家のせりふを解体し、ことばの意味に肉体を逆わせ破壊して飛躍させもした。台本は出発点に過ぎぬ。後から考えれば笑うような手探りもやった。男三人が素っ裸でパフォーマンスをやったこともあり、幕前に裸の女がまっすぐに立ったら目の前のお客たちが息を呑んだとか――これらがなにかを剝ぎ取ることだと盲滅法意気込んでもいたのだろう。

決めたわけでもなんでもなかったが結果として「冬眠まんざい」とか「ザ・パイロット」とか、いわゆるアタッタ作品は、ふつうなら客がくる限り再演しようと意気込むものだが、ここでは、自分たちにとってある達成感が持てた作品はもはや打ち切り、どうも満足できぬ場合には納得するまで再チャレンジするという、なんともわがままなやり方が定着した。これが当時の志の一端である。

方法としてのぶちこわしであって、なにかが見えていたわけではない。新しい表現を作り出せる、出会う、などとは思いもせぬ。ぶちこわしの方法の構造はわたし個人にとっては、リアルとはなにか、スタニスラフスキー晩年の身体的行動の方式の徹底が演劇そのものの解体へと進み（念のために言うと、いわゆる新劇の演技術をわたしは近代のリアリズムとは認めていない。あれは歌舞伎の六代目尾上菊五郎などの達成した、日本独特の写実芸の流れと同質のものと考えている）、やがてメルロ＝ポンティの現象学と出会って「主体としてのからだ」の発見に辿りつくプロセスは『ことばが劈かれるとき』（思想の科学社、後、ちくま文庫）に書いた。山口昌男はその書評で、竹内は方法としてはメイエルホリドの領域に行っているのに、自分ではスタニスラフスキー主義者だと考えている、と書いたし、後年ある女性批評家は、竹内はリアリズム演劇に引導を渡す仕事をしたと評したのが、わたしにとって自分を振り返る指標の一つである。

四　演出の例

演出とは、いかに芝居をくっきりと面白く見せるか、というてだてであって、即ち劇を「見せもの」として作り上げてゆく工夫である。とすれば、アングラ前期（あるいは以前）のぶちこわし時代においては、演出否定、ただ演技者の創造力に賭け、それを刺激しそれを支え、フォルムを作り出すことだけが目あてであった。イメージとしてはジャズのトリオの演奏形態があった。そもそも演出者という職分が近代も末の産物であって、わたしはオーケストラの指揮者と同じく、近代工場の工場長がイメージの原型だと考え、当然近代と共に解体するもの、と考えていた。

とりあえず具体的な上演に則して演出について現在見えることを語ってゆく。

「冬眠まんざい」（秋浜悟史作）はわたしの代々木小劇場における最初の演出作品である。雑誌で読んで秋浜に電話したら、かれは呆れたような声で、あれは上演不可能ではないかというようなことを言った。討議でもほとんどの男が、わけがわからんからやらぬ、と言った。ところがあらかたの女性が、わけがわからないけど面白いよ、と言う。幸い小屋の屋根が高い。舞台前面客席との境目に長く首吊りの縄をぶら下げて、首を吊った娘の裸の脚が客の頭を蹴とばさんばかりに舞った。若い映画作家が「ゴダールの空間だ！」と叫んだのが、わけもわからず記憶に残った。

戯曲というよりは、秋浜が当時仕事をしていた映画のシナリオに近く、さらに言えばイメージを記した詩ともいうべき台本で、時空が舞台処理の追いつかぬ飛躍をする。一場のセットを全く取り払って別空間を作るのは廻り舞台かスライド舞台ならやれないこともないだろう。幕切れの屋台崩しも同様だが、それでは時間空間の流動性を殺すだろう。狭い舞台を睨んで困り果てた揚句が、洗濯物を吊るした綱もなにもかも残したまんまで次の場の配置に移る、つまりすべてが重なり残ったまま進行し、まっ白な雪布が天井から降ってすべてが覆われて終る、となった。わたしにとっては、それまでの、一場一場のきちっと決まったタブローがめくられてゆくようなパターン思考が暴力的にくつがえされた体験であり、しかし場から場への無定形な流動するリズムの脈動に演出感覚が目覚めた体験であった。

次いでの「ザ・パイロット」（宮本研作）は、元来「ぶどうの会」での上演のために書かれた、長崎に原爆を投下したB29の乗員イーザリーの物語である（現実の彼はその罪悪感の告白のためにアメリカ陸軍病院に収容され精神異常として外界との接触を断たれた）。「ぶどうの会」解散後早く新しい劇団を作って上演しろという友人たちの励ましや忠告にわたしが全く乗らず、失語したまま閉じこもり続けたために、俳優座が上演したが、わたしには鋭い違和感が残っていた。

冒頭に、長崎郊外の山峡を想定した長い状景描写のトガキがある。俳優座の上演では装置にこれをすべて現わしたけれども、方三間に足りぬ位の舞台でそんなことはできっこない。わたしは尺高の台をしきつめ、三六（サブロク）一枚だけを坂にして出入口として袖に向け、能舞台のように壁ぞいに小さな花道を作り、その突端に小さな藁葺屋根を差し掛けた。ありあまる状景は語り手がトガキをそのまま客に語った。このプランを打ち合わせで初めてしゃべった時、美術の朝倉摂が理解できず照明の立木定彦の助言でやっと納得して壁に黒白大きなコラージュを張るに止めたのを思い起こす。なにひとつ舞台装置はなく、ただあるフォルムをもった空っぽの空間に、演技者の肉体とことばが客と一と続きの場において爆発する、という基本型がここで生まれたように、後からは思われる。

その他「女中たち」（ジャン・ジュネ作）はすべて男で演じ（舞台を赤いバラで埋め、登場人物は女性だがすべて男が演じた）、ここでの稽古の中心はひたすら、ことば、ことば、ことば、であった。真っ赤な地に油絵で白い鶴の羽ばたきを大きく描いた打掛をまえうしろに羽織った背の高い「奥方」。バルコニーへの出入りは吊るした一本の金の鎖を揚げることで処理した。

「ユビュ王」（アルフレッド・ジャリ作）の日本初演はユビュおやじとユビュおっかあ以外はほとんど

すべて東京芸術大の美術の学生の創作になる人形での共演。

一九六八年の大学闘争――わたしは「からだの反乱」と呼んだ――の鎮圧後高校が反乱を拡大した。これらの闘争を担った学生たちが小劇場になだれこんできた。代々木小劇場の最後の公演は小屋を離れた。日比谷の野外音楽堂。一万五千人だかを収容する大円型劇場だが、舞台の方に観客を入れ、その大客席一杯にイントレで三つのタワーと五つの平舞台を組み連結して六〇人ばかりが走り廻った。円型に辿る本来の客席の最上階ではナナハンのオートバイが騒音を上げて走る。まん中上手のタワーに一面に掲げられた白画面によじ登る人々の夕闇の迫る中、照明の光に次第にくっきりと浮かび上り、塗りたくる絵と山下洋輔が叩きつけるピアノの音と叫び声とが交錯する。

この公演の終了前にわたしは手術のため緊急入院をし、約一か月半の退院の時には、代々木小劇場劇団変身は解散していた。

以上とりあえずわたし自身の演出に限ったが、忘れ難い舞台のうちの一つだった、さきえつや演出、坂本長利出演、宮本常一原作の「土佐源氏」の一人芝居は挙げておきたい。当時の前衛志向の中でこれを見出したさきの眼力は記されてよい。

この乱暴な実験が継続しえたのは、わたしが「ぶどうの会」演出部及附属俳優養成所の責任者時代に木下順二の周囲に集まった「セゾーノ」の仲間たち――宮本研、福田善之、高山図南雄、定村忠士、椎名輝雄（劇団スタッフの和泉二郎もいたが）その他の協力、特に朝倉摂、立木定彦の無償の助力、また藤浪小道具の労働組合の人々の理解を忘れることは出来ない。改めて感謝を捧げる。それにしても茫々たる歴史の眺めだ。こう記す名の多くはすでに死者である。

おわりに

わたしたちに踵を接して赤テント、黒テント、早稲田小劇場たちがやって来た。これからいわゆるアングラの一〇年ばかりは世界的に見わたしても日本の小劇場演劇は高い水準にあったといえるだろう。かれらは新しい文体を廃墟の中からつかみとって立ち上がってきたのだ。その源流の一つが寺山修司の天井棧敷と福田善之の「真田風雲録」の破天荒さにあったことは確かだが、かれらが出揃ってみて気づくことは、戦後木下順二、三島由紀夫、福田恆存ら多くの作家が、戦前からの、物語の舞台化、言わば近代小説の舞台版としての演劇脚本から脱却するために学びとろうとしたヨーロッパのドラマの、構造というより骨子というほどのものが、いつのまにかこの世代の若い作者たちの身についていた、と見えることがある。それはヨーロッパのドラマの本格的な習得というよりはアメリカ経由のテレビドラマや映画のシナリオの展開法が不知不識しみこんでいたのであったかも知れないのだが、清水邦夫あたりを鮮かな先頭として逆説的だが別役実なども含み、さまざまな花束を投げ入れられてもしかと支える花瓶のように形作られて来たことが印象深い。

しかしたぶんそれと関わるのだが、わたしがひそかに惧れつつ期待していた、言語に対する根本的な不信、ことばの解体そのものを日本語において言語化あるいは形象化する前衛的な試みは実現しなかったようである。ベケットの例は奇跡のようなもので、それは本来不可能な試みなのかもしれないのだが、根元にはヨーロッパ中央の諸国の思考のための言語と、感性の表現を主なる核とする日本語の差であるのかも知れぬ。

わたしにとって、演劇活動は敗戦によって生の中心に大穴のあいてしまった少年がデモクラシーもヒューマニズムも身にそぐわず、欺瞞と抑圧の臭いに歯をむいて、ひたすらコロサレテタマルカ！と走りつづけて来た足跡であり、一方では幼時からの聴覚言語障害から抜け出して話しことばの獲得へ、人間への仲間入りへの、自己治癒のプロセスそのものであった。「ことばが劈かれた」体験と共にわたしの演劇活動は頂点を迎え、やがて転回する。わたしは一九七一年竹内演劇研究所を設立、ドラマとアクションの根底を探る仕事に向い、次第に人間行動の根本そのものを探る「からだとことばのレッスン」のワークショップへと発展する。わたしが山崎哲と初めて会って交わした対談（『東京大学新聞』）の題名は「演じない演劇」であった。

演技者は詩人たりうるか

リアリズムが死滅すべきものならば、正確に殺さねばならぬ

一

まず「変身」の出発点というのはどういうところにあったかということを考えてみる。第一は、日本に新劇が始まって六十年間、ヨーロッパの意味でのドラマというものを日本の土壌に移し植えよう、或いはもう少し言葉を換えていうならば、日本にドラマというものを創り上げようという努力がつづいてき、その最も重要な段階が第二次大戦後にあったというふうに私は思うわけだけれども、それが成し遂げられないうちに、既にそういうヨーロッパ的な意味でのオーソドックスなドラマというのが

崩壊しつつある、全く無効になりつつある時期が来ている、ということが、つまり片方でドラマを作り上げながらしかし片方でそれを壊していかなきゃならないという二重の作業を我々がしなければならなかったというのが、戦後の日本の新劇の最も鋭い処での問題点だったのではないか。だとすると我々はいったいこれからどういうふうにドラマという問題を考えたらいいのかということ、これが第一点。言葉を換えていうと、近代劇をどう超えるかという問題であったわけです。これは「変身」の人達にかなりはっきり意識されたわけだ。それから第二番目は、その問題をどういう次元で考えるかということだが、それを、劇作家は作品、戯曲を書くということで考えるというようなことで見れば、「変身」においては、俳優の問題として考えよう、例えば、新劇運動として考えるとか芸術運動として考えるとかいう方法もあるわけだけれども、そうではなく、俳優の問題、演技の問題一つに絞って考えてみようということ。この二つのことで「変身」は出発した。しかし、演技について考えるということはどういうことなんだろうか。それは三年間経って何処に辿り着いたのだろうか。ということが、今、考えてみたいことである。大体演技について考えるということは、可能なんだろうかというような気さえするわけだが、まずはそこを出発点として始まったのだからそこから考えてみようというわけです。

＊

そして、まず出発点としての確認をすると、ドラマの崩壊を演技の問題としてとらえ、これからの演技はどうあったらいいかを考える時に、第一の焦点は十九世紀に成立したというか、完成したというか、演技の問題で言えば、モスクワ芸術座、所謂スタニスラフスキー・システムという形でその頂点に至ったところのリアリズムというものが、つまり崩壊したということです。崩壊した、或いは、崩壊しているのではないかという問題。一つの作品の中に出てくる役は、始めから終りまで、キャラクターの発展はあるだろうけれども、一つの統一された人格というものの所有者であるという考え方が牢固としてあったわけだ。牢固としてあったというより、大前提であって、そのこと自体は何も疑うべきものではなかった。

ところがその人格というのがいったい統一されたものとして、少くとも二十世紀の我々に於てあるかという疑いが、二十世紀のあらゆる文学芸術の基礎になっている。例えば、ピカソの絵の中に、いろんな方向を持った顔が一つの顔の中に同居しているという絵があります。あれが一番簡単にそれを表わしているわけだが、例えば、自分自身の事を考えてみても、喋っている、或いは、女房と寝ている俺、それから全然別なところで原稿を書いて上手くいかない俺、いったい何処が本当の俺であるかと、非常に簡単にいえば、そういう分け方も出来る。つまり十九世紀から二十世紀初めに考えたようにあらゆる局面を統一するところの、その中心に普遍して変わらない、生まれた時から死ぬ時まで変わらないところの一つの人格という確固不動なるものがあり、それを描けばその人間を描くことになるという考え方がなくなってしまった、人格が解体してしまった。だから所謂リアリズムの芝居、リアリスティックに描かれた人物を一生懸命演技しようとすることが何かしら現代的に思えない、ピシャッとこないということが、まず感覚的に生まれて来ているということじゃないか。例えば戯曲でも、特徴的なことで言えば、固有名詞が登場人物の名前についていないわけだ。AとかBとかある男とか。ということは固有の人格というものが、戯曲の中の登場人物としては、有効でなくなって来ているということを示すものだろうと思う。そういうふうに、人間の存在の仕方というものがばらばらであり、意識もばらばらであり、そこでジョイスなどに始まる意識の流れの文学が生まれてくるのは、二十世紀になっての一番大きな文学的事件になるわけでしょうが、そういう問題がでてくる。それから例えば、薬を飲んだりして、幻覚をよびさます、つまり日常的な意識というものを取り払って、或いは狂わしておいて、その下から浮かび上ってくるものが本当の自分じゃないかというふうに考えるといったようなことがいろいろ出てくる。

ここで演技を考える上の第二の問題点が出てくるのだが、主に意識の面、或いは行動、社会存在の機能の面に於て分裂しているということは、はっきりしている。しかし、この肉体というものはどうなんだろうか。俳優というものは、この肉体をもって演技するわけです。ところがこの肉体というやつは一つの完全に有機的な存在物であって、例えば一本の腕を切ったら、そのまま放って置いたら死ぬわけです。全部が統一されたものとして存在している。とするとその統一された肉体をもって、解体された、或いは分裂した意識なり人格なりを描くということは、いったいどういうことなのか、そんなことが可能なんだろうかという問題がでてくる。この肉体をどう捉えるかということについては、もう少し考えてみなければならない。いったい肉体というものが、客観的な科学性からいっての有機性というものだけで考えられるものであるかどうか。肉体そのもののとらえ方がもう一つ変わらないと、第一の困難な点に対応するところの俳優、とは限らないが、人間の肉体というものの捉え方が私に出てこないのではないかと考えているわけです。

＊

とにかくそういう問題意識をもって「変身」は出発した。問題意識だけはあるけれども自分たちがどういう演劇を欲しているのか、或いは、自分たちにとっての表現としてはどういうフォルムが終局的に生まれてくるかということについては感性だけがたよりで方法的にはまるっきり闇雲だった。だから、とにかく感性なり問題意識なりに引っかかって来るやつは片っぱしからやっていこう、そういう戯曲を自分たちなりに舞台に載せて表現を見つけてみようというわけで始めた。一年間に毎月公演十二回という乱暴なことを始めた。

そこで私たちは何を見出したか。一番最初にはっきりしたのは、この小劇場というのは今まで、例えば「ぶどうの会」なんかでやってきた劇場の演技とは全く違う演技を要求されているということです。そのポイントの一つは、ここではプロセニアムがないということです。とにかく目の前にお客は居るわけで、目の前のお客にどうやって話しかけるか、ということがまず直接に出てくる。今まではだと俳優はプロセニアムの後に拡がっている舞台に守られていた。客席の方は真暗になっておりお客さんの一人一人の顔は全く見えない。つまり俳優は暗黒に面して演技するのだったけれど、ここではどんなに暗黒にしたところでお客さんの顔ははっきり見えてしまう。いったい目を何処へやったらよいかわからなくなって最初の公演の時は、やたらに上の方ばかり眺めていたというような事も起ったのだけれども。そういう意味でプロセニアムがない。プロセニアムがないということをもう少し一般化して言うならば、ここにはつまり成立したところの所謂額縁舞台、イリュージョン舞台というものがないということ。つまりイリュージョンが舞台の上で成立する余地がないということです。つまり、誰が何を演じ、ハムレットでございますと言って出て来たところで、いくらハムレットらしい格好をしてみたところでお客さんの目から見れば二、三メートル先にいるわけだから、ハムレットでないことはもう明々白々であって、若い人が爺さんに化けようとしたって、これは若い人が爺さんの真似をしているということが明々白々であるということがある。どんなにそのものに化けようと思っても化けることが出来ない。俳優そのものがそこに立って汗を流しているということがあからさまに見えてしまうというのがまず第一点。

するとそういうあからさまに立っている人間が演じるということはどういうことであるかということが問題になってきた。いままでは、つまりそれらしきことをやれば、とにかく、まああれはハムレットだということでお客さんの方が自分で騙されてくれた。ところが客がいくら騙されようとしても騙されようがないというところで一体俳優が演じるということが何であるかということになる。俳優は扮装なり役なりの後に隠れることは出来ない。そういう意味でいうと、描写なり写実なりということが不可能であって、むしろ俳優そのものが、剥出しにされたところで俳優が何かをすることが演技である。その何かということがわからないということなんだが。しかし俳優それ自身の肉体、息遣い、そういうものがそのまま生々しく観客の目の前に提出されてしまう以上、つまるところは、俳優の人間的存在そのものがお客さんと向かい会うということでっきり始末がつかないんじゃないかということが予感された。

イリュージョンが成り立たないということは、そこでもう一つ発展して、メイキャップやなんかの問題だけではなく、言葉の問題になる。つまり戯曲のストーリーそれからそこにある台詞というものを安心して喋っていられたのは、プロセニアムの後に隠れてイリュージョンに自分の身体が囲まれていたからできたのであって、それが剥出しになってしまうとハムレットでもないものがハムレットの台詞を喋るということはどういうことであるか。というとこれは例えば、ここに竹内敏晴が居るが、竹内敏晴がこの言葉を喋るとはどういうことであるかということになってくる。さらにいうと言葉がイリュージョンに乗っかって安心していられないということになると、言葉というものの繋がり方というものが信用出来なくなってくる。いくらそれらしく喋ってみたところでそれがちっともリアリティを持たないということだったらば、そんな言葉はどうしようもないんじゃないかということになるわけで、そういうことが、例えば、秋浜悟史君の戯曲とか、イヨネスコとか、つまり言葉自体を解体していくような芝居に引きつけられていく一つの原因になっていると思う。これは意識して選んだというよりは、結果としてそういうふうになったということが近いと思うが、そういう経過がそこで起っているということだろうと思います。（中略）

＊

詩人のエリオットに「ハムレット」についての有名な論文がある。それは「ハムレット」が失敗作であると決めつけたというので有名な論文です。シェイクスピア以前の戯曲というのはいわゆるリアリズムでないわけですね。例えば言葉にしたってリアルな言葉じゃない。詩の韻律を使っているわけだし、日常的な意味でのリアルな人間的なものというのは芝居の要素じゃなかった。ところが「ハムレット」に至って違う要素が加わった。喋る言葉も口語である。つまり、シェイクスピアに於ては、口語で、普通の意味でリアルに喋るという事と今迄の文体、壮麗な詩としての文体、その二つが混在している。だから完璧な統一が「ハムレット」という作品にはないというわけです。芸術作品としては失敗作である、しかし、失敗作であることによって「ハムレット」は成り立っており不朽の名作になっているという論議であるわけです。でそれ以後「ハムレット」によって突破口を開かれた、リアリズム演劇（といってよいか）は、どんどん進行する。たしか深瀬基寛氏の言い方で言えば、人間的な人格で演劇を補填していくというか浸していくというか、それがどんどん進行したという事になるらしい。また、俳優が人間的に感じたところによっていろいろな変化が出てくるという事を許すことにもなる。それは、解釈ということです。演ずる人間の解釈によって大変かわってしまうという事が起ってくる。

このように演劇がフォルムから個人的人格で浸され満たされていくのがリアリズム進行の度合であ

るというのがエリオットの考えのようです。ところで、この人間的人格で浸されていくという事態を、もっと先の形まで考えてみる、つまりさっき一番最初に問題提起したみたいにその人間的人格自体が崩壊しているような時代に於いて例えば「ハムレット」をやるということはどういうことになるのか。

すると、ハムレットが分裂症になってきたり、それから一個のまとまった統一体である人格という事よりは一つのシンボルみたいになってきたり、いろいろなそれこそ解釈というかやり方が生まれてくる。ところが、もっと先へそれが進行していくと、こんどはそういうハムレットという一つの仮りのものを借り、人間存在のあり方を舞台の上に横溢させようという形になってくる。ここまでくると戯曲の文学的な意味での完成度というものがじゃまになってくるわけです。これは全くエリオットの論旨を逆手に取って先まで進んでいるわけだけれども。文学的な意味での完成度はいらない、完結さえいらない、もっとバラしてしまい、そこで人間性というものがどんなふうにぎくしゃくとぶつかり合って、どうなっているのか、という事だけを、俳優の肉体をとおして舞台の上に提示する考え方が出て来ても不思議はない。

変身でやったマロヴィッツの脚色による「ハムレット」はその例でしょう。マロヴィッツはアルトーに導かれてこの方法をやったわけだが、私たちはそれを当時十分知っていたわけではなかった。しかしふんだステップはそういうことだと思う。一口に言うと、文学が、というより文学的完結性が、俳優の人間によってどんどん分解されてきた過程というふうに見る事が出来る。そうなってくると、マロヴィッツをリアリズムの進行過程、進行過程の行き止まりとして捉えることだって出来るわけだ。

シュールリアリズム（マロヴィッツはシュールリアリズムも通過しているわけだが）でも、そういう意味で人間の意識なり存在それ自体がいろいろと分裂しているもの、アンビバレンツなものをアンビバレンツのままに投げ出すという形で言えばリアリズム精神の行き止まりであるわけだし、例えばハプニングなどというものも、深層心理を爆発させる、日常生活の中で抑えられているそれを外へあらわしてくるという意味で言うと、やはりリアリズム精神の行き着く先だという解釈も出来ます。

ところでいま、いったい変身がやったことがどのへんまで来ているかというと、イリュージョンによる演技、客体模写というものが成り立たなくなっているという所まで来て、人間存在そのもの、自分自身のみじめさ、それからそれをカバーしてなんとか演技しようとする、そういうじたばたが続いて来たというわけです。もう少し整理していうと、一つは、取り上げた戯曲の構造にあくまで忠実にそれを舞台上に展開していく。そのことによって作家が追い求めたものを理解し、舞台に実現しようとする努力と、しかし一方では、そういうものをずっと演じていくということはもう舞台の上では成り立たないところに面している俳優が、突如としてそういうドラマの構造を途中でぶち壊して、ある場合には即興的にあらわれてくるところのアクションの爆発というか、それが潜在意識的なものが爆発してくる場合もあるし、別の場合にはアンビバレンツなアクションをそこに突き出さなければどうしても我慢できないという形で、そのドラマの構造を壊すために出てくるという場合もあるけれど、そういう二つのアクションを舞台の上に成り立たせていたということになるのではないか。もう一度くり返すと、つまりドラマの構造を正確に舞台の上に作り出していくということと、その完結性というものを破って、そいつを壊す、或いはそれを通してあわよくば、何か、自分の肉体、人間存在そのもの、そういうものを観客の前に投げ出すということ、この二つを混在させる舞台というのが、ここしばらく続いて来たのではないかと思う。その代表的なのは「冬眠まんざい」や、「俳優についての逆説」の坂本長利の演技だと言えるだろう。だからこれをリアリズムを次から次へとおし進める、或いは、リアリズム演技というものを剥いで剥いでいって行きつくところは何処かをつきつめるという点からいうとまだまだ不徹底だといえる。ハプニングに近いかも知れないけれど俳優が一個人の人間存在として、例えば、ストーリーも台詞もない、つまり文学的に頼るものが全くなくて、いやそれどころか、衣裳もメーキャップも捨てて、しかもなおかつ何かを演ずるとすればいったい何をやれるか、いったい演じるということは何かということ。そこまで裸にしてみるということがまだはっきり行なわれていなかった。

「ジェラシイ・ストリップ」の時に僕はそこをどうしてもやっておかないと先へ行けないという気がした。とにかく俳優一人、舞台に立ってしまう、どんなにそれが貧しいものであろうと、豊かなものであろうと、とにかくそこのところで立つ、そしてアルトー流にいえば、意識が介入してくるのではなく、生そのものができないか、作り出せるかどうかということをやってみたかったわけです。四年前に書いた『文学』の論文(「スタニスラフスキー・システムの現代的課題」『文学』一九六四年二月号)の終りには、俳優とはそもそも何であるかという問いが、いやでも返ってくるということを書いた。その時に俳優は「自らを零として」という言い方をしていたわけだ。その「自らを零として」という言い方しかできなくてそう書いたのであるが、実際にはどうであるかは実はなかなかわからない。やっと少しわかって来てるような気がするわけですが、「ジェラシイ・ストリップ」の時に俳優が立った立ち方というのはそういうものに近い。つまり何かものを考えて、考えたことを意識的に演じることを一切封じた。一つの思想をアクションの形で表現するという考えを排除したわけです。アクションが生まれた瞬間に、それが見ている人間にとってある「物」である、或いは思想である、何だっていいわけだが、そういうことになる演技が欲しい、今年のはじめに舌たらずな言い方だけど「思想を表現するのではなく、表現されたものが思想であるような演技」といったのもこういうことですが、するとその時に立っている自分というものは何か、日常的な自分でもないし、何かを予定した自分でもないし、何ともつまり、舞台に立った自分ということより他に言いようのないものであるけれど、そこから、つまり自分は立っていて、そこに、前に開けている、「空」に何かを投げかけていくというか、自分をそこに投企していくということで何かのアクションを選び出さざるをえないという瞬間に、演技というものがあるんじゃないか。つまり、感覚的に言えば、頭の中に何かの想念が生まれるというのではなく、生まれる瞬間そのものがアクションになるという、そういう純粋さを俳優が持てるかどうか、それは一つの集中であり、アルトーの言葉で言えば、生が息づいている時という、それは一つの狂気に近いかも知れないし、まあ熱中というかもしれないけれど、それよりも、集中という言葉を使った方がいいような気がする。そういうものがつかまえられるかどうか、それが演技というものを剥いで剥いでいった先の原型じゃないのかという気が今の私にはしているわけです。

それを別の面で考えてみると、戯曲というものはフィクションだという考え方があるわけで、フィクションだから非常に意識的につくり上げなきゃいけない。色々考えて、解釈してつながりを考えて、複雑に構成していかなければいけないというふうに、普通考える。そうだとすると、演技というものは非常に縛られていくものであって、どうにも動きのつかない所へどんどん自分を追いこんでいくということになる。そんなところで、自由とか、創造とかが起こりうるのであろうかという気がするわけです。僕らは日常生活でこそ縛られているのであって、例えば、社会的関係とか、思想とか、いろんなものに縛られているのです。戯曲とは、縛られているものから自分を一つ一つ解き放していくためのからくりであるというふうに考えられないだろうかと今一生懸命考えている。

しかし、俳優にとっては、この肉体しかないわけだから、まあ普段の生活だって演技みたいなところがあるわけで、舞台に立った時にも、身体しかない。俳優にとっては現在しかない。現在何かのアクションをするということしかない。それにフィクションもへったくれもないいんじゃないかと、乱暴だが言ってしまえばそういう気がする、どうもこのへんのところが誤魔化されて来たのではと感じる。そこまで裸になると、何かを真似することも出来ないし、要するに零になってしまうわけです。するとその先に何かをやるということは空にあることである。空に向って何かをやることは何かをつくり出すということになるしかない。もしフィクションって言葉が俳優の演技に使えるなら、俳優がそこで演技することに於て何かがつくり出されていくこと以外にフィクションてことはないというふうに考える。こういう、ある意味での逆転回ができるかどうかということが今の課題として私たちの前に

ある。（中略）

ジュネの「女中たち」という戯曲は、今言ったフィクションという問題についての論理を非常によく表わしてはいないか。例えば幕あきに、女中が奥様を演じているわけだが、女中が奥様を演じるということはどういうことか。奥様っていう人を考えてみる。何歳で、非常に美しくて、かわいらしげな喋り方にこんなくせがあるとか。だけど女中が奥様を演じる時、そんな真似はいっさい使ってない。奥様らしい言葉使い、つまり文体はどうやら一切使っていない。ではどういう事で女中は奥様を演じるか。「また炊事手袋を持ってきた、そんな汚いものは台所へ持って行きなさい」っていうようなことから始まる。実際の奥様は恐らくそんな言い方をしないだろうし、また奥様の寝室に女中がそんな物を持ってくることも勿論ありえないことだ。クレールという女中は、奥様を演じながら、女中としての自分の顔に浴びせられた時に、最も侮辱を感じ、最も女中であることを自分につきつけられざるをえないような言葉を、彼女は相手役にたたきつけている。そういう風に相手を侮辱することによって相手をクレールという女中にしているわけだ、相手をクレールとして扱うことによって自分が奥様になる。だからそこには奥様という実体を模倣することは露ほどもない。自分にとって奥様というものがどういう風につくられていくかの最も見事な例であろうと思う。そうすると、相手のクレール役を演じるところのソランジュも、クレールという女中がいつもこういう声を出してこういう風に行為するということはほとんど顧慮しない。女中クレールを演じるってことは、クレールを奥様として扱うこと、クレールがうまく演じようが下手に演じようが、そのまま奥様として扱って、奥様なんですよあなたは、あなたが奥様だから私はこういう風にいたしますよ、ということを、執拗に相手役に押しつけていく、そのことによって自分は女中になる。そこにはつまり固定化され実体化された人格というような観念は一切ないわけです。統一された人格はない。これがジュネのポーヴェールへの手紙の中で、自分は役の人格というものを廃絶しようと思ったと書いていることでしょう。ルイ・ジュヴェがテクスト・レジした、普通上演に使われる台本は、この構造をこわしている。だから私は、ジュネの最初書いた稿によって上演しようと考えました。ひょっとするとこれは世界初演かも知れない。たいへんむつかしい台本になりますが。

別のところでは、ヨーロッパの役者はだめだとも言っています。何故だめかというと戯曲の中の一人物に同化しようしようとして必死になっているだけである。しかし役というのは様々な意味を担ったところの一つの符号でなければならないという言い方をしている。固定化した実体、一つの役、統一された人格というものをイメージして、それを模そう、見事に舞台の上にイリュージョンをつくり出そうという演技は完全に否定している。ぼくらはそれを壊すという努力を三年間やってきたわけだが、壊すことだけで方法的に否定するということは、どうもぼくらにはできなかったんだという気がする。ジュネの「女中たち」それからつづく芝居でできるかどうかわからないが、やっと手がかけられるというところへ来たんじゃないかというのがぼくの現在の感想であるわけです。そこから先にやっと俳優が演じるってことの意味ではなくて、演技したものの意味というか、価値というか、そういうものが改めて問いかけられてくる次元がくるのかも知れない。

（一九六八年夏述――その一部）

なにごとであろうと／おこらばおこれ　私は　私の素姓をつきとめずにはおかぬぞ――
（オイディプス王）

二

私たちが「女中たち」をなぜやったかについてはもう、去年一度しゃべったのだけれども、それを改めて考えてみたいと思う。多分、それはかなり素朴な誤解に満ちたといってもよい試行錯誤がそこにわれわれを辿りつかせたのだ。一言で言えば、イリュージョン演劇の破壊、舞台の上でイリュージョンをおこすのは何であるかということで、その実体を次から次にはいで、はいでいったらばどこまでいったか、その地点から改めて dichtung 作る――構築することへ向って出発する、まあ演劇への再出発と言っちまったっていい、そういうことだ。

今まで俳優が訓練され、多少持っていたと思っていた技術というのは、すべてこれ客の目の前にイリュージョンを作り出すためのものであったわけです。そのささやかな、あるいは積み重ねられてきた技術というものが全く役にたたない時に、それをひっぺがし、こわしていくということをずっとやってきた、それで一体そういう「まやかし」の技術を全部こわした果てに本当のものというのは何であるかということを突きとめようとしたと、こういうふうに言えると思うんです。

そのためにとった方法というのは、いろんなのがあるけれども、例えば戯曲全体の統一ある完結した形というのをこわす、あるいは、セリフ自体も意味的な統一をこわしてしまう、あるいは行為というか身振りをアンビバレントに対置する。あるいは叫びでこわす、破る、あるいはそれら一切をぬきにして言葉とセリフ、あるいはその他様々の物すべてを相反する形のまま舞台に投げ出すといったような様々な事が行なわれたと思う。それを二年位続けてきたわけですが、それを今から振りかえって整理してみると、そういう人工的な付加物あるいは加工を一切拒否し、結局そういうもの全部をひっぺがしていって自然的存在としての自己の肉体を発見しよう、そこまで己を還元しようという努力だったと言えるだろう。少くとも論理的な帰結はそこに向けられていたと考える。いかに錯誤と迷妄にみえようと、それは、根元的なものをなんとかしてつかもうとする努力であって、その途次で、いくつか火花を散らすような上演が、成り立ったわけだが、しかしそれがどうやらゆきづまったという感じが去年の夏ごろからしだしてきた。どうもそれは自己のむなしさを舞台の上に投げ出すだけでそこからどこへも行きようがないということであった。それから先われわれはどうしたらいいのか。そこで新たにゼロから出発して何かを作りだすということができるのかどうか、新しく作る——Dichten——それを探ってみよう、それには、例えば「女中たち」という戯曲は、その構造の意図そのものが、あるひとつの実体を戯曲として作り出すというのではなくて、ヨーロッパ的戯曲構造というものが虚体であるということを自覚した上でその虚体の上にもうひとつ虚体をつみ重ねることによって何かを作り出そうとしている、そういう構造をもった芝居をひとつやってみようと私たちは出発した。

ところでそれを上演し終った今からそれを考えなおしてみるとどういうことになるか。達成されたこと、確かめられたことは決して少なくはなかった。とくに、役を男女が交代して演じたことで、演じるということの根元的な構造について手探りしたことの結果は貴重だったと思う。しかし、ここでは、方法的なまちがいと今考えられることについて、はっきりとつきとめておきたい。

まず第一に、自分というものを自然的存在としての肉体にまで還元しようという努力は、これはゆきづまるのは当然であった。なぜなら自然的存在としての身体などというものはないから。リアリズムやヒューマニズムをこわすことをわれわれは目指してきたが、その基礎である十九世紀的な自然像というか、客観的科学的な存在としての自己の肉体(あるいは生理学的といってもいいけれども)、そういう有機的統一体としての客観的存在物としての自己の肉体という観念から、少なくとも私はのがれることができなかった。その観念のままで、そこへ自分を還元していったらどうなるか。そういう誤りにわれわれは復讐されたのだと言える。

〔注〕 自然的存在に還元するということについての註を加えておくと、例えば怒る、恥かしい思いをするということは単に生理学的な、自然科学的な次元での肉体において現われる(感情あるいは反射作用としての)現象ではない。それが肉体的な身振りとして現われてくる時には、すでに文化的歴史的な存在としての身体を表わしてくる。たとえば頭をかくという身振りは日本しかも東京にしか、基本的にいうとない身振りである。ヨーロッパなどには絶対にない身振りだ。そういう形で現われてくる。傍道へそれるが、少し詳しく言います。研究によると困った時アタマをかかえるとい

う身振りはチンパンシーにもあるそうです。だからたぶん人類共通の身振りだろう。それがロダンの「考える人」までつづいているわけだ。しかし恐縮した、閉口した時アタマをかくという身振りは、戸井田道三さんの説によると、江戸時代の油屋さんが油をついだ注ぎ口を指ですくって、したたった油を髪になすりつけたところから始まったということです。オデコをピシャッとやるのは、またこれの変形だろう。私たちが無意識に反射作用みたいにやっている身振りには、すべて文化の痕跡がきざまれているわけだ。

つまり自然的存在という形で私たちがイメージしていたものは、自己の肉体を自然科学生理学的な客観的存在として抽象化する思考のパタンによって自分の中に創り出していた私たちの迷妄であった。そこにはひとことで言ってしまえば、主体としての身体の把握がなかった。自己を世界に投げかけそこに意味を作り出し実現していく、そういう身体として自己の肉体を考え切っていなかった。別の言い方をすれば意識と身体というものをバラバラのままとらえていた自分の不徹底さがこういう結果をもたらした。

メルロ＝ポンティの言葉を借りて言えば、身振りにも言葉にも生理的な動き、あるいは音としては何の意味もたしかにふくまれてはいないけれども、そのような偶然的な動作の一系列の中でその自然的な存在をのりこえて、それを変貌させていく、そして意味をつくりだしていく。そういうものが人間の身体だということになる。そのようなことを可能にしている指向、生産性、そういうものを本来考えない探求のし方をしていたんだから、それが行きづまったときにもう一遍ある物を作り出すというところにもどろうとしても、その手がかりが論理的に言えばあるはずがなかった。画家が絵具をもって描くように俳優はおのれの肉体をもって表現するという考え方がある。しかし、演技者のからだは単にそのような客観的存在としての素材ではない。それは同時に表現の主体そのものであるという両義的な存在だ。その身体というものが文化というか人間が作り上げてきたものの中で、それへ向かって行為することによって変形される、まさにその時に自然の中に根をおろす。そのようなものではなかろうか。さっき自然存在へ還元する、という用語を仮りに使ったけれども、そのような帰結に至る思考、あるいは姿勢の指向したものは、おそらくはこのような限定の中での根元的な存在として自己の身体を開くことであったろう。私はこのような経過をへて、身体について、徹底して考えてみなければならないところへ来ている。それは「変身」出発時にもった課題の一つを、考える方法が今ごろになってやっと見つかったということなのだが。私にとってその自己破壊の複雑な闘いはまだ始まったばかりなのである。

＊

では次にそのような誤ちを認めた上で、検討を進めるための問題点を二つとりあげてみる。一つは身体、第二は言葉についてである。

その1　動作の問題　肉体と「物」との関連（ヨーロッパと日本の劇におけるその違い）

「女中たち」の稽古をしながら気がついたことの一つは、たいへん「物」が多いことだった。——

椅子、鏡台、ベッド、タンス、電話、etc——ジュネの芝居は、ブルジョワ演劇のニセの豪華さをふんだんに盛りこむわけだから当然そうなってくるはずではあるが。それらを戯曲の指定どおりに並べて演技すると演技者の身体は一つ一つ「物」にしばられていく。ソファに坐る、肘掛に手をかける。鏡に向かう。ブラシをつかい、香水をつける。ベッド、タンス、電話、みんな「物」はそれへの人間の触れ方を限定している。それはそれぞれの「物」が人間にとっての機能を個別化してもっているということで、逆にいうとその「物」に触れてゆく演技者はほとんど何も演技することはいらない。その「物」に自分の身（肉体）をあずけさえすればアクションは成り立つわけです。身体（肉体）が物にしばられて規制される。ヨーロッパの芝居はそういうものらしいと痛切に感じた（日本の芝居だって、写実のはそうだが、これは、ヨーロッパの発想法のうけうりだから当然だ）。ところが肉体が「物」にしばられているというけれども「物」の側から言えばそのことによって「物」は、人間にとっての機能を初めて露わにして椅子は椅子になるのだ。逆に言って人間の肉体の方が「物」にその機能をまかせる事によって、自分から剥離させ、軽くなる。自分の可能的状態を実現することができる。そういう意味で非常に身軽で自由になっている。それだけ身体（肉体）をまかせきって解放してこそ、初めて言葉というものが自在にたちのぼるんじゃないか、こう気がついた（特にジュネだから言葉が非常に複雑なわけだけれども）。

この肉体と物との関係は、ヨーロッパのリアリズムについて、私に改めて考えさせた。リアリズムというのは物と身体（肉体）の直接性を回復する作業ではなかったかと気がついたわけです。容姿の美と雄弁の名人芸を誇ったロマンチシズムの時代は、エリオットにしたがえば人間的要素が演劇を圧倒し優越しきった一つの極点ということになるだろう。それがリアリズムへ移行する時には人間的要素の伸張が制約されたと同時に、舞台の上への機能的な「物」のふんだんな登場——部屋、窓、天井からあらゆる細微な日用家具、さては本ものの水、土まで——によって別種の人間的要素を俳優の個人的美質の顕示の抑制という形で拡大し、溢れさせた。それを大ざっぱに言えば、物及び対象へ、行為の機能をまかせてゆくことであって、それによって演技者はますます、いわゆる演技を捨ててゆく。その結果、人間の肉体は行為そのものへ還元されてゆき解放されてゆく。そこで初めて人間の肉体というものが一つの様式とかそれまでで作られて来た文化的なあるカスあるいはオリみたいなものからときはなされて(「物」との直接性を回復して)肉体が身軽にそして生々しくたち現われてきたのがリアリズムなのではないか。演技のリアリズムが成立した代表例の一つをモスクワ芸術座だとすれば、その方法をうけついだアメリカ演劇における肉体のなまなましさは、あるべき当然の帰結だとして考えうるわけです(新世界の風土及び状況がそれを選んだのは勿論だが)。

そういう意味で考えると、日本にはどうもリアリズムといえる程の物は成立しなかったのかも知れないという考えに発展します。日本でリアリズム〳〵という風に考えられていたものは、リアルであろう、あろうとする努力の結果ではなくてすでに実現された型としてのリアリズムという、一つの様式をまねした、あるいは追い求めたということにすぎなかったのではないか。つまり、リアリズムであろうとすることは、そのイデアル・テイプスを追い求める限りで、無限に外向的なイデアリズムの行為であって、リアリズムであろうと努力すればするほどリアリズムから実は遠ざかるという矛盾の中に、日本の演技というものがあったんではないかという風に思うのです。

ところが実際の上演になるが、劇場空間が狭いのでそれだけの「物」を配置するわけにはいかないという具体的な事情、もうひとつはそのような形で「物」にしばられることからわれわれはすぐ、極めて日本的なナチュラリスティックな演技をしていくのではないかという恐れとから、私は全く違った方法を考えた。それは、能の様式を借りたスタイルだった。しかしこれは、肉体と「物」との関係がジュネの書いた芝居と全くちがうわけです。それをはっきり知ったのは上演後のことですが。例えば箱を出す。それに人が坐る。椅子の場合には人間の肉体の形にあわせて設計されたものが、坐るという人間の行為によって、その機能をあらわす。つまり椅子が椅子になる。ところが箱は箱にすぎない。それに人間が坐ることによってそれが椅子として扱われる。椅子としての機能をそこでもつ。ところがそれに物を置けば、それはテーブルになる。つまり、肉体の動きが「物」の機能をつくり出す。ヨーロッパ的な芝居で肉体が物に体をあずけてしまうのと逆に、ここでは肉体が「物」の姿（正確に言うと、本質と呼ぶべきかも知れないが）までつくり出さなければいけない。鏡にしても同じ。ふきぬけの竹の輪に向かう。姿が映るということを肉体の演技がつくり出すということになる。これは逆に言えば肉体の動作が「物」そのものからは無限に遠ざかってゆくことであって、動作が独立して、一つのシンボルと化してゆく道程である。つまりこの限りではシンボリズムの演技なのだ。

能、狂言に一つの典型をみることができるわけだが、われわれ日本人の文化の蓄積からしょわされた発想法にはこのようなものの血肉化があり、リアリズムへの拒絶反応を準備しているのかも知れない。明治以降の写実化の歴史は、日本の演技がリアリズムへ指向しなかったことをはっきりと示している。リアリズムと錯覚していたものは、ますます細かく日常の行為を真似することであり、「まねする」かぎりにおいて、それは無限に近似的なフォルムを構築することの追求になる。大胆に言い切ってしまえば、無限に細微化してゆくところのシンボリズムの変形であったと言いたいわけだ。

動作が、「物」から独立し、シンボル化してゆくにつれて、肉体のコントロールは、それ自体、演技の目的となってゆく。おそらくこのような演技の方法の究極は、言葉が失なわれてゆかねばならぬのであって、「語り」または「謡い」にあわせて演者が動作するという、歌舞伎や能の方法は、必然なのだろう。

〔注〕 能においても「物」に自らをあずけることによって演者の身体（肉体）を解放し、自由にすることがあった。しかもその根本的な構造の核心において、と私は思う。それは面を使うことだ。使う、という言い方は正確ではない。面は演者という主体が使用する道具ではない。むしろ面に演者の肉体はあずけられ、面が生き、働き、演者はそれに導かれるのであって、演技によって面が生かされるのではない、本質的に。オモテをキルとかテラスということがあり、名人によって行われるとき面は生きて、見るものの前に幻想を作り出す、とよくいわれるけれども、私には、それはかなりムリな錯覚だとしか思えない。あの平べったい面の些細な動きが煌々たる電灯の光の下にむき出しにされて、そこにあらわにされるのは、ただ平べったい面という「物」そのもの、面を「つけた」演者の図体である。そんなものに何の魅力があるか。

面を生かすのは演者ではなく炎だ。ローソクなり篝火の影が面を物から生きた何ものかに変貌させる。炎の動き、影の動き、その提曳する流れが面の生命の流れなのである。このとき演者は面におのれをあずけ、面のうしろに消え、面に導かれつつ移動する。能舞台に平べったい電燈の光がみちた時、面の生命は去り、演者は死んだ面をテクニックというみじめなもので仮生せしめようと必死になり、金しばりになったのだ。今の能は私に言わせれば能ではない。冷凍カンヅメである。能がたましいを揺さぶる演劇として自己を現わしたいならば炎をよび返さねばならぬ。同じ理由で歌舞伎のクマドリ、衣裳は死んだ。（舞台に炎を復活させる試みは、やがて私たちもやらねばならぬ時があるだろう。）

演者が「物」に機能をあずけ身軽になるという操作は演技のおそらく根元的な要素なのである。

「女中たち」の実際の上演に戻ろう。肉体が「物」の姿まで作り出さねばならぬ。それだけの負担をしょわなければならなかった時に、言葉が、それと一緒に、あるいはそれと離れて、自在に立ちのぼることが可能だったろうかということになる。私たちは充分な自由さを獲得することはできなかった。身振りと言葉がバラバラで、むしろ言葉が閉め出されていた。そこで教訓——まず肉体を解放し負担をできるだけ除き、言葉を自在に立ちのぼらせる、動かすための可能な条件をなんとかして作らなければならない。

その2　言葉の問題

古典歌舞伎と能を除けば演劇の言葉（書かれた言語でなくて喋る言葉）はほとんど概念的な意味を

喋る、或いは単なる感情表現である。これはいずれもダメだというのは「変身」の基本姿勢の一つだと言えるだろう。基本的には、言葉が意味伝達のための道具であるという考えを持たない。言葉が意味伝達の道具とする考え方は言語表現より思考が先行しておりその方が価値が高いという判定が前提になっている。だが人間は考えたことを言葉に表すのではない。考えるという行為は言葉を以ってする。つまり言葉が見いだされ完結したときに思考が成立するのだ。頭の中で考えることと、言葉に発言することとは、その限りでは、本質的に同じ作業なので、新しい言葉のくみ合せが生まれた時に人は考えたということになる。これが、言葉を考える時の私の出発点です。昨年はじめに、演技について討論した時「思想を表現する」という考え方が新劇一般の方法だが、逆に「表現が思想なのだ」、そのような思考と、その方法の実現としての演技とはどのようなものか、ということを話し合ったが、その考え方は、言葉に対する以上の考え方が基礎になって準備されていたのだろうと今になってみて思うわけです。

では、そのような、生まれ出るものとして、演技者が言葉を喋ることとは、いかにして可能かということになる。戯曲のセリフを前提として考えると、これは、書かれたもの、つまり、一度語られてしまった言葉だ。語られてしまった言葉が、語られる言葉として再生しうるか。前に言ったように、先行する思考の表現として言葉を考えれば、これは論理的には困難は少ないだろうが、その考え方を否定した場合、異常な困難というより深淵が横たわることになる。アルトーが言葉を否定——というのが強すぎるなら、限定せずにはいられなかったのは、このせいにちがいない。新しく生まれ、生まれたことによって思考なり意味なりが空間に実現される。そのような言葉（セリフ）は、どのようにしたら可能であるか。恐らくそれを考えるためには、構造言語学でいうところの「意味するもの」と「意味されるもの」との恣意的および必然的な結びつきについてよく考えつめてゆかねばならぬだろう。さしあたって私たちは手探りだ。大抵の場合、演劇界においてセリフをしゃべるとは次のような作業だ。まず解釈をして概念的な意味というものを決める。それも一つ一つの語ではなくて長いセンテンスに一つの意味を確定する。これは、後述する言葉の多義性を無視してある抽象化された一つの意味を拾いあげ、他を切りすてるという殺戮作業なのだ。その主観的な限定を音声にのせて、だーッと喋る。そうでない例としては、そのセンテンスを組み立てる言葉の意味あるいはイメージにほとんど関係なく、センテンスを貫ぬく感情を大ざっぱに決定して、それを全センテンスに溢れさせる。一つ一つの単語を作っているところの語感とかその音の屈折というようなものは全くふみつぶされてしまうという結果が生まれる。そんなところから言葉が姿を表わしてくるはずはないと思う。だから意味を喋るな、感情になるな、イメージを語れといったいろいろな指示が出てくるわけだが、「女中たち」の稽古にあたってこんな方法をとった。

まず、音を充分に発する。「まあ、手袋！」という冒頭のセリフを喋るには、まず〝ま〟という音がはっきり喋れなければ言葉は始まらない。〝ま〟はM・Aという子音と母音の複合体ではない。日本語の歴史というものが積み重なって作られてきた語感とその多義性がになわれている〝ま〟である。私は色値がある以上音にも音値というものがあっていいのじゃないかと思うのですが、充分に語感がこめられている、あるいはその音によってひらかれているところの音(オト)を出さなければなんにも始まらないということが第一の考え。それが発せられるためには充分に肉体全体に共鳴されなければいけない。私は俳優が幅の広い声を持つことには賛成だが、その人の本当の声が高低あるいは肉体の共鳴部分によって何種類もあるという考え方にはなじめない。そして、もちろん、肉体全部が充分に共鳴するためには、その〝ま〟という音を語感と語義の多義性の中から選び出してくるところの主体としての自分のからだが、選択の行為によって充分に開かれていなければならないということになります。

ヤコブソンという言語学者が「音(オト)は意味をよびおこし、意味は音をこだまさせる」といっているそうだが、私の実感はそれに近い。ある俳優が、本当に音を充分にひらいて発音できたときに、まずそこに何かが現われてくる。それは意味といってもいい。イメージといってもいい。そういうものが生まれてくるという感じがする。その生まれてきたものを歩かせたり走らせたり飛ばせたり——つまりリズム、抑揚、シンコペイションなどですね——ということが次にできてくるわけだが、まずそこに音が生まれてこなければ何も始まらない。そんな感じだ。

しかしこれも残念ながら部分的にしかうまくいかなかった。自分としてはかなり努力もしたしある時いったと思ったにもかかわらず言葉が充全なものとしてひらかれなかった。これはなぜかというと、もちろん私の力不足もあるだろうが、これはどうしても翻訳という問題だと考えざるをえまい。日本語（母国語）であるならば、例えば〝かげ〟という言葉は、月かげ、影武者、かげろうといったいろんな語感にささえられ、日本語の構成全体が一挙に私にあたえられているところの中における〝かげ〟

という言葉である。つまり全体が一挙にあたえられることができた場合には言葉がどんな組合せになってきても、それは感得できるわけです。

〔注〕「かげ」というのも随分複雑な語義をもった言葉で、『広辞苑』をみてみると、日、月、燈火などの光が第一にあげられ、ついで、それによってその物のほかにできる物の形――水に映る影、影法師の影などが続き、さらに物の姿、見えぬところという風に語義が並んでいます。つまり一言「かげ」と発音するときに、私たちは、この中の一つの意味、イメージを選んでいるわけだが、その時にはそのうしろに複雑な複合した語義がずうっとひろがって、選ばれた語義を浮び上らせる背景をなしている。なぜ、私の中に動めいているものを「か」という音と「げ」という音を結合することによって姿をあらわさしめるか（名をつけるか）、それはこの「かげ」という音の多義性と、そこであらためて、そこから引き離して、一つの意味をとり出す行為の緊張の中に成り立つことで、これが言葉を発するということであり、言葉を発するとは、歴史と状況のすべてに対峙することなのだ。

しかし私の感じ――まさに感じでしかないが――、この辞書のあげる語義の順序は違和感がある。問題は「かげ」を光から始めたことだが、「か」という鋭く明らかな音は、確かに暗い場所という現在多く用いられている語義よりも、光そのものにふさわしい。しかし「げ」はどうか？　古代人がはじめて音の組合せを作り出した原初の言語の一系列がそっくり判ることがあったらと嘆いたのは誰だったか忘れたが「かげ」という音がなぜ選ばれたかの中に、その意味したものの姿、むしろ選ばれた貌があるのだ。

明らかに外にみえるものに「かげ」と名づけたのが最初の義だという発想がちがうという気がするのだろう。光と影の入り交ったある状態、あるいは名づける主体にあらわれてくる状況としての意味、それが「かげ」と名づけられるものではないか。月影というコトバを考える時、その影が物理学的にいうところの光の現象をあらわすとは考えにくい。「かげ」という音は、原義が次々に転化してゆくのではなく、複合した語義の結節点としてはじめから現れたのだろう。人間が自分に見えぬところに名をつけようと考えたのはいつごろなのか知らないが「かげ」という語義の一つは明らかにそのような虚数をあらわしている。木や人の「影」という目に見える形から、暗いところ、見えぬところと転化してゆく筋道が想定されるけれども、もしこれが逆に目に見えぬところを「かげ」と名づける方が先であったらどうだろうか。物かげにかくれるという「かげ」である。視線の当らぬところが、やがて目が光におきかえられ、光の当らぬところが「かげ」となる、主体と客体とがこのように交代してゆくあわいに「かげ」という音の多義性がある。

演技者が「かげ」と発音するとはこのような多義性の混沌未分化の状態に身をおくことでありかつ、まだ見知らぬひびきと貌をもった「かげ」をさぐり出す試みである。この、歴史にしばられ、未来への投企にひきさかれる二重性に身を置くことが、演技者にとってコトバを発するということに他ならない。これはまさに詩人の仕事だ。

一揃ひの骨の影が、骨から離れて翔び立つとき
賽子を振るやうな音を立てて　骨と骨とが叩きあった
金子光晴

このような言葉の作りかえ、洗い直し、新生が最も鮮やかに行なわれた例の一つが明治維新期であって、自由とか革命とかの言葉を当時の人々がどのような苦心の末にみつけ出したか、そしてそれが今どのように風化しているかを知ることは示唆的である。つまるところ言葉はその発せられた場所に生きて立つものであって、交換可能な安直な通貨ではない。

ところで元へ戻って、外国語の翻訳が外国語の文脈に忠実に正確に言葉の置き換えをやればやるほど全体性がこわれていく。いくつかの単語が極めて偶然的に恣意的に並んでいるにすぎない。そこで

は理解も飛躍も困難である――むしろ生がない。特にジュネには壮麗な音韻律と共に音のくりかえしとか、もじりとかもかなりあるようで、そういうものが生きてこないところに言葉が成り立ちようがないのです。一生懸命やるんだけれどもどんどん言葉が概念的にやせていってしまったというのが実感であるわけです。そこには言葉ではなく、言葉を組み立てているところの概念的なドラマとしての論理構造だけが浮かび上ってきた。次の上演の為には日本語で書き改めなければ始まらないという問題が出てくる。この書き改めは別役実氏に頼んであり、言葉も内容も変形するつもりです。

（一九六九年三月）

三

――鼻が正しく描けないうちは、他の部分をどんなに描いてみてもすべては嘘になる。顔を描くには先ず鼻の先端が描かれなければならない。鼻の先端さえ正しく描けたらたちどころに鼻が出来、鼻が出来たら顔全体が自然にやってくるだろう。ところが鼻の先端はこちらに向ってくる一つの点だ、どうしたらそれが描けるか――

（ジャコメッティ）

劇を作ってゆくことは、私にとって苦痛である。それはますます強くなってゆく。しかし、その苦痛の中で、時として、一瞬存在が裂り開かれたと感じる瞬間がある。演技者のすさまじい変容に立ちあうことであったり、自己の想像力が自己をこえて飛翔し、自分は自分の行為におどろいて立ちあっているだけ、というような感覚であったり、形はさまざまだが。ただその現前だけが、性こりもなく、私を前へ惹きつける。だから私は、私が劇を通して何を表現しようとしているかを知らぬし、目的も知らない。だいたい、劇とは何かを「表現」するものだろうか？　ある詩人は、詩は表現ではない、といった。かれはおぼろげな言いまわしで、探究と名づけたいと言う。私にとって劇もほぼ同じだ。そして探究の磁針が、つねに回帰して指す方向――それは極北そのものではない。なぜなら、私はそれを知らないから。むしろ極北に至る経路、ベース・キャンプの如きもの――は次のように言えるだろう。

演技とは、からだがみずから語り、コトバがみずから行動することにほかならない。意識が語り、意識が命じて行為するのではない。まして多彩な技術を展開し、さまざまな変容を描き出すこととは無縁である。形が、コトバが、叫びが、生まれでる瞬間を準備し、それを芽生えさせ、それをとらえ、みずからそれに立ちあいみずからそれにおどろくこと、これが私にとって、今のところ、劇という名の意味するものだ。

ここに辿りつくために私は、身体についての自然科学的世界像を打ちこわさねばならなかった。その一つの手がかりを与えてくれたのは野口三千三氏の体操であり、理論的にはメルロ＝ポンティであるが、この破壊の作業は、言葉とは私にとってなんであるかについての考察と共に今後長くつづく辛い作業になりそうだ。

実のところ破壊せねばならぬのは、私たちの日常生活を織りなし、私たちをその中にとじこめているところの常識化された世界像なのであって、それが私たちの生活の次元を支配している以上、それは切り落しても切り落しても再生してくる伝説の怪物の頭の如きものなのだろう。もはや無効になったということが、むしろ「常識」化されているような、演技のリアリズムが、実は、なにをいみするのか、そして、執拗に形をかえて生きのびている姿の様相が、一こうにはっきりせぬのは、それを生み出す胴体がヒドラの如く生きつづけているからだ。

その慣習化された身ぶりとコトバの組合せを破り、身体とコトバを生成の時に回生せしめることは、単に破砕の情熱だけでは如何ともし難い。私たちは四年近くの間に、多くの断片的な成果を得てきたけれども、それを方法化することが足りなかったというほかはない。

＊

マロヴィッツの名は、私たちが上演した「三十分のハムレット」の脚色者として私たちに親しいが、三年前上演の折には、かれの実験劇の意図が私に十分わかってはいなかった。このコラージュは俳優たちの不連続演技のエチュードだったのだが、それが可能だったのは、「ハムレット」の全場面が俳優たちにとって神話的なまでに、情緒の中に記憶されていたからであって、その基盤のない日本においては不可能に近い試みだったはずである。

このエチュードは、マロヴィッツがピーター・ブルックと協力してロイヤル・シェイクスピア・カンパニーのなかで組織した残酷演劇の実験グループの試演の演目の一つだが、やがて、その試みがジュネの「屏風」や「マラー・サド」の上演に至るわけだ。この過程でマロヴィッツは俳優の訓練の方法のプランと実施をうけもった。ピーター・ブルックが俳優を客体として扱い、外面的な演出効果において絶大な冴えをみせるのに反して、マロヴィッツは俳優の内面的自発性と演技の可能性を開発するための方法的苦心を重ねた様子である。

かれが実施した俳優訓練の方法の中には、私たちが試みてきたさまざまな実験——それは方法的に整理されていなかったが——ときわめて近いものが発見される。戯曲に対する態度——かれの言葉をかりれば「プロットにかまわず、主題に疑いを示し、イメージを強調する」——などもその一つだが、これは、かれにとってはアルトー主義の演劇観をいそいで若い俳優に叩きこむことを当面の目的としたときにとった当然の手法であったのだろう。私たちは知らずにそこへ近づいていたのである。

〔注〕　文学としての戯曲と実際の上演乃至演技の関係については、十分に解明されたことがない。日本において、近代演劇を成立せしめようとする努力が、文学としての戯曲概念の確立をめざしたことは当然だったろうが、それが戯曲全能的な権威主義に傾斜していったことは、それ以前の文学と演劇の未分化状態の裏返しにすぎない。奴隷だった脚本が、今度は主人の椅子に坐ったというだけのことであって、言いかえれば、文学としての戯曲も、演劇としての上演も、自立していなかったのだ。

私は考えを進めるためのいくつかのメモを記しておく。

㋑文学者が演技者に要求するものは、つづまるところ作中の一人物に、過不足なく、化すこと、にすぎない。演技者を自分と比肩する創造者とは決して認めない。それは文学者の本質からして必然的である。かれは文学内の創造者であり、演技者はそれに従属する読者にすぎないのだから。これを裏返せば、文学者は演劇内では観客にすぎないということになる。

㋺読者としての演技者は、作家に従って作家の作り出した時間と空間に生き、その世界を見る。そこに開示された存在の諸相が演技者を行動に招き、あるいはおびやかしたとき、演技者としてのかれが始まり、その行動（action）が完結した時、かれは自ら見、かつかりたてられたものを知るのだ。

たとえば記述された言語から話されるコトバを生み出した時だ——しかし、なにがかれをそこへかり立てるのかは判らない。

㋩演技者が他人の身体（視線）の前で、奴隷状態から脱し、自由な主体となるのは、異常な困難がある。そこへ飛躍するための努力の次元で言えば、戯曲はその滑走路である。

スタニスラフスキーに代表されるリアリズム演劇の闘士たちが無意識に前提としていたように、戯曲の一人物を演じることそれ自体が演技の目的なのではない。それは一つの過程であり、滑走であり、その先のヒヤクが目的なのだ。その限りでは、コクランが、人物を演じるのに感情はいらない、ただ精密な技術が要るとしたのは理由があるのだ。

そのほかたとえば

①戯曲をバラバラにし、一定のセリフ（たとえばハムレットの有名な独白）を使って、リア王を演じるとか、ナンセンスなテクストを用いてサブテクストを発見（むしろ発明だ）し演技する。

このヴァリエーションは、変身の二十四以上の公演において、ほとんどつねに見られ、あるいは稽古の折にくり返された。

②不連続の即興。これも私たちはたびたび試みた。しかし、いくつかの例をのぞいてはあまり成功したとは言い難い。意識化し固定されたイメージを演じてみせるというひからびた結果（たいていのハプニングがそれだが）に堕さぬためには、思いつき以上に成長するためには、方法のパースペクティブが必要なのだ。

③さまざまな即製の楽器（バケツ、ひしゃく、ラケットなど）から叩き出す音だけでの対話や闘い。

④エチュードを音と動作のみで表現する練習――非自然主義的表現の開発。

⑤絵具による会話。

これに似た発想の例も多いが、その一つはアラバールの「ジェラシイ・ストリップ」の折試みられた。ある瞬間に演技者は意識を通過させず、突如として、断固として、ある動作を開く。少しでもためらいや計算めいたものが介入すれば、結果は自意識的、不自然、単なる説明に堕す。

これらの訓練を通じてマロヴィッツは、アルトーのいう「言葉形式が決して及ばぬ」ものに、他の（身体的）形式によって近づくことをめざしたのだが、かれは、スタニスラフスキーのメソッドとの関連を重視してこう言っている。「アルトー主義の俳優は、かれが解放しつつある諸感情の性質をたしかめるためにスタニスラフスキーを必要とする。さもないとかれは感情の犠牲になってしまう。」

かれが本来予定した訓練の筋道は、まずシステムを正確に教え――なぜなら若い訓練生たちは風俗化されたそれの断片によって育てられてきたから――しかるのちにアルトー式方法に投げ込むというものであったようだ。この結論に私はまだ同意を表するには検討が足りない。だが、たとえばかれが、伝統的な俳優と現代的なそれとを区別して特徴を列記する場合、現代的としてあげるものは、まさにスタニスラフスキーの口から出たとしても私はおどろかぬほどのものである。

伝統的	現代的
○構想を立てよう	○分析しよう
○抑揚と解釈を決定する	○意味を演じ抑揚はそれ自体にまかせる
○できるだけ早く固める	○できるだけ長い間自由に動く
○稽古の通りに	○その時の上演が指図する通りに
○もっと感情を	○もっと感情を生み出すためにもっと意図をはっきりと
○すべて台詞にある	○すべてサブテクストにある
○私はこの役を象徴的に演じよう	○概念を演じることはできない、行動のみ演じることができる

とくにラストの三項などは特徴的であるが、それだけにここに止まっていていいのかという疑問がおこらぬでもない。このあたりが、たとえは「マラー・サド」の映画をみた時非常によく稽古されていると感じたが、その感じは、俳優がよく狂人を演じ、その狂人を以て役を演じるという二重操作を

綿密かつ正確にやっている、という感じであった、ということとつながるのであろう。

それは、ある重さを感じさせた。迫力はあるが、直接私の中なる狂気、それへの恐怖に反響し、シンカンしはしなかった。そこには狂人の怖しさがあった。

だが、これはまだ先の話しである。私が言いたかったのは、私たちが、断片的に行ってきた試みを方法的に整理すると、かなりマロヴィッツに近いのではないかと考えるということである。私たちはかれの方法を研究し、それを踏み台にして、その先へゆきたいと思う。おそらく私（たち）は、かれより一層演技者の主体のみに集中し、これを客体として扱う演出に遠ざかるのだろうが。そしてそれが肉体のなまなましさ（それは、わずかな舞踊家をのぞいて日本では達成されたことがない）を指向する限りにおいて、おそらく、リビングシアターの達成に学ぶことにもなるだろう。

＊

そのような進展は、あるいみで変身が最初に選んだ道の論理的必然だといってもよい。一番初めの出発点は「もっと多くの混乱を」または「もっと自己破壊」という意識がかなり強かった。ただ変身の場合、非常に特徴的だったのは、集って一つの演劇活動をするという結合の方向においてそれを果すのでなく、一人一人に立ち帰っていくという方法をとったことである。個人個人根源的には創造者であり得るかどうか、それがどういうことなのであるかということを、バラバラに自分に帰って問いつめていく。それに失敗したものは演劇をはなれてゆくほかない、そういう状態でもあった。それは結合の仕方から言えば、アナーキスティックにならざるを得なかったということである。だから各自が考えつめていくと、各自が発見した劇だとか舞台だとか、アクションだとかによって、かぎりなく遠ざかり分極化していったし辞めてゆくものも出た、集団は一年毎に解散して、またやりたいものだけが集まる。恒久的な劇団組織を作らぬという特異な方法的覚悟も論理的必然だったろう。

しかし今から振り返ってみると、代々木小劇場はその模索の中で演劇創造ないしは、演劇活動に対して、いくつかの新しい問題を切り開いたし、投げかけたと言ってよいのであろう。それはやった私たち当人にはあまり見えなかった。というよりも、自分たちにとって、たいして意味を持たなかったと言った方がよい。私たちにとっては、ただ自己をつきとめることと、先へ進むことだけが関心事で、新しい演劇形式の創出というようなことは、歯牙にもかけなかった。小劇場の草分けだったからずいぶん多くの人が激励してくれたが、その激励さえ、私たちには場違いめいて感じられたのはその理由による。結局自分たちはなにをしえたのか、なにものなのかということを、外からの目でみることに於いて極めて下手であったと、これはとくに私だけがそうであったかも知れないが、そう感じる。

例えば／小劇場をはじめた、つまり、演劇空間というものがああいう小さな所で成り立ち得ることを証明したこと。／プロセニアムが成り立たないという発見の仕方でイリュージョン演劇が小劇場では成り立ちえず、／そのような場においてこそイリュージョン演技でない演技の成立の可能性を問いつめざるを得なかったこと、／また外部から指摘された達成の一つとしては、／舞台空間というよりも劇場空間をまったく新しく組み変えたというか、非常にフリーな形で創出したこと。その代表的な例は「冬眠まんざい」の首吊りや「ザ・パイロット」の基本舞台だろう。／当然、観客と演技者の向い合い方、ふれあい方が変容していく――その試行――それらの一つ一つを、私たちは知っていた。しかし、そこにはらまれた問題を充分方法的に整理して発展させるには至らなかった。それは先に述べたようなアナーキスティックな結合からの帰結としての負の部分だったろう。にもかかわらず、もっと本質的な問題は、集団員にとって芝居をやることは、論理的探求でも、思考の結果でもなく、演技衝動みたいなものを、とにかくメチャクチャに爆発させることであったということだ。あまりに多様で、整理されていないけれども、／遊び、言葉およびアクションによるもじり、異質な即興の挿入、プロットの破砕と無視および叫喚、シンコペイションと断絶、その他狂気という言い方に近い演技体系が突入してくるという形で、結果的に言うと／ドラマを破壊していく。そこに結果されて来たものは、いわば演技に於ける自己表出の野放図な拡大であって、その代表例が「ベビーギャング」における、堀内、久能、寺田の若い三人や、「ユビュ王」におけるいくつかの試みだったろう。

〔注〕自己表出の拡大という作業は、しばしば、主観的にすぎて、観客にとって了解不可能であると非難される結果になる。しかし、おそらく、演技が演技として成り立つのは、表出があるフォルムを持った瞬間なのであって、フォルムが不定形であり、流動する形をもつということは勿論ありうるが、それはフォルムの生成それ自体が混乱していることとは別の問題である。混乱それ自体が目的とされる場合、つまり演技ではなく、行為そのものが表出であると主張される場合においてさえ、その混乱が力をもつかもたぬかは単なるエネルギーの問題ではない。

堀内が「ザ・パイロット」の元原爆パイロットを演じて多くの人にショックを与えたのは、役における狂気、人間性の崩壊を自己そのものとして自ら感じた故で、その時かれは異形のものとして自ら舞台に立ったのだが、その演技の方法は、むしろ古い感情移入――より正確に言えば、感情移入を強化せんとして、むしろそれをなしえず、別の次元において、それを超えた部分があるといった形での――であって、しかし、その零距離射撃が、元パイロットを演じるというよりは、むしろその役において自らを開示した結果に至ったのだった。

「女中たち」における堀内は、ジュネに対する傾倒や思考の尖鋭化にもかかわらず、結局演技の方法においては、感情移入の残りかすにしがみついた。絶体絶命になれば、人は本卦返りし易いものだ。にもかかわらず、かれの演技からは、別に女中の実体化はあらわれなかった。先に述べた言い分に従えば、フォルムは形成されぬまま混乱が強行突破されると思うと、きわめて流動的不定形なフォルムが成立してくる。また崩れるのくり返しであり、その交錯からはかれがなにゆえに演じるかという衝迫だけがまざまざと残った、といってよい。

一言でいえばそこでは自己表出の拡大が観客への伝達の意志を圧殺したのだ。しかし、演技者にとって演技の方法とはなんであろうか、かれが個別の、独自の創造者であろうとすれば、かれがその行動によって時間の持続を作り出してゆくためには、かれ独自の屈折、いわば演技の文体の如きものが必須なのであろうか。それが演じるべきものと戯曲および戯曲の文体を選択するということなのであろうか。これはいわゆる様式とはちがう、またもち味とも違うだろう。そのように固定化され、外的なものに化されたなにかではなく、つねに自己を否定しつつ、あとに残してゆく軌跡なのであるが――

これらの試みたちが招きよせたものの一つに、創作劇翻訳劇にかかわらず土着的な表現を持つ乃至混入するという事がある。「冬眠まんざい」「ザ・パイロット」「アンチゴネーごっこ」などの演出全搬の処理はその一系列を示すものだが、流行歌や講談調話体の多用、御詠歌、和讃のたぐい、翻訳劇における方言の使用、などなどなど——今日においては、すでにパタン化し、常識化されてきている数々——考えてみれば、四年前に私たち（世間もふくめて）の常識だったことが、今日すでにおぼろであり、緊張を伴った反逆だったものが常識化しパタン化しているものがいかに多いか。私たちは多少のことをなしとげつつそのなしとげることにたちまちおいこされてゆくのである。

「なんでもかでも一度ぶっ壊さなくては」それが原動の動きならば、それが衝動から決意へ、さらに方法化へ徹底していくことにおいてしか私たちは「生きる」ことはできなかったはずである。そこに於て私たち、否私は怯懦であった。私たちはアルトーをほとんど知らないで出発した。アルトーにめぐりあったのは試行錯誤の途中である。だが私たちはかれとは異った風土、異った軌跡の途中で交差した。ただ、私たちにとって、かれの文章は、私たちのなしつつあることの名誉と屈辱を明らかにする一つの座標系になった。今後さらにそれは有効になってゆくだろう。

私たちにとって省察の時期がやってきた。それは未だに続いていると言ってもいい、一体何故自分は演技というものを必要とするのか、あるいは、演技者とは一体どのような表現者であるのかという種類の問いかけに各自が改めて身をさらしている。そのもがき、ジタバタが整理されてくる過程が、私個人についていえば、「ジェラシイ・ストリップ」から「女中たち」への作業なのである。

＊

「身体が自ら語りコトバが自ら行為する」そのための原点は、自分の身体である。自分の身体というものの把握が自然科学的な客体として、日常的な常識の次元から変革されぬ限り私は袋小路にいるほかはない。その作業のポイントは二つあるだろう。一つは、人間の身体が、自らを超えることによって「意味」を作り出してゆく主体であること。これはその構造の理解と共に、「意味」というものについての私自身の対峙の仕方を試される作業である。極小次元における闘いだけれども、ニヒリズムを拒否するかひきうけるかということに帰着する。第二は、自分の身体は、他人との関係においてのみ成り立つという命題（これも第一の問題と同じ対峙をはらんでいる——つまり世界の全体性をうけ入れることになるから——）。これは、その前段階として、自分の身体は「見るもの」であると同時に「見られるもの」であるという両義性の了解、乃至発見をもつわけだが、それと同じではない。この次元では、「見られる」視線の源泉たる相手はまず自己の目であり（自分で自分の身体をみることができるということ）あるいは「物」でさえありうる。その次元の先に、「他人」を見、「他人から見られる」とはどのようなことであるかという問題の次元がある。そして、もし、演劇を人にみられることによって成り立つ企てとするならば、演技という作業は、他人と自己の身体の関係の交錯において成立する作業であって、それが人間存在の本質を裂開するのは、いかなる構造と、過程によるものかをつきとめねばならぬ——これが私の思いきめ方である。

メルロ＝ポンティからピックアップしてみよう。

――放棄しなければならない根本的偏見とは、心理作用が当人にしか近づきえないものであって、私の心理作用も私だけが近づくことができて、外から見えないものだとする偏見です。

――しかし私の「心理作用」は、きっちり自己自身に閉じこもって、「他人」はいっさい入りこめないといった一連の「意識の諸状態」ではありません。私の意識はまず世界に向い、物に向っており、それは何よりも〈世界に対する態度〉です。〈他人意識〉というのもまた、何にもまして、世界に対する一つの行動の仕方です。

――もし私が〈物に向けられた意識〉であるとすれば、私はその物のところで（傍線竹内）まさに他人のものである行為に出会い、その行為に或る意味を見出すことができるはずです。

――ギョームの言うところによりますと、われわれは初め〈他人〉ではなく他人の〈行為〉を摸倣するものであって、他人という〈人〉は、その行為の起源が問題になったときに見出されるにすぎないそうです。

――どうして或る動作が他人から私に移されるか（傍線竹内――この言い方は「身体が見る」という考え方の的確な例であると私には考えられる。たとえば私がピッコを観察するということは、目で見、意識に、見た部分を刻みつけるという操作ではない。私の身体が反応し、同じピッコを自分の肉体が実現するように、筋肉が調整されてゆき、それを私が感じ、見ている、という過程である）

――絵をかいている動作がそのまま私自身の運動性に訴えてくる。その際、絵の作者としての他人はもちろんまだ完全に人格にはなっていません……

——しかし大事なことは、私がそのように他人や私自身を、世界の中で活動している行為として、あるいはわれわれを取り囲む自然的、文化的世界への或る「身構え」と規定しさえすれば、他人へのパースペクティブが開けてくるということなのです。

——ここでわれわれに与えられているのは、〈私の行動〉と〈他人の行動〉という二つの項をもちながら、しかも一つの全体として働らくような〈一つの系〉なのです。

——他人知覚においては、私の身体と他人の身体は対にされ、言わばその二つで一つの行為をなし遂げることになるのです。つまり私は、自分がただ見ているにすぎないその行為を、言わば離れた所から生き、それを私の行為とし、それを自分で行い、また理解するわけです。また逆に、私自身の行なう動作が他人にとってもその志向的対象になりうることを、私は知っています。

——こうして私の志向が他人の身体に移され、他人の志向も私の身体に移されるということ。

——また他人が私によって疎外され、私もまた他人によって疎外されるというそのことこそが、他人知覚というものを可能にするのです。

この自分が他人から疎外されかつ他人を疎外するという現象が、舞台における演技の考察の手がかりになりうるだろうと私は考えるのだが、同時に、私にとっては、これは観客論の出発点でもありうる。他人のまなざしにさらされると、自分が内部から知っている自分と全く似ても似つかぬ自分が意識され、自分自身が自分でなくなり、自分の身体が奪いさられた感じがする。あべこべに自分の身体をさらすことによって、他人が自分に従属することがある、メルロ＝ポンティはセクスの場合を一番典型的な例としてあげているが、他人に自分の身体をさらす場合に、自分が他人に対して屈辱的な従属する関係になる場合と、他人を魅惑する、つまり他人を自分に従属させる場合とがあると言う。これをサルトルにならって、奴隷と主人の弁証法とよべば、これは役者と観客の関係に適用できるだろう。役者というものが河原乞食であると同時に観客を魅了する王者であるということは、演技という行為によって切り開かれた、身体の両義性、あるいは自他の存在そのもののことなのである。だが今日の商業演劇のめざすように俳優が見られる事によって相手を魅惑して自分が主人になり観客が奴隷になるという形を一方的にとった場合、弁証法は失われる。観客はもう主体ではない。自由を奪われた者でしかない。そういう観客は私には気にいらない。自由な主体であってもらわなくては困る（だからこそ向い合う自分も自由な主体でありうるのだから）。見ることと見られることを通して奴隷と主人の弁証法を成り立たせることによって、自由な主体が実現するのか、あるいは反対に、それは不可能なのか、私にはまだ判断することができないが、とにかく、その弁証法の中において、あるいはそれを超えて両者がともに自由な主体であろうとするという形でしか、今のところ演技というものを私は考えることができない。

〔注〕　ここ数年来、私にとって客席とは、私がそれに向いあって、私自身となるための一つの装置、鏡の如きものであった。具体的にそこに坐っている人間に、訴えかけ、了解してもらい、答えてもらい、ショックをうけてもらい——要するに、共に生き、呼吸するということは、結果としてはも

ちろんおこりうるけれども、私のめざすものではなかった。というよりも、おそらく私は、それをもはや信じていなくなったのだろう。観客は私にとって、共感を求める対象ではなく、むしろ拒否すべき相手に近かった。それでもなおかつ、客席は必要であった。そこからの視線の風圧に私がさらされること、その怖しさによってのみ私は私自身を手にとりもどし、かつ飛翔することができた。しかしその場合客席にいるものは、人間である必要はなかったともいえる。クレーが、森の木に見られている気がしたと述べた言葉に準じるならば、「物」に見られていてもその風圧は成り立ったわけだし、おそらく、神あるいは死者と言いかえても、それは同じことにちかかったろう。

演劇が何よりもまず演ずる自らのためのものであって、他人を要せぬ、あるいは拒否するに近かったというこの態度は、私ほどひどくないにせよ、変身全体の共通項としてほぼ成り立っていたといえよう。たとえば、変身の上演方法の中、もっとも特徴的なものの一つは、一般的ないみで、成功し、あたった上演は再演しない、ということがある。再演するのは、失敗し、かつ自分たちにとって、追究すべき課題の残っていると判断されたものばかりである。成功したものは、自分たちにとって、意味は終えた、上った、というわけである。たとえば「冬眠まんざい」「ザ・パイロット」は、再演の要望は観客からかなり強かったし今でもあるが、やっていない。が、「アンチゴネーごっこ」は事実上三演している。これは、ふつうの上演方法からいったらバカバカしい限りであるが、これが変身の真骨頂でった。

だが、観客は、人間でなければならぬ——まことにみょうな言い方だが、実際私には、客がなぜ一輪の花であっては足りぬのか、人間でなければならぬのか判らなかった時があり、今でもそれは解けきっていないのだ。——

とすれば、私は演劇をすてるか、どちらかでなければならぬことになる。どちらが、私にとって、可能であろうか？　あるいは、この論旨自体を改めて否定するか？

「タブローはどこにあるか？」とメルロ＝ポンティは問いかける。たとえばアルタミラの洞窟の、岩壁に描かれた絵の場合、人は画像を「物」を見るように、岩肌にこびりついた絵具のあととしては見ない。「私のまなざしは存在の輪光のなかをさまようようにタブローのなかをさまよい、私は絵をみるというよりも、絵に従って、絵と共にみているのだ。」おそらく、文学の場合もほぼ同じことが行われる。とすれば、演劇の場合、観客は、演技者、あるいは演技を見るというよりは、演技にしたがって、演技と共に見るのだろう。なにを？ という問は、おそらく本来的に答を包含していることになるだろう。演技は（絵も）なにかを見ているのではなく、行為し、存在を開いてゆくのであって、その開いてゆく行為そのものが、おそらく身体が「見る」ことそのものなのである、それが可能なのは、先に述べた「他人知覚」の構造による。だから私にとって劇（芝居）は「見せもの」ではない。あくまで「見られるもの」である。

かくて客席とは、演技者が、そこへ自己をなげかけ行動し、おのれの行為の軌跡をそこに残しつつ、ある図形を描き出すべき「地」となるであろう。それ故、演技者にとっては、舞台は存在しない。存在するのは客席だけであり、そこにある他人の身体こそが、演技の成立する地点なのだ。

演技が成立するところは舞台である、という考えは、客観的に、演技者を客体として眺めた時に生れてくる誤解にすぎない。古来多くの演技者が演技について語ったが、舞台そのものを対象化して語るものがほとんどいないのは、かれにとって、それが、人が粗忽に信じるような、固定化された、かれがその上にのってはじめて演技者たりうるような実体ではないからであろう。舞台とは、プロセニアムのかなたに、あるいは橋がかりの先に設定された固着した一区劃ではない。演技者が観客に向いあう時、かれの身体が立つ「ここ」であり、演技がなり立つ時に姿を現わす虚数の機能にすぎない。

プロセニアム・アーチは、自然科学的客観的空間を、観客の面前に構成し、幻出せしめるための装置としてまさに近代の申し子にちがいなかった。遠近法と、客観的存在としての外界の精密な模写とを一枚の画布として提出し、人物を観客にとってその画布内に登場する客観的存在と化せしめる努力であり、それがゆきつくところは、（時間の次元でも）客観的、自然科学的時間をそこに流しこむこと、つまり日常の時間と舞台のそれとを完全に一致せしめることであった。

しかし、身体の空間性は、客観的空間性ではない、状況の空間性であり、「私の身体に適用された〈ここ〉という言葉は、一つの位置などでなく、ある対象への活動的な身体の投錨、自己の任務に直面した身体の状況なのである」。つまるところ、行動の中でこそ身体の空間性は完成されるのであり、かつ、そこにこそ本源的な（主体的）時間が創出され、流れ出してゆくのだ。このいみで、客観的空間を破砕して、根元的空間と時間を回復するものこそ（演技）行動であると言えるはずであろう。

ひょっとすると演劇とは、こんなタワゴトを全く無用とする妥協の仕事なのかもしれぬ。「具体的な観客」との交流は意識されたとたん、上演の目標にエスカレートするだろう。そして、観客の了解度の限界をさぐり、その安全な境界中にアミをはり、おいこんだ魚はぜったいに手放さぬための、無限の追っかけっこが始まるだろう。〈他人〉の発見という一見なんのヘンテツもないことが、本卦返りを来して商業主義へ一気に傾斜するには、ただ一歩を動かせば足りる。それを拒むには、微妙なかつはげしい闘いが必要なのである。

もちろん、これだけの（主に現象の記述）ことから、直接私たちが演技することの意味を演繹することはできない。その間には、たとえば身体にとって、虚構という、思考による提示に対しての身体の抽象作用の構造と意味がたしかめられねばならぬといった多くの複雑さが横たわっている。しかし、今の限りで言い切ってしまえば、今までふれてきたような身体の両義性を極限にまで引き裂いてみる行為の中で、自分と世界の存在をもっとも鋭く裂り開いてみる試み、それが演技なのではあるまいかと、おぼろげに予感する。それは身体自体がそうするのであって意識がそうするわけではない。身体それ自体が語りコトバ（音声）それ自体が行為する。リビングシアターにおける肉体の生々しさとか、マロヴィッツの方法とかについて手さぐりしていたことが、それに至る端緒として今見えはじめているといってよいだろう。

＊

〈自分の身体〉の発見、さらに〈他人〉の発見、この一見なんのヘンテツもないことが、私にとって、今もっとも大きな転回を用意している。だが、それはまだ探求というより、闘いの最中にある。問題が少しはっきりしてくれればそれだけ、私自身の、世界への指向性、あるいは指向力との衝突がきわ立ってくるからである。まだまだ私はひき裂かれ、彷徨するより仕方がないのだろう。

＊

私にとってここ数年間「演出」という作業は、私には本質的には無縁であった。演出が、演技と別次元における表現（?）の一ジャンル、あるいは形態としてでの話しであるが。私は、あらためて、演出とはなにか、演出者とはいかなる表現者であるかという問題に向いあい始めている自己を感じる。演出の仕事は、これからやっと始まるのだろう、私にとって。

（一九六九年五月）

この一連の文章は、昨年秋から本年初めにかけて、演劇集団変身内部において、討論の材料として提出した言葉をまとめたものである。

全体は四部に分れている。その第一部には中間に、四百字詰原稿用紙約六十枚の省略がある。明治以降の演技、とくに写実芸の変遷についての私見を述べた部分である。

また、第二部にあたる部分はここに収められていない。雑誌『新劇』六九年八月号所収の文章「〈言葉〉と〈物〉と〈人〉と」がそれにあたる。

からだの変容——憑依と仮面

一　炎

私は仮面をつけ右を下にして板の床に横たわっていた。目はほとんどつむっていたようだ。背後で、もう他の人たちが動き始めたのが聞こえてきた。私は、できなければ仕方がない、と思いながら、ただ息だけを深く強く支えていた。

表情のない仮面をつけ、「火になって燃える」という課題である。このレッスンは怪我をする恐れがあるからと希望者だけに限られたのだが、私は見ていて、だれ一人ほんとうに燃えた人がないと感じていた。一人だけ呼吸の激しさと身体の中心から動きが起って来ることとで際立っていた人があったが、それもかなり作為的な動作に見えた。も少しイケルはずだが、と思い、しかし自分にできるかどうかは全く見当がつかなかった。

横たわってじっと待っているうちに、しんと集中が広がってゆく。なにかに向って張りつめている。どこから来るか分らぬ気配が闇の中に次第にみなぎって来る。――からだの力をあけ放したまま、息だけが細く細く、細く、深くなる。ふと、いけそうな気がした。動いてみた。からだがやや舞い上りかけた。が、これはほんとじゃない、と感じて、すぐ止めた。しばらくしてまた動いた。また止めた。

とつぜん左手が、はためくように激しく動いた。あっ、と思って一瞬待った。また動いた。「来たっ！」と思った。「これだ、こいつに身を投げろ！」思ったとたんに、からだ全体が噴き上がった。手が足が、波打ち床を打ち、空に散るように走り、突如全身が突っ立ち上がると宙に飛び、落下してころげまた跳ね上がった。もっと噴き上れ、もっともっと燃えろ、と想念は閃くが、意識はからだの動きにとてもついては行き切れない。

ゴツンと大きな音がして鈍い衝撃が後頭部に来た。壁にぶつかったのだと気付いた。一瞬息が詰まってからだが崩れ落ちたのは判ったがあとは記憶が切れている。あとで聞くと、頭を打ってから気がヘンになったのじゃないかと心配した人もいたそうな。空中に平気でジャンプし身を投げ出してはころがるのでこわくてこわくて、と言った女優もいた。気がつくと、まだからだは燃えつづけている。次から次へと波が湧き上り相打って宙に巻き上る。息が苦しい、ただひたすら喘ぎ、息を吐く。笛のように息が鳴る。息は熱く、身内は燃え、私は炎なのだ、とはじめて意識がかすかにイメージを点じる。飛び散るしぶきは火の粉、立ち上り揺れる身は炎。炎は分れ、宙を飛び、地を這う。私はヘトヘトになっていた。炎は地を這い、ころがり、時に噴き上げては、別の地点に移る。止めどがない。もう終ろう、動きを止めよう、と私はくり返し思う。ところが、からだが止まらない。ころがり続け、手がはためき、脚が宙に飛び、動きつづけ燃えつづける。息がそのまま炎になって噴いている。見た人は私が広いレッスン場を斜めに横切りながら燃え転がっていったという。私は息が止まる、このままでは死ぬ、と思った。突然仮面を脱げばいい、と閃いた。私は必死になって腕をまげ、仮面をむしり取った。まだ炎は身の内から噴き上げて来るが、床についた手が支えた。つっぷしかかったままぜいぜい言っていると、ルコック氏が来て私を仰向けにし、「立ってはいけない、休んで休んで」と言う。私は半ば意識を失ったまま長いこと横たわっていた。

これが、私の、仮面との、初めての出会いであった。

この出会いは演劇の訓練の一過程における偶然の出来事であった。が、私にとって、これは、からだの表現の深層を開いてくれるものであった。

仮面は近代において演劇から閉め出されて忘れ去られていた表現形式の一つである。だがヨーロッパ近代の自我構造の限界の認識と深層意識の発見とによって、近代のドラマが崩壊するにつれて、新しく見直され、探られ始めている、まだそれは萌芽状態であるが。

最近の文化人類学を中心とする身体文化の研究は目覚しく、その中で仮面についての理解もグローバルな視野を開き、ヨーロッパ近代の文化表現に衝撃を与えつつある。だがその多くは、未だに、仮面は「人間の意識の発展段階のなかで、ある太古の段階に対応している」(ジャン=ルイ・ベドゥアン『仮面の民俗学』）ことを暗黙の前提にしているようにも思われる。専門外のものの感想に過ぎないが、原始人の心性あるいは迷信によってこそ可能なことであって、近代人においてはその可能性は去った、と信じ、やや困惑しつつ、土俗的あるいは文献学的な考察を試みていると言ってもよい。唯一の例外はカーニバルの仮面についての言及だが、これも、共同体的心性の爆発的な甦生と激しい踊りによる興奮と忘我として取り扱われることが多いように思われる。今となってはやや古い証言であるが、ベドゥアンは次のように述べてはいる。が、これも仮面の可能性についての一つの期待を述べているに過ぎないようである。

——仮面の根源には、形体を変えるばかりでなく、本質までも変えてしまいたい、という欲望が存在すること、このことは、疑いのないところである。そこには、また、こうした変貌——つまり、人間存在全体がまるっきり変貌してしまうことだが——の可能性と実現性とについての確信が、存在してもいるのである。こうした欲望が、われわれを駆り立てて、われわれ自身の限界を越えようとさせることは、もはやなくなった、などと断言できるだろうか？　そうした欲望が実現されるいっさいの希望は、もう消え去ってしまった、などと断言できるだろうか？

人格の統一は近代思考の基幹である。それが解体し根底から人が変容するという可能性は近代人である限り受け入れることはできないのが通念だろう。しかし、私たちが古代人と全く違った心性のものならば、演劇の忘れられた可能性として仮面を論じたとて意味はない。私たちのからだが面に触れる時、日常性、特に近代社会において規制され形成された表層の意識を剥ぎ、見知らぬなにものかがぬっと姿を現わしてこないものかどうか。爆発的に発展し続ける情報社会において、表層言語的記号に埋没する人間存在が、深層のおのれを掘りおこし、あるいは、人間を超えるものへの志向を現実化する方法、つまりは人間の全存在を回復する方法の一つを、仮面に見出すであろうと、見極めることができると私は考えるのだ。

二　仮面の二種

はじめて仮面を着けてみた人々の反応はさまざまである。（と言っても、からだの内に感じたことが、そのまま動きに現われて来るだけの、身体表現と集中の深さの訓練のない人にとっては、仮面を着けることはほとんど意味がない、ということは前提とされねばならない。）後に述べるルコック氏の「中性の仮面」では、目の刳りが大きく、演者の目がむき出しになった感じになるが、私たちが日本の民俗の中で出会う面は、夜店のセルロイド製のおもちゃから能の小面に至るまで、いずれも瞳の部分に小さく穴を開けてあるだけだ。中には「ひょっとこ」のように、両目のそれぞれを別々の方角にむけて視線を定めてあるものさえある。このような目の穴の小さな仮面をかぶってみると、ある人は、まったく意識に変化を来さず、ただ、暗い穴から見た、ときょとんとして元に戻るだけだが、中には急に外界と遮断された感じに、ひどくおびえてからだがちぢこまってしまい、見ている人々から逃れて壁の隅にうずくまってしまう人もある。逆に他人の目からかくれられたという感じになった途端、突然全身が解き放たれたように楽になり、ワハワハ笑い出す人もあり、踊り出してしまう人もある。息づかいが変りからだが歪み動き出す。更に進んで表情の鋭い面の下でからだが変容する段階になると、憑依と呼ぶ他ないような現象がからだに起こって来るのは、古代人だけのことではないと言い切ることができる。この時からだが動き始めたら、衝き上げてくる力に人は抗うことができない。火になり風になり、得体の知れぬ精霊となって全身は叫び狂うのである。

ただし、仮面の着け方には、このように、まっすぐに憑依の方向に動き出すのと、全く別のいま一つの着け方があるようである。

かなり以前のことになるが、狂言師が主演して中島敦の小説「名人伝」を脚色して上演したことがある。古代中国の紀昌という男が、天下第一の弓の名人たらんと腐心して成功するまでの話だが、入門した師匠はかれにまず瞬きせざることを学べと命じる。

そこで紀昌は妻の機織台の下に潜り込みおさの動きを見詰めること二年。次いで虱を髪の毛で繋いで窓に懸け睨み暮らすこと三年にして馬のような大きさに見えるに至った。蓬の矢をもってこれを射れば、「矢は見事に虱の心の臓を貫い」た。

この「目の基礎訓練」の進み具合を、この上演では、大きな目を円く画いた半面を使用することによって表現した。ものが大きく見えるにつれて、仮面に画かれた目も大きくなる。

これを見ていて私は一つの経験を思い出した。私は十代から二十代にかけて十数年弓を修行した。その絶好調の時のことである。弓を射ていてふと気づくと、的が大きく見える。はてなと思って、今度射る時は矢を番える時から気をつけてみた。弓を一杯に引き絞って、じっと狙いをつけていると、的は盆のように大きくなって、左肘の少し先ぐらいのところにある。つまり的を狙った左手は、すでに的をつきぬけて先に出ているのである。はじめから矢先が的の中にあるのだから、これは外れっこない。野球でも、ピッチャーが好調の時はキャッチャーのミットが大きく見えるという。野球の川上哲治が現役の最後の頃、打席でバットを構えていて、投げられたボールが止って見えたという話が伝わっているが、これを張本勲が評して「そんなことはない」と断言したのが面白かった。「ただボールがゆっくり見えるだけだ」。私は二人とも信用するが、張本のことばの方が説得力がある。確かにそうなのだ。十数メートルを〇・五秒で飛んで来るボールだから、ものすごく速いので、一メートル前から同じ時間をかけてやって来るボールならひどくゆっくりだ、なんのこともなく打てるわけである。注意の集中度が極度に達した時、もの（対象）と私のからだとの関係は、日常的あるいは古典自然科学的次元を超えて変容する。いや、むしろ、私たちが住んでいると思いこんでいる測定可能な等質的空間こそ、生活運営上人間が作り出したフィクションであって、人が「生きている」空間とは、そのように主体＝からだと、ものとの関係によって変容、流動するのが本来の姿なのではあるまいか。的が大きく見えるとは、大きく、でなく、近く、見えるのだ。

メルロ＝ポンティは書く。

——奥行こそ、空間の他のどの次元にもましていっそう直接に、「客観的」世界から来る偏見を投げ捨てて、世界のあらわれ出る始元的な経験を見なおすようにわれわれを強いるものである。

奥行は（中略）事物と私とのあいだの或る確固としたつながりを告げるものであり、このつながりによって私は事物のまえに位置づけられる。（中略）増大する距離は増加する外在性ではない。つまりそれはただ、事物がしだいにわれわれのまなざしの手からすべり落ちていき、両者の結び付きが徐々に厳密さを失っていくということを、示しているにすぎない。（『知覚の現象学』）

とすれば、事物と私との結びつきが回復する時、遠くにあり「小」にして「微」なる事物が「大」にして「著」のごとくなり、近く大きく現われるに不思議はない。

仮面こそ、このような、私と事物の、そして世界との結びつきを、日常性から解き放ち変容させ、顕現させるものの一つであるに違いない。が、しかし、「名人伝」の上演方法は、そのような思考とははるかに遠い地点で選ばれたわけである。それは、狂言における面の着け方の本質にかかわっているであろう。

小さい目を描いてある面から、大きく描いた面へ掛け替えてゆくのは、外面的に変化を説明してゆくやり方であって、面は演者にとって外的な、説明のための記号である。記号にふさわしいように動きは変えられるが、意識的な計算による。狂言の面の着け方は、たとえば武悪などに代表的な一例を見ることができようが、日常性を確かに保持したからだが、外的なものとしての面を顔の前に置くだけのことであって、からだが面と触れ合ってなんらかの、化学変化のような、融合作用を起すということはない。狂言は、醒めた、憑かれることのない、笑いの世界である。本質的に、観客の日常性と相応ずるものである。

三　世界の変貌

日本の伝統的な仮面には、ひょっとこ、おかめ、鬼、般若、きつねなどがあるが、私はこれらを一応措いて、演技者が自分たちで仮面を作ってみる方法を試みた。美術家に指導してもらって作った仮面を、次々に着けて演技してみる。このような体験は、やがてよい面とわるい面とを見分けることを可能にする。

以下、着けて動く場面は、面と記す。着けるものにとっては「仮」の面ではないからである。

やがて嵯峨面、能の面などからヨーロッパ、アジアの仮面と次々に試みるうちに「活きた面」と「美しい面」との違いが見えてくる。美術的に見事でも、着けていっこうに動けない仮面もある。奇妙に歪んで一見得体の知れぬ仮面が、着ける人によって、唖然とするような動きをひき出して来ることがある。

大きな鏡を前にして、面を手に取って見詰めているうちに、顔が、からだが歪み出そうとする。面を着け、鏡に向って蠟燭の炎に浮び上るおのが面と立ち姿を見つめる。息づかいが変って来る。潜んでいたからだが姿を現わして来たように、背がたわみ、手が上り、脚が曲って動き出す。私は、まず歩き方をはっきりと見出すことから始める。息づかいが劇しくなって来ると、短い、特徴のある声が発せられ始める。

音を入れる。太鼓あるいは打楽器の単純なくり返し打ちを試みた場合が一番多いが、笛などの旋律楽器、さらにはテープやCDによる音楽も試みた。打撃音はリズムを一変させ、からだをはずませるが、メロディはからだの広がりと旋回とを用意する。からだに働きかける力の方向が明確に異なることが見えて来た。

演者は鏡を離れて舞台へ向って進み出る。

以下、印象深かった事例をいくつか挙げてみよう。

①「笑う」面

これはやや大ぶりで面長の、「顎をゆるめる」とか「顎が外れる」とか言うのはこれかと言いたくなるような、みごとな作りだった。

これを着けた一人の女性は、手ぶりと共に「ホッ、ホッ」とか「ホ、ホ、ホ」とか笑い声に似た叫びをあげるのが可笑しくて、観るものみな笑い転げた。この人は、一人の場合も他の面を付けた数人と組む場合もまことに変幻自在で、私たちをあっけにとらせた。

一本の棒をつかむと、たちまち箒に化して、それに乗って空を飛び、気がつくと箒は蛇になって動いている、空からころげ落ち逃げまどったあげく、いきなり棒は鞭となりまた突然鉄砲に変る。それは、かの女が棒をそれとして扱っているという演技ではなく、突如として変った「もの」にかの女が気付いてびっくりする、という順序なのである。

かの女は笑いつつ、縄をよじって天に上り、途中で鳥につつかれて手がすべり、落っこちる途中で蝶になり、突然ドアをあけてトイレに入り、しゃがんで水を流す、その水を見詰めたかと思うと、そのまま流れる水に躍りこみ、潜りぬけた世界で魚になる。これらは一つ一つ観客にはっきりと判り、私たちは笑いころげながら次々と変幻する世界へ導かれていった。

かの女の場合、着けた面はほぼ観客席に正面に近く保たれ、一つ一つのアクションは明確な造型力を持っていた。それはかの女が②の例の演技者の自己意識と異なって「開かれていた」ことを教えてくれる。

かの女は、大鏡の前で面を見ている時に、ある昂まりが来ると言う。「来る」と言うのは正確でないだろう。かの女自身自分の中の、感情とか動きが起こってくるもののなにかを、強く張りつめて保つように、集中しようとしているのだから。そして、ここだ、という時がある。面をつける。とたんに、もうからだが動き出す。たとえば手を出せばそこに棒がある、とも言えるし、棒が見えたから取った、とも言える。イメージが見えることとからだが動くことは一如である。しかし、その時、変幻するイメージを見ながら、かの女には自分のからだの動きがはっきり「見えて」いる。「見える」と言うのも正確ではない。客観的に「見える」のではないのだから、なんと言いようもないが、観客席も判っているし、それと向かいあって動いている自分のからだも判っている、感じている、……「なのよ！」と、かの女はもどかしげに手を振って言うのである。これを世阿弥のことばを借りて「離見の見」と呼んでもおとしめることにはなるまい、と私は考える。

②「アルカイク」と呼んでみた面があった。

目が大きく、見張られ、鼻は直線的に通った女の面である。古代クレタなどの女神像にどこか似ている。凍ったように硬い表情に見え、この面が活きようとは思えなかったので、だれも手を出さなかったが、ある時一人の女性がふっとこれに惹かれた。着けてみると、たちまちぐいと首を反らすように立ちはだかった。鞭を持つ。男たちを奴隷にし、鞭打ち、鋭い叫びをあげる。一種の鬼気がみなぎった。金色の、いわゆる太陽仮面に似た面があったので、これを高く掲げて「かの女」の前につき出して見せると、愕然として棒立ちとなり、つづいて融けるように崩れ、激しい恋慕の様になって抱きつこうとする。あとで演じた人に聞くと、黄金の顔の下に白い長衣を着た姿がはっきり見えていたのだと言う。

この人は、その後幾度かこの面をつけたが、次第に世界が鋭く固定していった。おおよそ、氷の世界である。氷柱にとりまかれた透明な、死の空間。あるときはそれがひどく狭く牢獄となって、その壁に演者は身を打ちつけて悶え、ある時は広大な冷たい世界の支配者として闊歩した。この人の場合、世界は、細部までまざまざとみえ、一つ一つのアクションは、すべて、その人にとっては、まぎれなく明確であったが、ただこの人だけに見え、この人だけが生きる世界であって、観るものにとっては、一つ一つのアクションの意味はほとんど推測の域を出なかった。閉ざされた、確定した、美しい世界である。

同じような経験は他の面でも起こる。翁の面をつけた人が（翁については別に興味深い事例が起っている——切り顎も含めて——が、今は省く）、稽古場一杯を歩き廻りつつ演じたあとで聞くと、山道を登ってゆくと、松林があり、道が曲り、社があり、人間（人形をおいたのだが）が横たわっている。それを廻り、葬い、歌った、と、まざまざと語った例もある。それらの多くは過去の体験や幼い頃に読んだ物語の変形だけでなく、思いもかけぬ、言わばユングの言う集合的無意識の元型が呼びさまされて来たのかと思いたくなるイメージも少くない。

③日本の伝統的な、というより土俗的な仮面の一つに「キツネ」がある。

初めこれを着けることは難しかった。ひょっとこにしろおかめや鬼にせよ、面の良し悪しはあっても、土俗的な仮面はどこかからだの芯に響くものがあって、とにかくかなり面白い動きを引き出すことはできた。ところが、このキツネはまるで動かないのである。讃岐面で、やや険はあるがなかなか鋭い、いい顔だと思うのだが、だれが試みてもうまくゆかずほっぽってあった。

ある時、ほとんどはじめて面を着けた人たちが、勝手な面を選んで即興を始めた。太鼓の単調な響きにのって、いささか支離滅裂になりかかっていた時、奇妙なことが起こっていた。キツネの面が、一つの面と向かい合ったまま動かなくなってしまったのである。はあはあと息をはずませ、一気にとびかかろうとするようにぐいと大きく手をあげ身振りをはずませるのだが、そのまま凝固したように止まってしまう。数十秒たつ。じりっと動く。また同じことのくり返しである。相手もまたキツネを睨んだまま動けない。
引き分けたあと、息をはずませてぐったりしている二人に聞くと、たまたま目と目が合った瞬間に、動けなくなってしまった、という。息をゆるめたらやられる、と、互いに相手が怖くて怖くてギリギリ自分を強く、高く支えつづけるだけで精一杯だったと言う。なんかこう……神さまみたいで、怖くって……

私ははっとしてあらためてキツネの面を見た。たしかにそうなのだ。私たちはキツネというと、すぐ動物園にいるけものを思い浮かべ、どこかでそれを模倣しようとしていたらしい。私たちは不知不識のうちになんとバカげた目の覆い方をしていたのだろう。白い肌に朱と金で目を彩った面は、たしかに人間を超えた、異形のもの、神変不可思議なもの、森の奥にひそみ、時に稲妻のように現れて、人を怖れさせた「カミ」を形どったものに違いなかった。目の中のうつばりが取れて見れば、キツネはお稲荷さんだし、九尾の狐やキツネ憑き話もある。私たちは面を見ながら、見ていなかったのである。無意識に私たちを縛っていたイメージが破られると、面は活き返った。

こうしてみると、ひょっとこなども、本来は市井の瓢げた性格を凝縮した表現ときめてかかってはいけないような気もする。どんな伝統的心性が変容しつつ融けこんでいるか見極めはつかない。面そのものが内包するイメージのヴェクトルを、虚心に受身にからだに引き受け、どんな動きが起って来るかを待つことしか、私たちにとって、面を知る方法はないのではないか。

四　観阿弥のからだ

これらに比較すると、スイスのバーゼルのカーニバルの仮面たちは、明らかに人間の顔である。おでこが嘴のように突き出したもの、魚の「ほうぼう」そっくりの平べったく丸いもの、満月型、三日月型、すっとんきょうなデフォルメだが、すべて人間の性格と容貌のカリカチュアライズで、人間以上のもの、あるいは以下のもの、私たちの心にわけ知らぬ戦慄や底深いおびえを感じさせるものはほとんどない。これはヨーロッパの民族の心性の故であると言うよりは、おそらくルネッサンス以来の「近代」の所産なのであろう。戸井田道三氏が言い切っているように、本来、人間が人間を表現するために仮面を必要としたはずはないのである。ヨーロッパの仮面は人間世界へひき下され、裏も表もまる見えの、安全無害なたわむれの具に飼い馴らされたのだろうか。もちろん同じ過程は、より力弱いかも知れないが、日本の鬼や、うそぶきにおいても進行している。現代製の般若の面が、どこで見るものもほとんど一様に「死んでいる」のは、「人間化」することによって生きのびることを拒んだものの運命であるかも知れない。

能に関して書かれた文で能面の表情に触れぬものはないと言ってもいいだろう。が、私にはどうもうなづけ切れたものがない。だいたい、仮面には表情があるもの、とどうして決めてかかっているのだろうか？　仮面は人間の表情を凝縮して表現したものという固定観念がその前提になっているのではないか。それは先にバーゼルのカーニバルの仮面について述べたと同じように、仮面とは人間の性格や感情状態を表現するものだと不知不識思い込んでいる近代的な迷妄なのではあるまいか。仮面は存在を表現するもので、人間の表情をあらわすものではない。女というものの本質を露わにするためにそこに置かれたのが「小面」であって、だからこれは表情は「無い」のである。表情があったら、一時的な感情の昂揚の状態にしか到りえないのは当然であろう。次第に分化し多様化するにせよ若女は若い女の、増は年増の、ある（と言うよりほかないが）本質を顕現するのだ。乱暴に言い切ってしまえば、能の、特に女面は、表情のない「中性の仮面」に近い。後に触れるが、ニュートラルなマスクだからこそそれを支える「からだ」の働きによって「人間」として凄まじく変容することが可能なのだ。

能の稽古は面を着けない。面を着けて演じるのは本舞台での上演だけだという。能役者にとっては昔からの仕来りで至極当り前のことだろうが、普通の演劇の稽古方法から見れば、これはかなり奇異に映る。なぜそういうやり方をするのか。

折口信夫によると、猿楽能は、祝福すべき家の庭に、幹ごと切って来た松――これを林＝囃しと言う――を担ぎ込んで立て、その周囲で祝言を述べ、或は謡い舞いしたことから始まると言う。この松は神降しの為で、その周りで一種の神憑りを起して神事を行う。これが「鏡板の松」の起源であろうとも言う（「能舞台の解説」）。とすれば、神憑り、またはそれより変化派生して来た芸能には、当然仮面が用いられたであろうし、その仮面の用い方は、神霊が憑依――のりうつるための憑代としてであるから、狂言のように、生命のない「物」＝小道具として扱うのとは全く次元を異にしていた筈である。その痕跡は翁の面の、舞台における着け方を見ればわかる。

能の中心場面は、亡霊や生霊、あるいは神や鬼が現れて、物語りし、あるいは狂う演技にある。人でないもの、人以上のものが、その場に現れるために仮面を必要とする、ということは、仮面が憑代であるということである。世阿弥以前の能（猿楽）において鬼を演じた場合、あまりに凄じくてかえって興ざめさせた例があったらしいことは、世阿弥の著から察することができる。

面を着けるということは、カミに、オニに、ナルことであった。世阿弥の父観阿弥が村々の祭祀に招かれて猿楽を奉納していた頃は鬼を演じることは神聖な大事であった。それはたぶん多くの仕手（シテ）にとっては狂い始めたら見る人々が逃げまどうばかりのような怖ろしいものであったであろう。「誠の冥途の鬼よく学べば恐ろしき間、面白き所さらになく……」（『風姿花伝』）「鬼ばかりをよくせん者は、珠更花を知らぬ為手なるべし」などの文を読み進めていると、鬼にのりうつられたものが、からだのおもむくまま動きに動き狂いに狂うたならば、見せ物としての芸能の域をはみ出して、原始の神憑りに堕ちてしまう、と叱りつける世阿弥の語勢が聞こえるようだ。中世の境い目に立つ面とからだの悶えが目に見える気がして来る。まして、女面の場合、嫉妬や、子への思慕やに心乱れた物狂いが、例えば般若のような表情に凝結したとするならば、時としてどれほど凄じくなるかも容易に思いやることができる。もし、女性がこれを演じたらおのれのからだの内から噴き上げてくる情動にさからう術はない羽目に落ち入るのではあるまいか。その果ては気絶、失神あるいは、真の狂気に至ることさえ予見できよう。男性だからこそ、それをコントロールすることが可能だったと言いうるのかどうか。仮面とはそれほどに凄じい生きものなのだ。

「憑き物の本意をせんとて、女姿にて怒りぬれば、見所似合わず、女懸りを本意にすれば、憑き物の道理なし。」

世阿弥は将軍以下の貴族らの庇護を得て都市に定着し、高度な文化としての幽玄能を完成した。戸井田道三氏によれば、かれは「惣じて鬼ということをば遂に習はず」と言い切り、「祭儀的な鬼を否定し」たのだという。そしてかれは鬼と絶縁した人間の妄執を描いた「修羅能」を作り出した。そのプロセスは近時の研究が精緻に描き出すところだが、つまりは能は世阿弥によって呪術から芸術へと昇華せしめられた、と言えば定説に近いだろう。が、私には、幽玄の名の下に、仮面が飼いならされ、やがて死にゆく発端にも見える。天下第一の名人と世阿弥が言う父観阿弥は、仮面の、狂う力を余るほど身に引き受けつつ、瀬戸際でそれを形に押さえこみ、あるいは解き放ちもする無類の力を発揮した、時代の転換の頂点においてのみ成り立ちうる天才であったに違いない。

コントロールはどのような方法で可能であったか。

――習道の入門は、二曲三体を過ぐべからず。二曲と申は舞歌なり。三体と申は物まねの人体也。先、音曲と舞とを、師に付て、よくよく習い極めて、十歳ばかりより童形の間は、しばらく三体をば習ふべからず（中略）面をも着ず、何の物まねも、ただその名のみにて、姿は童形によろ

しき仕立なるべし。（中略）

さて、元服して、男体になりたらんよりは、既に面をかけ、姿を品々になし変へて、その似せ事多かるべけれども（後略）

十三、四歳に至って面をつけるのを許されるまでには、一曲の謡、舞、しぐさ、またそれらのリズム、テンポの変化などは、厳密に稽古され、身についているだろう。

仮面を着けた場合、日常的表層的な言語は発声できぬことは注意されてよい。発することばは、本質的に未分節な呻きや叫びに近い「うた」でなくてはならぬ。また「狂う」力に拮抗するに、動作の一定の型の保持以外の道がありうるだろうか。即ち「舞い」である。

すべての動きとことばは準備され、もはや一動作一言句は、細かく記憶を辿り意識することなくとも、からだが次々に動いてそれらを引き出してゆくまでになっている。もはや舞台におけるいのちを点ずるために足りないのは、面を着けること、この一事だけである。

もちろん、この肉体の鍛練は生涯持続される。稽古は、普通の演劇におけるように、舞台における最終的な成果を細部まで練り上げてゆくものではない。面を着けた時、面から襲いかかって来る憑く力に耐え一つのフォルムを貫き通すための形体をからだがしかと築き上げる作業である。

憑く力の凄じさ怖ろしさを知りつくしたもののみが真に稽古することができるであろう。

面を着けたシテの意識野は狭まり、のりうつってくる力が身内を衝き上げてくるとき、その動きに肢体をまかせながら、しかも狂い始めかかる微妙な一瞬に必死に手綱をひきしぼる。そのからだとは、長年の訓練によって、言ってしまえば、反射的に能の詞章を謡い、舞いの拍子を踏む「からだ」である。その厳密に仕立て上げられた自動機械としての「からだ」が、放恣に揺れ動くイメージとしての「からだ」に対抗する。そのせめぎあいは、まさに悍馬を乗りこなすに似た荒々しい力業に違いない。一瞬にして息は詰まり全身は汗を噴き出す。「心を十分に身を七分に動かせ」(『花鏡』)と世阿弥が述べたのは、この危うい拮抗の核心であろう。その頂点において一気の凝集に静謐をたたえ、新たな地平のひろやかな息吹へと歩み出ること――それが「幽玄」なる形態へと志向してゆくこと、観阿弥の実現を受け継いだ世阿弥の、追い求めた「花」であったのであろうか。

「力業」から「新たな地平」へ。世阿弥にとっては今一つの局面の転回が必要であったろう。即ち面そのものの改変、あるいは創造である。世阿弥の時代に、呪術的な仮面に代って、尉、男、女の人間的表情を持つ面の創作が本格化したようだと松岡心平氏は述べているが、まさに古代の面の死が能の成立なのだろう。そして、誕生する新しい面は、先に述べた用語を用いれば、「表情がない」ニュートラルな性格に近い。ただ目の穴が極度に小さいこと、即ち面を着ける人と外界がほとんど遮断されていることは、憑依のための仮面の構造を明確に保持していると言いうる。

仮面による身体表現は成熟するにつれて、「うたうことば」と広義のダンス(踊り、舞い)と結びつき、それに支えられて結晶する。それが、表層言語記号による情報社会の文化表現と別次元の、そしてそれに風穴を開け、根底的にそれを突破する文化表現を形成するであろうことは鮮やかに予見できると思われる。それはある意味で荒々しい古代の肉体の復活を意味する。ヨーロッパのみならず、日本の伝統的な仮面使用とも全く異なる多くの民族の仮面の形態の研究がその形成に大きな衝撃を与えるだろう。

五　仮面がからだにふれるとき

この文の冒頭に記した私の体験は、フランスの演劇教師ルコック氏の、一貫した演技訓練の一プロセスとしての「中性のマスク」のレッスンである。この場合の中性とはニュートラルの意味で、男でも女でもないということではない。男は男の、女は女の中性のマスクがある。黒い、皮製の、肌にぴたりと貼り着く、目と口をかなり大きく刳った面である。

——中性のマスクというのは表情のないマスクのことで、特定の性格はもたない。これをかぶった場合は、ただの男であり、女であって、誰々という特定の個人ではない。したがってどういう性質をもっているかとか、過去にどういうことがあったんだということはなくて、人間の本質だけをもっている。だからマスクをかぶった場合は、もう日常的なところにいるのではなく、次元が一つ高まっている。（ルコック氏の説明。渡辺浩子記）

はじめてこのマスクを着けた時、子どもの頃から漠然と持っていた、日本的な面についてのイメージとひどく喰い違って、私はあわてた。目が大きく刳ってあるので、遮られるものがない。肌とマスクの裏面との間に空間がなく、ぴたりと貼りつく。一種異様な感触である。セピア色も日本人の感覚からはきつ過ぎる。だから最初は集中できるどころではなかった。

後に私は、日本人なりの「中性の仮面」を試作した。これは和紙張りで、結果から言うと、目の小さい、「小面」に近いものになった。ニュートラルということが、ここでは男も女もない、という感じになった。極端に言えば人間というのでもない。一つの白紙、一つの無というに近いと私は感じた。これで試みると、「火になって燃える」がかなりの人々にとって見事に達成されるのに私は驚いた。ルコック氏のレッスンでは、私のほかは、ほとんどだれ一人成功しなかったからである。また、人によって、同じ表情のない面が、ある人が着けたとたんに、明るく生き生きとし始め、ある人が着けると、痴呆のように動かぬ表情になったりすることにも驚かされた。

「ニュートラルなマスクはそれを支えるからだによって変容する」と前に書いた。言いかえれば、ここでは面は「生きたもの」ではない。それ自体でなにかを表現しようとはしない。それを着ける人が、なににでも「成り」うるゼロ地点に立つための装置である。その地点に立った「からだ」がある志向性を抱き始めた瞬間——たとえば月を仰ごうと動き始めると——面は「生き」始める。

能に「シオル」と呼ぶしぐさ(型)がある。掌を面の前にかざし涙を押えるさま、とされているが、金剛巌が「涙をかくすのだ」と言ったのが名言とされている。が、これも近代の心理主義的な解釈だろう。「シオル」とは文字通りからだ全体が「萎れる」ことで、「萎れる」とは草木などが生気を失ってしぼむことだ。即ち「シオル」は、手を上げる以前にからだ全体がふっとしぼみ始めること、その瞬間に面が曇るのだ。

しばらく仮面のレッスンを離れていて、数年前から再開して、今見えて来ていることの一つは、「中性の仮面」の、ヨーロッパ人におけると私たち日本人におけるとの、意味の差である。

私なりの仮面の作り方、が、そもそもその差異に気づかずに出発したことの象徴であって、両者の仮面が、着ける主体に持つ意味はまるで違う。つまり別の面なのであった。

ルコック氏のカリキュラムでは、中性の仮面を通過してはじめて表情のある面に入る。ヨーロッパ人に特有といってもよい、あらゆる動作を個性の表現として実現しようとする強い自我を、一たん中性面によって消去して、あるいは宙吊りにしておいて、はじめて本質的なこと＝アクションが現われて来得る、という考え方だと言ってよいだろう。

それ故仮面は隠れるものではない。個性的な表情を消したまま、大きく目を見開いて、新しく世界に立ち向い、発見する——むしろ新しく世界が立ち現われるのに立ち合うためのものだ。私が知る限り、日本人でこの面を見事に着けられた人はほとんどない。ほとんど唯一と言ってもいいその人は、初めて目の刳りの大きい中性面を着けて立った時のことを、初めて自分が現れた、世界に向って立った、と感じた、と言う。

多くの日本人は、中性面を経ずに、じかに表情面に取り組む方が、はるかにたやすくからだが動き出す。おそらく私たちの自我は、一たん意識的に消去されねば対象に同化できぬほど頑固ではないのであろう。世阿弥以来「ものに成り入る」ことが、私たちの演技の伝統であって、近代劇を演じるプロフェッショナルな演技者でも、「役になり切れない」と言い言いするのが日本である。「役の人物になる」などということばはヨーロッパにはない、と聞くと、たいていの人がびっくりする。一人の人が舞台の上で、想像の状況において行動（ドラン）するからドラマと言うのであり、役の人物の行動を一人の主体がプレイするのであって、他の人物に「なる」などということは不可能なことなのだ。だからこそ中性の仮面の段階が必要なのであろう。

私は数年前、仮面のレッスンにおいて初めて、ルコック氏のシステムを逆転して、まず「表情面」——といっても前に述べた通り人間の表情ということではない——を先に体験し、それを通過したもののみが「中性面」に挑戦することに改めてみた。私にとっては、中性面は、表情面に至る一ステップとしてではなく、私たちの日常的な、あいまいな自分の下に、本質的な人間存在を発見し、しかと立たせるための一レッスンとして、大切なもののように感じられ始めて来ていた。言わば自分を超えた、イデアとしての人間を見出すということになろうか。

新しく作った、目を大きく刳った面を着け、大鏡に向う。表情面でほとんど極限まで動いた、あるいは動こうとしたからだは、なにかを感知すれば、動き出そうとする。「動き出すからだを消せ、手が動き出しかかったら、すっと止める。背がたわみたがったら、止める。ただまっすぐに、上へ伸びる。自分が動きたい方向はすべてストップする。そこで初めて、どこへでも動けるからだ、自分を超えた、ゼロ地点の存在になるのだ」。

「船の別れ」というテーマがある。海辺で、今沖へ遠ざかってゆく船の上の大切な人に手を振る、というアクションである。「悲しみを演じてはダメだ」「別れるのだ」。別れるとは、それがなくては自分が成り立たなかったもの、自分の存在の一部であったもの、が、自分のからだから離れ、抜け落ち、なくなってしまうことだ。即ち自分自身が変ってしまうこと、失われてしまうことだ。それをただ一つのアクションで実現する。「からだが崩れたぞ。しっかり立て！　がっくりするのではない。しみじみするのではない。そんな悠暢なことではないのだ」。

最後に、チャレンジしたひとりひとりが、まっすぐに立ち、両脚をしかと踏んばり、大きく、全身と共に手を振った時、そこに、人間が立った、現れた、と私は感じた。仮面がなにか異次元のものに「なる」ことから反転して、私たちの日常生活の内で曖昧であり、未成熟ななにか、人間であること、を、しかと成り立たせる一方法として現れた、と私は感じ、二十年にわたって探り続けて来た、私の「からだ」と仮面のふれあいの、一つの到達をそこに見た。

（一九九四年初冬。改稿）

演劇を壊し、関係をつくる――私のワークショップ考

（聞き手＝西堂行人）

――ワークショップという言葉は今でこそ頻繁に耳にするようになりましたが、実際のところこの言葉が使われるようになったのは、そんなに昔のことではないですね。概念もあいまいなら形式も百人いれば百通りあるくらい、千差万別です。そこで日本のワークショップの草分け的存在である竹内敏晴さんに、その発端から現在に至るまでの道筋の話を伺いたいと思います。現在竹内さんは、全国各地で精力的にワークショップ活動を展開されていますが、なぜワークショップに関わりはじめたのですか。

発端――アングラの前史にからめて

竹内　演劇から次第にワークショップ的なものに関心が移ってきたのは、一つには私自身が青年時代

まで耳が聞こえない障害者だったことが大きかったと思います。言葉が生まれてくる〈からだ〉に興味があったんですね。

もう一つは、「ぶどうの会」という私が関わっていた演劇集団の解散（一九六四年）にからんで、リアリズム演劇がほんとうにウソ臭いものに見えはじめたこともきっかけになっています。当時、「ぶどうの会」というのは、気鋭の劇作家であった木下順二さんや山本安英さんを中心とした、ある意味ではもっとも先鋭的な集団でした。その周辺には若い頃の福田善之や宮本研ら錚々たる顔触れが揃っていました。私は演出部に所属していて、六二年に宮本研の「明治の柩」を上演しています。しかしこの上演がきっかけで芸術的方針が幹部と噛み合わず、私は身を引かざるをえませんでした。ぶどうの会解散後、そこにいた若い人たちが新しい劇団をつくろうというので、演劇集団「変身」をつくり、「代々木小劇場」というアングラのはしりのような小劇場を始めました。ここでは当時の新劇がやっていたことを徹底的に壊すことを実践したんですね。今までのやり方は全部インチキだ、という意気込みで。

ここで実践してきたのは、ほんとうの自発性とは何か、アクション——演技というよりは行動そのもの——とは何か、つまり演技の自発性を探ることでした。新劇が金科玉条としてきたスタニスラフスキーも徹底して追求していくと、新劇風リアリズムは壊れてしまう。だからこれまで自分の演劇を支えていたリアリズムを徹底的に壊し、それとともに自分も壊れていかないと、演劇そのものも変わらないいんじゃないか。だからもう無茶苦茶、下手くそでも何でもいいから、ただ壊すことだけが目的みたいなやり方で、自分を探っていった。そのとき私にとっては演劇よりもむしろ「人間」の方が重要だったのかもしれません。代々木小劇場には政治に関わっていた人たちもいろいろ出入りしていました。組織も固定的でなかったし、劇団制への疑問もあった。かなりアナーキーだったと思います。

現象学的身体

——竹内さんのいわば「ワークショップ」活動の前史を伺ったわけですが、個人史の問題と六〇年代の演劇の問題状況が重なり合うかたちで、ワークショップへたどり着かれたということはよく分かりました。何故そうなったか、というプロセスは非常に大切ですね。

竹内 いきなりワークショップを始めたのではなくて、まず手をつけたのは俳優の肉体訓練でした。すでに野口三千三さんの体操はやっていたんですが、当時、翻訳されていたメルロ＝ポンティの現象学の本(『知覚の現象学』や『眼と精神』など)によって眼を開かれた。それまでの新劇は環境が性格(キャラクター)を作るという考え方——いわば俗流マルクシズム——だった。つまり生まれや経歴とか、家族関係といった外側から人間の核心を攻めていく。たしかに近似値的には近づくのですが、肝心のところにたどり着けないもどかしさがある。やはり演じる人間が創造の〈主体〉にならなくてはいけないのではないか。主体としての〈からだ〉が獲得されてこないとダメなんです。からだは一方で客体として対象化されるものですが、同時に主体でもある。その両義性ということに初めて気づかされたのがメルロ＝

ポンティによってでした。そこから訓練のやり方や演劇の考え方が根底から変わっていきました。

――当時の「肉体論」は、どちらかというと情念や怨念というおどろおどろしい文学的イメージで武装されていましたね。「異形さ」が平準化した意識を襲う、あるいは夢のなかの魔界が白昼に噴出するというものもありました。それに対して、フランスの現象学では「身体」を客観的（非文学的）に分析し、身体は人間と人間の〈あいだ〉をつなぐ媒介物であることを提示した。それが「間身体性」です。そのことが日本で認識されはじめたのは、ようやく七〇年代に入ってからでしょう。竹内さんの画期的な著書『ことばが劈かれるとき』（思想の科学社）が出たのが一九七五年、同じ年に身体論として大きな影響力を与えた市川浩さんの『精神としての身体』（勁草書房）も刊行されています。身体論の達成の一つのピークですね。

他人に働きかける

竹内　ある時期を境にして、お客に見せる芝居からだんだん離れていきました。「作品」から離れると言ってもいい。「ワークショップ」と初めて言ったのは七〇年代の前半です。俳優の基礎訓練をしていたときに、役者志望者のなかに吃音であるとか赤面恐怖症といった実際の生活のなかでうまく表現できない人たちがやってきた。からだの筋肉をほぐしてみると、日常生活でどのくらい緊張しているかに気づいた。他人を非常に気にしていて、まるで人間関係がとれていない。にもかかわらず言葉は交わされている。そのウソ臭さは、新劇でいやというほど体験してきたことと同じでした。そのとき、言葉って何だろう、と改めて思いました。舞台の上で二人の俳優が面と向かって喋り合っているのに、言葉はお客に向けて発せられていて、一つも相手に向かって語りかけられていない。私には「話しかけのレッスン」というのがあるんですが、人間存在としての関係がまるでないところで何故言葉が交わされているのか。言葉が人と人とのあいだで成り立つとはどういうことか。それを芝居を通じて探っていった。ですから演技の問題からだんだんその根底にある他人に働きかけるということに私の関心が移っていきました。

代々木小劇場をやめ、一九七二年に「竹内演劇研究所」を開いたときに、芝居をやりたい者以外の人がかなり集まるようになって、とうとうそれだけで一クラスつくるようになりました。そこでレッスンをやっているうちに、もっと一般の人を対象としたワークショップをやりませんかという申し出があって、それが始めるきっかけでしたね。その頃私はワークショップという言葉は知っていましたが、何をするのか分からなかったんです。

初めてやったのは、御殿場の東山荘（とうざん）というキリスト教の宿泊施設で、主婦や看護婦や精神医学者、教育者らが三〇人くらい集まりました。「自分に出会う、他者に出会う」というタイトルでした。「竹内演劇研究所」というのは、芝居集団ではなくて、芝居を通して人がどう変わっていくか、自分の限界を踏み超えられるかを実践する場所でしたね。

ファシリテーターとしての演出者

――現在のワークショップは二つないし三つのカテゴリーに分けられるのではないでしょうか。完全にセラピー的なもの、セラピーと一線を画すが、表現を通して自己変革をめざすもの、芸術表現を目的としたもの――これが現在出てきている一番新しい傾向ですが――、この三つです。竹内さんの方法はたぶんその二番目に当たり、ここまで一つのカテゴリーに含めていいかもしれません。純粋に演劇の側から来るものと、心理療法との中間点というか、合流点に竹内さんがいるのではないか。ただ演劇から出発している者で共通しているのは、絶対的な権力者としての演出家が否定され、集団創作に近いものがワークショップで求められていることです。ワークショップで参加者たちの自由な発案を最大限に活かして、それを舞台まで引っ張り上げていこうという傾向は、たとえば野田秀樹や松本修らプロ志向の思考の根底に据えられています。だがまだこれだというモデルは出ているわけではない。皆それなりに暗中模索しているというのが現状でしょう。

竹内　私は臨床医学の勉強をしたわけではないので正確なことは申し上げられませんが、セラピー（療法）とワークショップはかなり違うものだと思います。セラピーは表現に関わりません。ある行為を通して自分のからだのなかで心理的変化が起こるかどうかだけを見ている。だが芝居だと、表現という虚構を通して何か一線を超える瞬間がある。舞台は後戻りがきかないから、否が応でも自分を投げ出さなくてはいけない瞬間がある。勇気をもってね。けれどもセラピーですと、そこを止められるんです。その瞬間というのは非常に危険な場合があり、何が起こるか分からないので、セラピーだとその危険な領域を避けてしまう。ただこれもまた非常にむずかしい問題があって、ワークショップの方向を規定していくのは、演出者の個性ではないかという問題が生じてくる。つまりマニピュレート（操作）です。だからそうではなくて臨床心理学でいうファシリテーター（促進者）的な役割を演出者が担うようになっているかもしれないですね。参加者から出てきた個性をさらに花開かせるようにファシリテートしていく。そこが現在やれている到達点でしょう、表現を自己目的化しないでやっていく方向としては。ただし一方で、その時点での越えてゆくべき目標のようなものをファシリテーターが示さないと、そこでぶつかる対象や壁が明確になってこない場合がある。葛藤も軋轢も起こらない、ただの堂々めぐりや感情の表出に止まってしまう。

――そうすると、別の問題も生じてきますね。その都度生じてくる力関係、演出家と参加者（俳優）の権力関係です。これはたしかに避けがたい。だがその権力関係を固定したものとするのではなく、つねに可変的なものにしていくこと、それが重要になってくる。

竹内　方法というものは必要なのですが、それが確立されてしまうと突然権威者になってしまって、とたんに居心地が悪くなってくる。生き生きとしてこないんですね。方法というのはあくまで個人から出発するものであって、その体験が積み重なってメソッドになるんですが、そのメソッドが固定化してしまうと、今度は個人のからだの方が拘束されてしまう。導くのは常に〈からだ〉であって、個人の意識ではない。だからいつも矛盾を予想し、ゆるやかにしておかないとうまくいかないんです。

セラピーとワークショップの違い

——心理的な療法との違いは微妙なんですが、一時期、「自己啓発セミナー」が流行して、一種の新宗教のような広まり方をしましたが、それとの違いはどう認識すればいいのですか。たとえば、相手を信じないと心もからだも開かれないのではないか。猜疑心の強いところでは癒しにならないのではないか、ということがあると思うのですが。

竹内　私のことをセラピストだと思っている人がけっこういるんですが、結果として治療効果を発揮する場合もありますが、そのためにやっているわけではないんです。「信じる」ということを前提にしたら違います。最後まで信じなくていい。そこが宗教と岐れるところです。それから「ヒーリング」という言葉がありますね。これを「癒し」と訳しているんですが、これは「癒える」と二重の意味を持っている。自分が自分のからだに問い、気づいてゆくことなのだから。方法なり個人なりを信じるのではない。河合隼雄さんも「治癒」ということばを使っています。「癒える」ことをファシリテートするのが「ヒーリング」なんです。操作して癒すというのとは違う。日本には自分を他人に預けてしまって「癒し」てもらうという精神風土が濃厚にありますが。

――ただ他人と自分のあいだに「信頼」という関係がないと何も始まりませんね。それは「信じる」ということではないですね。

竹内 その場で安らげる、ホッとすること、からだの働きや声で表現するときに初めて出会う自分に驚くこと、そのリアリティが信頼というもので、個人を信頼するということではない。「竹内演劇研究所」にはずっと規約がなかったんです。それではいったいどういう原則が支えていたのかというと、「したくないことはしない」ということだったと気づいた。ところがそうなると、「したくないことはしなくていいんですね？」と聞いてくる人がいる。「したくないことはしない」を選ぶことと、「いいんですね」と許可を伺ってくる間には、とてつもなく大きな開きがあります。

――そこには上下関係が発生しますね。いかに対等の関係を保持するか。

竹内 ファシリテートする側がその権力関係をつねに警戒してなくてはいけない。いま、学校では、こうすればいい、という教育がなされている。それがいっさいないという地点に立たされると心配になってしまう。でもそこにいてみようかという自発性からしか何も始まらないんです。ワークショップを始めた頃は、自分のなかに何かがわだかまっていて、何とかそれを外側に引っ張り出したい、解放されたいという人が多かった。けれども最近は、全然そうじゃなくて、大事に扱ってもらってそうっと受けとめてもらいたいという人が多くなった。そのなかから、自発性がどうやって出てくるか、相当いろいろな道筋をたどらなくてはならなくなった。こちらから何か手をさし伸べるとダメなわけですから。そこで、何かしたいことが出てくるまで、何も「しない」ということにどこまで耐えられるか。だから私のは反ワークショップなんです。

竹内敏晴の人と仕事1

「竹ちゃん」の予見

福田善之

まず、今回の〈セレクション・竹内敏晴の「からだと思想」〉全四巻の刊行を、ほんとうに喜びたいと思う。日本演出者協会の若いメンバーが、この知らせを心から喜んでいるさまを見て、年老いた自分も改めて嬉しくなった。貴重な仕事を後世に残してくださる関係者の皆さんに、演出者のはしくれとしても、深くお礼を申し上げたい。

私には、竹内さんについて以前書いた小さな文章があり、「竹内さんが亡くなられて、おのずと自分の出発点を思い返している」という書き出しのその小文（早川書房『悲劇喜劇』連載「みんな素敵な人だった」第四〇回）が今回の編集部氏のお目にとまったらしいのだが、思えば竹内さんの思い出に関しては、そこであらかた書いている気もする。以下は恐縮ながらその一文を軸に、今回の編集部氏から寄せられた質問・疑問点などに触れることで、多少とも責を果たせれば、と思う。

竹内さんはお酒を飲まないから、思い出はいつも喫茶店だ。

はじめて会ったのも、大阪の喫茶店だ。東京の新聞社を辞めて、学生時代夢中だった芝居の世界に戻りたい気持ちで一杯ながら、具体的にはどうしていいかわからず、うろうろと途方に暮れていた僕に、竹内さんは、ぶどうの会の「三つの民話劇」関西公演スタッフにつくよう、指示してくれた。一九五四年の遅い秋だったと思う。

当時すでに、竹内さんはとても忙しい人だった。だから、ぶどうの会の演出部の人々と引き合わせてくれたきり、あと、舞台の現場で竹ちゃん（みんなそう言っていた）に指導を受けた覚えがない。

学生芝居の経験などがプロの現場に通用するものか、と思っていたが、意外になんとかなり、すっかり芝居の裏方の気分になった。——いま思うと、これが竹内流だったのだ。

岡倉士朗先生の歌舞伎新作などの演出に、二人で交代につくような時期があったが、そのごく初めの頃「サムソンとデリラ」の翻案、内藤幸政作「大仏炎上」の大阪歌舞伎座上演で、都合で岡倉先生も、竹内さんも行けない。

君ひとりで行け、という話になって、行った。劇の最後が猿之助（のち猿翁）さんが怪力をふるって大伽藍を崩壊させる〈屋体崩し〉のクライマックス・シーン。

大道具が次々と、小さなものは早く壊れ、大きな柱はゆっくりと傾く。壁は崩れ、瓦は飛び散る。煙と火の粉——当時は〈吹き火矢（ボヤ）〉といって、火の粉をリアルに散らす仕掛けがあったが、このあとじき東宝劇場でその火が紗幕について大火になったとして、使えなくなった——の中を、人びとが阿鼻叫喚地獄よろしく逃げまどう。

東京の歌舞伎座で初演したものだが、主演クラスの何人かの他はキャストが違う。稽古は少ない。その上この修羅場の音楽は洋楽である。

「私ら、洋楽はキッカケとれないから、あんた頼む」

そのころの狂言方は、皆さんそうだった。

僕、二十四歳、当時大劇場経験はこの初演のほかに新派の大垣肇作「望郷の歌」だけ。心細いったら、ない。

頼るところは竹内先輩しかない。相談に行くと、ノートに群衆処理の動きを図示して、親切に教えてくれた。

僕が、短くはない年月、演出家でございい、と仮にも店を張って来られたのは、この時の経験によるところ、大きい。なかなか入り立ての新人が、こんな経験を出来るものではない。まあ、もう一つには、学生演劇などで「何もないところで芝居を成り立たせる」経験も、役立ったとは言える。

いま思うに、竹内さんの机上の指示が的確だったのだ。彼は内面的心理的な緻密な描写を得意とした演出家として知られていたと思うが、こんないわば荒事もこなせたわけである。昔の人は、みなそうだったのかもしれない。

僕自身が、今はもういい歳だから、演出の現場で、ある場面の人物の位置とか動きとかをつけろ、といわれたら、とりあえずやる。一応は、やることができる、あるいは、できてしまう――ところがある。

演技者の自発性抜きに結果を指示することは、好ましくない（と、僕はいまも信じている）。ないが――にもかかわらず、どっちつかずの結果に落ち込むことが、多々ある。他の世界でも似たような事情はあるだろう。おお、人生。

岡倉士朗先生演出の、歌舞伎新作の場合も、はじめは竹内さんが第一演出助手、僕が第二、という形だったが、いくら五〇年代でも、二人演出助手がつくほど、現場の条件は甘くない。すぐに、竹ちゃんが吉右衛門劇団（歌右衛門さん系）、僕が菊五郎劇団（松緑、梅幸さん）という担当に分かれた感じになった。つまり、信頼する先輩の後を付いていく幸せは、ここでも味わえなかった。

竹内さんに指導を受けたのは、拙作「長い墓標の列」の初稿（『新日本文学』発表、早大劇研初演）から、ぶどうの会上演稿への改稿の過程で、だ。

竹ちゃんは忙しいから、毎夜のように、新宿の喫茶店「風月堂」で待った。コーヒー一杯で何時間もいるのに、当時の経営者は大目に見てくれたようだ。

一口にいえば、竹内さんは僕の、ドラマティックでない芝居から、ドラマたりうる要素を見つけ出して、それをどれほどかドラマに育て上げよう、と努力されたのだと思う。

——具体的に、どのような〈指導〉を？

と、ここで現在（二〇一三年）の藤原書店編集部氏から突っ込みが入るのは、当然だろう、と思う。が、それが言えない。なぜ？　とさらに追及されれば、よく覚えていない、としか言うことができない。

夜な夜な恋人を待つように竹ちゃんを待って、約束の時間も大幅にすぎて、それでも竹内さんはすっぽかすということはなかった気がするが、でもようやく会えれば、終電の時間が近い。それに彼を待っているのは僕一人ではないのだ。

僕の相談したいのは具体的な本直しだったから、どこをどう直せばいいのか、知りたかった。だが、彼はけっしてそれには答えない。彼は僕が自分で答えを見つけざるを得ないよう導いたのだろう。僕はせっかちで軽薄な江戸っ子だから、いらいらする。しかし彼は、思い返せば、西欧ドラマのエッセンスについてしか、話さなかった。あれが竹内流だった、と思う。

竹ちゃんは、本姓高橋で、旧制第一高等学校では、寮委員長をつとめたという。戦時中だから、大変なことだ。戦後も、駒場寮の食事部委員などは、権力があったようだ。

そのころ、寮に手塚治虫さんもいたそうだ。僕が彼の「バンパイヤ」テレビ化でお目にかかったとき、竹内敏晴の名を出したら、手塚さんは首を傾げたのだが、高橋といえばすぐ分かったのだろう。竹内姓になったのは、詩人竹内てるよさんの養子になったからである。竹内てるよさんは当時、というのは五〇年代後半、大月近くの猿橋に住んでおられた。

その近くに古い旅館があって、竹ちゃんはそこに僕を放り込んでくれた。僕はまだ生活も住居も不安定だったから、大いに助かり、そこで集中的に改稿を進めることができたのだが、そこへも竹ちゃんは、顔を出すことはなかった。

竹ちゃんは、ほんとうに忙しかったのだ。「制輪子物語」や「御料車物語」の作者で国鉄大井にいた鈴木元一さんは、竹ちゃんのことを、

「一生駆け足、って人がいるものさ、彼は、あれだなあ」

と、言っていた。

「長い墓標の列」の改稿が、岡倉先生に厳しく批判された。〈これなら、前の稿を僕がカットして演出しようか〉とまでいわれたそうで、それを聞いたとき僕はほとんど上演を諦めた。竹ちゃんが岡倉先生に逆らうとは思えなかった。

いまにして思えば、この改稿の過程で、僕はいわゆる〈新劇リアリズム〉から、とりわけ言葉（せりふ）において、踏み出しはじめていたと思う。写実的、ときに日常的な表現から、どれほどかそれを抜けた表現へ。僕の感覚でいえば、西欧的なドラマの骨格に憧れると、おのずと自分の台詞が変わって来たのだ、と思う。

岡倉先生の不満は、その〈踏み出し〉の方向にあったのかもしれない。竹内さんは、僕の改稿の過程における〈言葉〉の変化・変質を、未熟な僕がドラマを理解して行くための、どれほどか必然的な、あるいは止むを得ない彷徨（ふらつき）だと弁護し、自分の演出によって、ふらふらした台詞をリアルな言葉として生れ変わらせると、請け合ったのではないか、とは僕の推測に過ぎないけれど。

僕の知るかぎり、岡倉先生は最も大切な愛弟子の竹ちゃんに、一目おいていられたと思う。竹内君がそこまでいうなら——というわけで、他の先生がたも結局同意され、「長い墓標の列」は、ぶどうの会の公演となった。

という次第で、竹内さんが僕の恩人であることは、間違いない。彼がいなかったら、「ぶどう」上演はなかったろう。

が、結局僕は何を彼から学び、また何が出来なかったのだろう?——その手掛かりとなる記憶は、実は、いくつかある。

その一。いわゆる六〇年安保騒動のあと、観世榮夫や林光、そして劇団青芸（青年芸術劇場）など、僕らの仕事は、広義で新左翼と呼ばれる文脈に理解されていたと思う。そんな頃、なにかで竹ちゃんに協力を求めに行った。

そのとき彼は、特有のボソボソした口調で、

「僕等、農民的体質というかね……片々たる泡沫的現象には、乗らないんだ」と、言った。

竹内さんは僕らを理解していてくれる、となんとなく思いこんでいたので、多少意外でもあり、悲しかったが、なるほど、とも思った。不快には思わなかった。

そののち、しばらくして彼は当然のように、ぶどうの会の研究生や養成所の生徒たちの中心となって、演劇集団「変身」の結成にいたる。当然のように、と書いたのは、知識・経験などすべてを含めた彼の実力が、自然にそこに結果したのだろう、と僕が思っていたからだ。

が、〈その一〉の記憶との関わりからいうと、その変化を、十分理解できたとはいえない。

「変身」は、小劇場運動のハシリとされている。「変身」のメンバーには古くからの親友さえいた。僕の作品との直接の関わりはなかったが、僕もときおり稽古場に出入りしていた。

竹内さんには一度も出会わなかった。

その二。竹内さんの「真田風雲録」劇評。雑誌『新劇』。竹内さんは博識である。状況に敏感で、つねにアンテナを張っている。そして文章がうまい。暢達だ。

〈ドラマというより情況のモンタージュ〉と標題されたこの文章のもっとも優れた点は、当時なお「貸本屋」時代という青春期にあったジャンル《劇画》との関連を指摘してくれたことだろう。

僕が「ドラマが嫌い」（『文学』一九八五年八月、評論集『劇（ドラマ）の向こうの空』読売新聞社刊、所収）などという文章を書いたことと、直接関係があるわけではないが、簡単には、「竹ちゃんが〈ドラマでない〉と思うところに、僕の芝居はあるのだな、きっと」という覚悟をつけることができた、とはいえる。

ここでまた、編集部氏の質問。――そこ、もうすこし具体的に。――そうか、でもこれ、難しいことなんだよね。

簡単には、ドラマでなくてもいい、情況のモンタージュでもいい、とそのとき僕が思った、ということかな。

僕は、死滅と解体に向かう地球なればこそ、そこに陽炎のように浮かぶ〈劇〉という幻を見ようとする人間が、すばらしいと思っている。ドラマ論議をするつもりも資格もないが、それをあるとき〈秩序という幻〉と言い換えることも可能だろう。そこで、僕はこのとき、竹内さんの言葉をそのまま使えば〈情況のモンタージュ〉のなかに、いわゆるドラマドラマしたドラマより、よほどドラマティックを感じた——と言っておけばよいだろうか。音楽的要素もあわせて(「真田風雲録」には十一曲も歌がある)この芝居を作ったことは、竹内さんに対する回答として、まだ解決がついていない。

竹内さんは、芝居の演出家であることから大きくのびのびと(と僕には見えた)心と身体を拡げて『ことばが劈かれるとき』(思想の科学社、一九七五年)を初めとする優れた著作群を発表された。僕も読んで感動した。俳優教育の現場で、いまもいくつかの部分を使用させてもらっている。竹内さんの仕事は、もう芝居の枠を遠く越えて、ほとんど思想家の域に達していた、と思う。

彼の出版記念会、あるいは励ます会の類のパーティがあって、出席者はほぼ教育・出版関係者。芝居仲間の知人はぶどうの会にいた坂本長利さんだけだったような気がする。そのとき、僕は挨拶のなかで、

〈竹内さんは素晴らしい。舞台の演出をしないほうが、もっと素晴らしい〉などと言った。

竹内さんは最後のスピーチで、すこしムキになって「僕はこれからこそ、本気で演出をするつもりだ」と、言った。

竹ちゃん、ごめんなさい。僕はオマージュのつもりだった、といっても、無理だよね。

その三。たぶん一九九九年、演出者協会が「演出者の集い」の類の催し(シアターX)に、竹内さん

をシンポジウムのパネラーとして招いた。

そのとき、竹ちゃんは自分の前のマイクをぐいと横に押しやって、「僕は、機械は認めないから。……（客席に）みんな、なくても聞こえるでしょう?」と、言った。竹内さん、あれは、恰好よかった。

あなたにそう言われて、人気の劇作家が素直にマイクの使用をやめたのも、僕には嬉しかったし、あえて自分はマイクを使用しつづけた劇作・演出家にも、同じく僕は好意を持った。

素敵な人たちだ、と思った。


この話には続きがあって、『悲劇喜劇』誌に第四〇回が載ったあと、「竹内敏晴さんを偲ぶ会」のお知らせを頂き、その文中に、

「車椅子に乗って舞台に出て来た竹内さんは口にマイクをくっつけていました」

とあったのに、胸を衝かれた。

「演出者の集い」のシンポジウムから、ちょうど十年、目が衰えれば眼鏡を使うように、人間が人間の作りだした諸道具を使うのは自然なことだ。それにしても、僕はつまらないことを書いてしまったのかもしれない。竹内さんを愛する人びとの、御寛恕を願いたく思う。――と、この部分は同じ連載の第四一回から引いた。

さて、演出家竹内敏晴さんのシゴトについて、ついに具体的に語ることはできなかった。が——

僕は現在（二〇一三年）芸術関係の短大に関わりを持っているが、教師たちはシラバスというものを要請される。いわば、自分の店の商品の価値や効能について、あらかじめ生徒に示さねばならない。

故サッチャー英国首相は、イギリス産業の発展に直接関係のない部門について、例えば大学の古典文学科の類の予算について、思い切った処置（むろん削減方向の）を訓令した、と、産業の発展に直接的貢献を成しえない学究たちが嘆いている文章をかつて読んだ。

竹内敏晴さんのなかに、六〇年代にある混乱と逡巡が生じていた、と僕は思うが、それを僕はこの〈セレクション〉の中から読み取ろうと思う。おそらく、竹内さんはあくまで竹ちゃん流を貫いたのだ。シラバスやサッチャー夫人の弊害を、はるかに見通していたのだ、と言えるかもしれない。

（ふくだ・よしゆき／劇作家・演出家）

ファインダーから見た竹内敏晴の仕事 1

安海関二

からだ79「どん底」チラシ撮影用のエチュード
（一九七九年七月　東京・西新宿　ライヒ館）

竹内スタジオ「田中正造」搬入前の仕込み作業で
（1979年11月　東京・西新宿　ライヒ館）

——初めて竹内さんを撮ったのは？

一九七九年に「からだ79」の「どん底」の稽古写真が最初です。僕は高校生の頃から芝居に興味があって、田舎では、東京からやってくるアングラ劇団のテント興行や、新劇の地方公演などを観ていました。東京に出てきてからも、下宿の近くに常設小屋があった「東京キッドブラザーズ」などをよく見に行っていた。

——竹内さんへの興味は？

そのときはまだ名前を聞いていただけです。「からだ79」のメンバーだった友人に、公演があるからと舞台写真を頼まれたのがきっかけでした。まだ駆け出しの頃ですから、演出家が稽古の現場で何をするかなんてことは考えもしませんでした。

——実際の稽古を見てどうでした？

驚きました。竹内さんは役者ととことんつきあっていました。それも上演のために追い込むのではなくて、その人そのものをどこまでも掘り下

げていくという感じでした。その様子を目の当たりにして、芝居ってこういうものかと腑に落ちる感覚があった。で、芝居を写真として見ていったら面白いと思ったんです。

――「ことばが劈かれる」体験があった後、竹内さんは、「祝祭としてのレッスン」と言い始めます。それと同時に、竹内さんと行動を共にする人たちは演劇志向の強いグループと、「からだ」に対する興味・関心の強いグループとに色分けされていく。結果的に竹内さんは後者のグループとつきあうことが多くなるわけですが、安海さんが追いかけたのも主に後者のグループですね。

ええ。当時は、レッスンで見えてくるかもしれない未知の自分に賭ける気迫が、「からだ」のレッスンを受ける人たちの間には普通にあって、彼らが深く集中すると、それらしいものが顔を出す瞬間が何度もありました。普通、世間には段取りというものがあって、一つのことにかかわっていては次が進まないという配

竹内スタジオ「田中正造」本番
（1979年11月　兵庫県立湊川高校）

慮をするじゃないですか。竹内さんのレッスンには、そういう世俗的なところが一切なかった。意図を排する意図の凄さだけがあったというか。

――当時の竹内さんは、自分を抑圧するものと正面から対決できる幸福な巡り合わせの中にいたのかもしれませんね。個人的にも時代的にも。

ええ。あの頃はアンダーグラウンドの世界がまだ確固としてあったし、男一匹、何をしても生きていけるという雰囲気もありました。僕自身にも、今を全否定して別の世界へ行こうという心情がはっきりとあった。

ところが、八〇年代になると、気がついたら、周りに何にもなくなっていた。もうここで生きていくしかないという諦めだけが残って、それが少し後の「終りなき日常」的な世界にまでつながっていく。

僕はそうなりかけた時代、つまり表層は明るいけれど、計算づくの「将来」ばかりが幅を利かせ、充実した

「今」がなくなりかけていたときに、遅ればせながら『ことばが劈かれたとき』を読んだ。そして、竹内さんの問題意識の粘り強さや内発的な経路の力に気がついたんです。『子どものからだとことば』などに書かれている危機感も身に染みました。始めからあれを読みこなす力があったらなあと今にして思います。

――「主体としてのからだ」の発見によって一つの方向性を見出した竹内さんは、七七年から始めた湊川高校の連続上演活動で、一つの頂点を迎えます。第二巻ではその辺のお話を聞かせてください。

（聞き手＝今野哲男）

あづみ・けんじ　一九五六年生。中央大学文学部中退。プロ・カメラマン。竹内敏晴が演出・指導した芝居、レッスンを三十年以上にわたって撮影してきた。そのコレクションは四万カットを超える。

編集後記

戦後、劇団「ぶどうの会」に所属し、新劇の世界で演出家として活躍していた竹内敏晴が、広く世に知られるようになったのは、一九七五年の八月に刊行された『ことばが劈かれるとき』（思想の科学社、後にちくま文庫）によってである。一九七五年という年は、期せずして日本の思想界に身体論の地平を切りひらいたものとして記憶されている哲学者・市川浩の『精神としての身体』（勁草書房、後に講談社学術文庫）が刊行された年でもあった。

片や「ことばとからだ」、片や「精神と身体」というキーワードで語られた両著が、同じ時期に刊行されたことに直接の因果はない。しかし、アカデミズムが市川の「身体」論に示した関心と、人々が竹内の言う具体的な「からだ」に寄せた興味とが、同時期に重なった偶然の背景には、一九七〇年代中葉という時代の空気と人々を支配していた当時の社会的な気分の影響が少なからずあったものと思われる。そのありようについては、たとえば、八八年に発行された『ことばが劈かれるとき』の文庫版の解説で、すでに七七年の段階から「竹内レッスン」に参加した経験のあった社会学者の真木悠介が、次のような見通しを語っていることからも推測できるだろう。

——〈言葉〉をとおして人間は変えていくことができる……という、「戦後民主主義」の理念の否定から七〇年代は出発していた。言葉を否定する青年たちは世界を変える方法として、〈暴力（ゲバルト）〉を信じようとした。けれど暴力は……連合赤軍の自壊のように、内部の荒廃を必らず帰結するということをもまた、七〇年代前半は、息をつぐ間も与えない速度で立証しつくした。

言葉によって世界を変えることはできない。

暴力によって世界を変えることはできない。
どうすればいいか。
そのころまでに、わたしたちのつかんでいた方向は、こういうことだった。言葉ではない、暴力ではない、〈生き方の魅力性〉によって、人々を解き放つこと、世界を解き放ってゆくのだということだった……

イデオロギーに限界が見えはじめ、内実よりもむしろ表層を流れる情報の力が優勢になりつつあった七〇年代――。この一文は、そんな時代の変化に対する問題意識と、強い危機感の表明として読むことができる。そして、『ことばが劈かれるとき』は、このような危機感のただ中で登場し、〈生き方の魅力〉を手探りで求め、探しあぐねていた当時の若者たちの切実な問題提起に、〈主体としてのからだ〉というユニークで具体的な解答を与えたのである。

そして、ここで大切なのは、その後の日本社会の激しい変化にもかかわらず、竹内のこの著書がなんら衰えることなく読み継がれ、じょじょにその勢いを増して、社会に変わることのない警鐘を鳴らし続けてきたということだ。『ことばが劈かれるとき』の発行から四十年近くが経った現在でも続く出版物としてのこのしぶとさの底には、冷戦の終結や、世界を蔽う情報革命や、グローバリゼーションの進展や、フラット化と同時に多様化もしていく世界といった、世紀を跨ぐ社会環境の変貌にもかかわらず、七〇年代当時に竹内が先駆的に指摘し、その後相次いだ多くの著書と「竹内レッスン」とで一心に検証し続けた、〈主体としてのからだ〉という問題を、ほかならぬ「からだ」によって具体的に探求する作業を、私たちの社会がいまもなお、いやおそらくいまだからこそいっそう、切実に求めているという事情が潜んでいる。そのことはまた、通信技術の圧倒的な革新の狭間で時に高まる「話すこと」や「声に出して読むこと」といった、〝からだ〟がもっているプリミティブな表現する力への関心の高まり、さらに二〇一一年の震災後を機に広まった「聞く力」に対する興味の盛り上がりなどからも察することができると思う。

だからこそ、いまここで、あらためて想起しておきたいことがある。一つは、一九二五年生まれの竹内には、世代が一周り下の真木にはない、竹内独特の敗戦体験があったということ。もう一つは、竹内には「からだ」と「ことば」に目を向けずにはいられない、聴覚障害という重い十字架があったことだ。

竹内には旧制第一高等学校の学生として迎えた二十歳のときの「敗戦」の経験と、その際の個人的な心的体験に終生こだわり続けようとする、彼自身がよく語った言葉で言えば、「まるで後ろ向きに歴史の流れに入って行く」ような、意志的で倫理的で粘り強い「戦後社会批判」の視線があった。戦後の出発に当たって心した覚悟をもとに、彼が終生語り続けたのは、「主体としてのからだ」の個人的な連続性を基礎に据えた、自身をも含み込む日本の敗戦後史に対する仮借のない批判であり、弾劾だったと言ってよい。竹内は、この連続性なしに「からだ＝主体」を語ることはなかったし、それはおそらく表向きは「戦後」を通り過ぎた日本社会の「からだ」にとっても、同様に課せられた、重い桎梏であり続けているはずなのだ。

この巻では、彼の敗戦直後からの苦闘に一定の区切りと展望を与え、その後の活動のための新たな出発点となった代表作『ことばが劈かれるとき』を中心に、そこに至るまでの戦中及び戦後のプロセスを、インタビューに答える形で、後にもう一度振り返った『生きることのレッスン』（トランスビュー、二〇〇七年）の第一章（ことばとからだに出会うまで——わが敗戦後史）を掲載した。また「主体としてのからだの発見」に至る竹内の、主に演劇の世界での歩みと変転を理解するために、インタビューを含む大小五本の記事〈〈ぶどうの会〉解散から〈代々木小劇場＝演劇集団・変身〉結成に至る経緯を記した「私の新劇解体史」と「「アングラ以前」――あるいは「前期アングラ」として」の二本、及びその補足資料として〈演劇集団・変身〉発行の小冊子『変身』に掲載された「演技者は詩人たりうるか」、さらに別枠で「からだの変容――憑依と仮面」と「演劇を壊し、関係をつくる――私のワークショップ考」の二本〉を付した。竹内を「主体としてのからだの発見」に導き、その後のレッスンを築く基礎になった初期の「竹内レッスン」の具体的な詳細については、『ことばが劈かれるとき』の「治癒としてのレッスン」の章を参考にしていただきたい。

最後にもう一つ。七五年刊行の『ことばが劈かれるとき』の「あとがき」末尾に書かれた次の述懐を記しておきたい。民話劇を上演するにあたって取材のために訪ねた上越国境の山村で、たまたま出会ったある老婆に土地の昔話を聴かされたときのコメントだ。

……私はこの婆さんを思い出す。この婆さんこそ「語り」の権化であったろう。いや、かつて、日本の村々には、このような「語り部」が、いたるところにいたのだ。その力はどこへいったか。死んだはずはない、とひそかに、私は思うのである。

世紀を越え、3・11の絶望を経験した私たちは、自分のからだに沁み込んだ「敗戦」や「近代」と向かい合い、これをあくまで正面から越えて進もうとした竹内のこのことばが、彼自身の生涯の足跡と二重写しになり、抜き差しならぬリアリティと危機感を伴って、いまこそ「語り部」の声のように、あらためて響いてくるのを感じるのである……。

編集部

初出一覧

Ⅰ　ことばが劈かれるとき

『ことばが劈かれるとき』思想の科学社、一九七五年、より抜粋

Ⅱ　「私」をつくり、「私」が超えようとしたもの

ことばとからだに出会うまで――わが敗戦後史　『生きることのレッスン――内発するからだ、目覚めるいのち』トランスビュー、二〇〇七年、第一章

Ⅲ　演劇人・竹内敏晴

私の新劇解体史　『肉体言語』第一一号、肉体言語舎、一九八三年十月

「アングラ以前」――あるいは「前期アングラ」として　日本演出者協会＋西堂行人編『演出家の仕事――六〇年代・アングラ・演劇革命』れんが書房新社、二〇〇六年

演技者は詩人たりうるか　演劇集団「変身」編『変身』「変身」刊行委員会、一九六九年

からだの変容――憑依と仮面　菅原和孝・野村雅一編『叢書・身体と文化　第2巻　コミュニケーションとしての身体』大修館書店、一九九六年

演劇を壊し、関係をつくる――私のワークショップ考　（聞き手＝西堂行人）『パブリックシアター④』一九九八年四月、世田谷パブリックシアター編・発行、れんが書房新社発売

＊なお、本セレクション収録にあたり、固有名詞の表記は可能な限り統一し、底本における明らかな誤字・脱字は訂正した。

著者紹介

竹内敏晴（たけうち・としはる）

1925年東京生まれ。演出家。

生後数か月で始まった中耳炎で難聴になる。中学4年時、新薬の投与によって耳疾がやや快方に向かう。1942年、第一高等学校理科甲類に入学し、45年、一高生として敗戦を迎える。52年、東京大学文学部東洋史学科卒業。俳優の山本安英の紹介により演出家・岡倉士朗に師事し、劇団「ぶどうの会」演出部に所属。58年、福田善之「長い墓標の列」で「ぶどうの会」本公演を初演出。62年、田中正造を扱った宮本研「明治の柩」を演出。64年、「ぶどうの会」が解散し、その後「代々木小劇場＝演劇集団・変身」に。この頃から独自の演劇の基本訓練を組み立てることに挑み続け、のちの「竹内レッスン」の基礎をつくる。69年、「ことばが劈かれる」体験をする。71年、「代々木小劇場」解散。72年、「竹内演劇研究所」開設（〜86年）。77年、東京大学教育学部非常勤講師（〜85年）。4月に林竹二と共に兵庫県立湊川高校（定時制）の授業に入る。秋、同校で第1回目の劇公演（〜88年）。79年、宮城教育大学教授（〜84年）。80年、東京都立南葛飾高校定時制非常勤講師。86年、米沢章子との生活が始まる。87年、南山短期大学人間関係科教授（〜95年）。93年、南山短期大学創立25周年記念上演「愛の侵略——マザー・テレサとシスターたち」を構成・演出。95年、聖霊短期大学教授（〜97年）。2001年、「オープンレッスン八月の祝祭」の上演を開始。2009年、「からだ2009　オープンレッスン八月の祝祭」の上演が、生涯最後の構成・演出作品となる。9月7日、膀胱癌のため名古屋市昭和区の病院で死去。享年84。

著書—『ことばが劈かれるとき』（思想の科学社、のちちくま文庫）『子どものからだとことば』『癒える力』『思想する「からだ」』（晶文社）『「からだ」と「ことば」のレッスン』（講談社現代新書）『老いのイニシエーション』（岩波書店）『教師のためのからだとことば考』『動くことば 動かすことば』（ちくま学芸文庫）『待つしかない，か。』（木田元との共著）『竹内レッスン——ライヴ・アット大阪』（春風社）『生きることのレッスン』（トランスビュー）『「出会う」ということ』『レッスンする人——語り下ろし自伝』（藤原書店）ほか。

セレクション・竹内敏晴の「からだと思想」（全4巻）
1　主体としての「からだ」

2013年9月30日　初版第1刷発行©

著　者　竹　内　敏　晴
発行者　藤　原　良　雄
発行所　株式会社　藤　原　書　店

〒162-0041　東京都新宿区早稲田鶴巻町523
電　話　03（5272）0301
FAX　03（5272）0450
振　替　00160-4-17013
info@fujiwara-shoten.co.jp

印刷・製本　中央精版印刷

Printed in Japan
ISBN978-4-89434-933-9

▶本セレクションを推す◀

「からだ」によって裏打ちされた「ことば」…………哲学者　**木田 元**

結局のところ竹内さんとは、2002年の晩秋に対談をして本にしてもらったとき、一度お会いしただけに終わってしまったが、初対面だというのに懐かしいという思いをさせられるお人柄に深く心を惹かれた。「からだ」によって裏打ちされていないような「ことば」には人を動かす力はないといったところで、強く共感し合ったことが今も忘れられない。

野太い声とがっちりしてしなやかな肢体……詩人　**谷川俊太郎**

アタマとココロとカラダの三位一体から、コエが生まれ、それがコトバとして他者に投げかけられるという、人間が群れとして生きていく基本を、竹内さんは繰り返しおのが肉体を原点として他者に働きかけ、またそれを文字化して飽きなかった。あの野太い声と、がっちりしてしかもしなやかな肢体の記憶は、竹内さんが遺した書き物とともに、この時代にますます新しい。

〈わたし〉の基（もとい）を触診し案じてきた竹内さん
…………………………………………………………………哲学者　**鷲田清一**

「からだに来る」「からだに出る」と言うように、わたしたちの存在が危機に瀕したときにからだは意識に上る。ふだんはそれほど黙って〈わたし〉を支えている。そのような〈わたし〉の基（もとい）を、あるいは沈黙の支えを、竹内さんはずっと触診してきた。そして案じてきた。こうした基に根を下ろしていないと、ことばもいのちも閉ざされて、他のそれにふれられなくなる。届かなくなる……。そのことを竹内さんはわたしたちに語りつづけた。

言葉が身体の中を通り抜けてゆく……………………武道家　**内田 樹**

竹内さんの文章は、意味がよくわからないところでも、音読してみると、すっと話が通ることがある。意味が「わかる」のではなく、言葉が身体の中を抵抗に出会うことなく、通り抜けてゆくのである。私にはそれを「飲み込めた」ということである。食物を摂取する経験に似ている。「飲み込んだ」ものが何であるかを知らぬままに、それはしばらく時間を経た後に、実際に血となり肉となって私をかたちづくってしまうのである。

セレクション

竹内敏晴の「からだと思想」

（全4巻）

四六変型上製　予各巻 350 〜 400 頁／口絵 1 頁
予各本体 3300 円　年 4 回刊

1 主体としての「からだ」　（2013 年 9 月刊）

●「ことばが劈かれる」までと、演出家としての竹内敏晴

〈内容〉『ことばが劈かれるとき』（抄）／『生きることのレッスン』（抄）／私の新劇解体史／「アングラ以前」——あるいは前期アングラとして／演技者は詩人たりうるか／からだの変容——憑依と仮面／演劇を壊し、関係をつくる——わたしのワークショップ考

◉竹内敏晴の人と仕事 1　**福田善之**

ISBN978-4-89434-933-9　408 頁　本体 3300 円＋税

2「したくない」という自由　（2013 年 12 月刊予定）

●戦後日本社会の定点観測者として

〈内容〉『教師のためのからだとことば考』（抄）／『子どものからだとことば』（抄）／『生きることのレッスン』（抄）／自分に出会うということ——姿勢と性格覚え書／表現への出発／他人のための「からだ」／変容するからだとことば　◉竹内敏晴の人と仕事 2　**芹沢俊介**

3「出会う」ことと「生きる」こと　（2014 年 3 月刊予定）

●「湊川」と、以後の竹内敏晴

〈内容〉『ドラマとしての授業』（抄）／『子どものからだとことば』（抄）／『ことばとからだの戦後史』（抄）／『老いのイニシエーション』／ドラマとサイコ・ドラマ——アクション（演技）の次元について／生命——「いのち」の定義　◉竹内敏晴の人と仕事 3　**鷲田清一**

4「じか」の思想　（2014 年 6 月刊予定）

●「からだ」を超える「ことば」を探して

〈内容〉『待つしかない、か。』（抄）／『生きることのレッスン』（抄）／『愛の侵略』全面改訂版／愛の侵略——マザー・テレサとシスターたち／「やわら」の志——人と人とが対等であるわざ／「じか」であること／情報以前——「聞く」ことの倫理　〔附〕竹内敏晴年譜

◉竹内敏晴の人と仕事 4　**内田　樹**

＊各巻に「月報」と「ファインダーから見た竹内敏晴の仕事」（安海関二）を附す

初の本格的クローチェ論

クローチェ 1866-1952

〈全体を視る知とファシズム批判〉

倉科岳志

人文学的伝統を守り抜いたイタリアの巨人、クローチェ。単なる政治的判断ではなく西洋の人文学的伝統に裏打ちされた知のあり方そのものにおいてファシズムに抗し得た彼の、いまだアクチュアリティを放つ、そのファシズム論、国家論、自由論。

四六上製　二八八頁　**三六〇〇円**
（二〇一〇年一月刊）
◇978-4-89434-723-6

ヴェイユの全体像を捉える初の試み

シモーヌ・ヴェイユ

「犠牲」の思想

鈴木順子

「権利」概念に対する「義務」、「人格主義」に対する「非人格」を基盤にした思考など、近代的人間観の矛盾を根底的に問うたヴェイユの思想の核心とその現代的意義を鮮やかに示す気鋭の野心作。

口絵八頁
第5回「河上肇賞」本賞受賞
四六上製　三五二頁　**三六〇〇円**
（二〇一二年九月刊）
◇978-4-89434-875-2

デリダ唯一の本格的マルクス論

マルクスの亡霊たち

〈負債状況＝国家、喪の作業、新しいインターナショナル〉

J・デリダ
増田一夫訳＝解説

マルクスを相続せよ！　だが何を？　いかに？　マルクスの純化と脱政治化に抗し、その壊乱的テクストの切迫さを、テクストそのものにおいて相続せんとする亡霊的、怪物的著作。

四六上製　四四〇頁　**四八〇〇円**
（二〇〇七年九月刊）
◇978-4-89434-589-8

SPECTRES DE MARX　Jacques DERRIDA

デリダが、われわれに遺したものとは？

別冊『環』⑬ ジャック・デリダ 1930-2004

〈生前最後の講演〉
赦し、真理、和解――そのジャンルは何か？　デリダ
〈講演〉**希望のヨーロッパ**　デリダ
〈対談〉**言葉から生へ**　デリダ＋シクスー
〈寄稿〉バディウ／シクスー／ガシェ／マラッティ／アニジャール／マルジェル／ロネル／カムフ／鵜飼哲／増田一夫／浅利誠／港道隆／守中高明／竹村和子／藤本一勇
〈鼎談〉**作品と自伝のあいだ**　ファティ＋鵜飼哲＋増田一夫
〔附〕デリダ年譜／著作目録／日本語関連文献

菊大並製　四〇〇頁　**三八〇〇円**
（二〇〇七年一二月刊）
◇978-4-89434-604-8

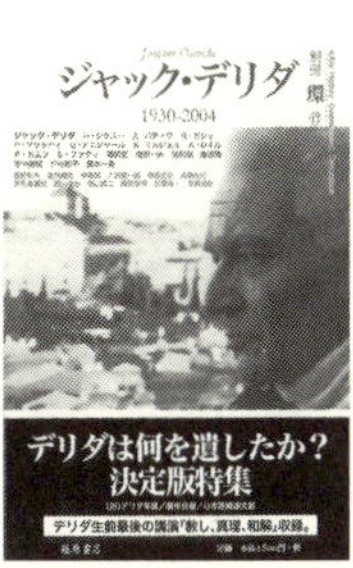

メディア論の古典

声の文化と文字の文化

W－J・オング
桜井直文・林正寛・糟谷啓介訳

声の文化から、文字文化―印刷文化―電子的コミュニケーション文化を捉え返す初の試み。あの「文学部唯野教授」や、マクルーハンにも多大な影響を与えた名著。「書く技術」は、人間の思考と社会構造をどのように変えるのかを魅力的に呈示する。

四六上製　四〇八頁　**四一〇〇円**
（一九九一年一〇月刊）◇978-4-938661-36-6

ORALITY AND LITERACY　Walter J. ONG

日常を侵食する便利で空虚なことば

プラスチック・ワード
（歴史を喪失したことばの蔓延）

U・ペルクゼン
糟谷啓介訳

「発展」「コミュニケーション」「近代化」「情報」など、ブロックのように自由に組み合わせて、一見意味ありげな文を製造できることば。メディアの言説から日常会話にまで侵入することばの不気味な蔓延を指摘した話題の書。

四六上製　二四〇頁　**二八〇〇円**
（二〇〇七年九月刊）◇978-4-89434-594-2

PLASTIKWÖRTER　Uwe PÖRKSEN

初の身体イメージの歴史

新版
女の皮膚の下
（十八世紀のある医師とその患者たち）

B・ドゥーデン
井上茂子訳

十八世紀ドイツでは男にも月経があった!?　われわれが科学的事実、生理学的自然だと信じている人間の身体イメージは歴史的な産物であることを、二五〇年前の女性患者の記録が明かす。「皮膚の下の歴史」から近代的身体観を問い直すユニークな試み。

A５並製　三二八頁　**二八〇〇円**
（一九九四年一〇月／二〇〇一年一〇月刊）◇978-4-89434-258-3

GESCHICHTE UNTER DER HAUT　Barbara DUDEN

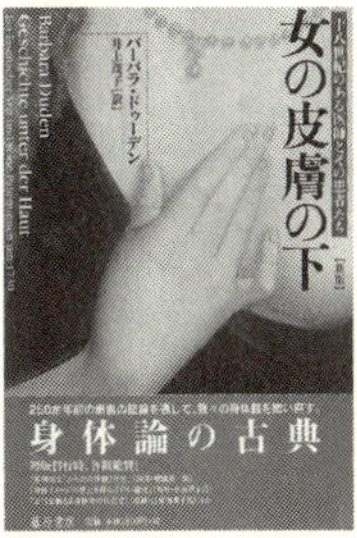

〈品切書籍〉

形の発見（内田義彦）
四六上製　488頁　**3495円**（1992年9月刊）◇978-4-938661-55-7

娘の学校――性差の社会的再生産（M・デュリュ＝ベラ／中野知律訳）
A５上製　368頁　**3689円**（1993年3月刊）◇978-4-938661-68-7

文化的再生産の社会学――ブルデュー理論からの展開（宮島喬）
A５上製　320頁　**3800円**（1994年2月刊）◇978-4-938661-87-8

大学改革　最前線――改革現場と授業現場
（藤原書店編集部編／石井洋二郎・市川定夫・岡田知弘・川勝平太・川上勉・桑田禮彰・瀧上凱令・土倉莞爾・日比野勝）
四六並製　432頁　**3689円**（1995年12月刊）◇978-4-89434-029-9

哲学者と演出家の対話

からだ＝魂のドラマ
〈「生きる力」がめざめるために〉

林竹二・竹内敏晴
竹内敏晴編

「『竹内さんの言う〝からだ〟はソクラテスの言う〝魂〟とほとんど同じですね』（林竹二）の意味を問いつめたくてこの本を編んだ。」（竹内敏晴）子供達が深い集中を示した林竹二の授業の本質に切り込む、珠玉の対話。

四六上製　二八八頁　**二二〇〇円**
（二〇〇三年七月刊）
◇978-4-89434-348-1

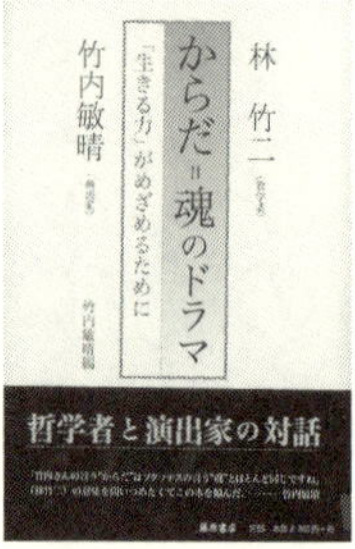

「人に出会う」とはなにか

「出会う」ということ

竹内敏晴

社会的な・日常的な・表面的な付き合いよりもっと深いところで、なまじかな〝あなた〟と出会いたい――自分のからだの中で本当に動いているものを見つめながら相手の存在を受けとめようとする「出会いのレッスン」の場から、〝あなた〟に出会うためのバイエル。

Ｂ６変上製　二三二頁　**二二〇〇円**
（二〇〇九年一〇月刊）
◇978-4-89434-711-3

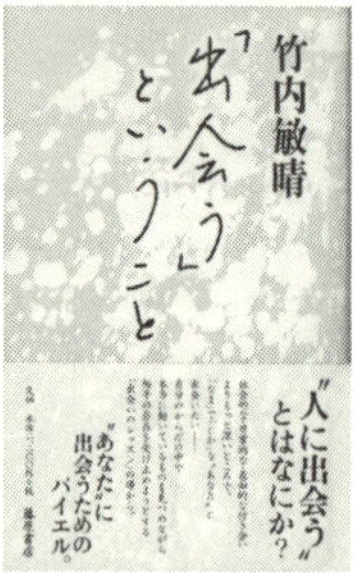

〝からだ〟から問い直してきた戦後日本

レッスンする人
〈語り下ろし自伝〉

竹内敏晴
今野哲男＝編集協力

「からだとことばのレッスン」を通じて、人と人との真の出会いのあり方を探究した、演出家・竹内敏晴（一九二五―二〇〇九）。名著『ことばが劈かれるとき』の著者が、死の直前の約三か月間に語り下ろした、その〝からだ〟の稀有な来歴。

四六上製　二九六頁　**口絵四頁**　**二五〇〇円**
（二〇一〇年九月刊）
◇978-4-89434-760-1